ENZYKLOPÄDIE
DEUTSCHER
GESCHICHTE
BAND 41

ENZYKLOPÄDIE
DEUTSCHER
GESCHICHTE
BAND 41

HERAUSGEGEBEN VON
LOTHAR GALL

IN VERBINDUNG MIT
PETER BLICKLE
ELISABETH FEHRENBACH
JOHANNES FRIED
KLAUS HILDEBRAND
KARL HEINRICH KAUFHOLD
HORST MÖLLER
OTTO GERHARD OEXLE
KLAUS TENFELDE

DIE BUNDESREPUBLIK DEUTSCHLAND
VERFASSUNG, PARLAMENT UND PARTEIEN 1945–1998

VON
ADOLF M. BIRKE

2. Auflage,
ergänzt und aktualisiert
von Udo Wengst

R. OLDENBOURG VERLAG
MÜNCHEN 2010

Bibliografische Information der Deutschen Nationalbibliothek
Die Deutsche Nationalbibliothek verzeichnet diese Publikation in der Deutschen
Nationalbibliografie; detaillierte bibliografische Daten sind im Internet
über <http://dnb.d-nb.de> abrufbar.

© 2010 Oldenbourg Wissenschaftsverlag GmbH, München
Rosenheimer Straße 145, D-81671 München
Internet: oldenbourg.de

Das Werk einschließlich aller Abbildungen ist urheberrechtlich geschützt. Jede
Verwertung außerhalb der Grenzen des Urheberrechtsgesetzes ist ohne Zustimmung des Verlages unzulässig und strafbar. Das gilt insbesondere für Vervielfältigungen, Übersetzungen, Mikroverfilmungen und die Einspeicherung und
Bearbeitung in elektronischen Systemen.

Umschlagentwurf: Dieter Vollendorf
Umschlagabbildung: Konrad Adenauer bei seinem 91. Geburtstag im Hotel
Königshof in Bonn, im Hintergrund Helmut Kohl, 5.1.1967; ullstein bild

Gedruckt auf säurefreiem, alterungsbeständigem Papier (chlorfrei gebleicht)
Satz: Schmucker-digital, Feldkirchen b. München
Druck und Bindung: Grafik + Druck, München

ISBN 978-3-486-59221-4

Vorwort

Die „Enzyklopädie deutscher Geschichte" soll für die Benutzer – Fachhistoriker, Studenten, Geschichtslehrer, Vertreter benachbarter Disziplinen und interessierte Laien – ein Arbeitsinstrument sein, mit dessen Hilfe sie sich rasch und zuverlässig über den gegenwärtigen Stand unserer Kenntnisse und der Forschung in den verschiedenen Bereichen der deutschen Geschichte informieren können.

Geschichte wird dabei in einem umfassenden Sinne verstanden: Der Geschichte in der Gesellschaft, der Wirtschaft, des Staates in seinen inneren und äußeren Verhältnissen wird ebenso ein großes Gewicht beigemessen wie der Geschichte der Religion und der Kirche, der Kultur, der Lebenswelten und der Mentalitäten.

Dieses umfassende Verständnis von Geschichte muß immer wieder Prozesse und Tendenzen einbeziehen, die säkularer Natur sind, nationale und einzelstaatliche Grenzen übergreifen. Ihm entspricht eine eher pragmatische Bestimmung des Begriffs „deutsche Geschichte". Sie orientiert sich sehr bewußt an der jeweiligen zeitgenössischen Auffassung und Definition des Begriffs und sucht ihn von daher zugleich von programmatischen Rückprojektionen zu entlasten, die seine Verwendung in den letzten anderthalb Jahrhunderten immer wieder begleiteten. Was damit an Unschärfen und Problemen, vor allem hinsichtlich des diachronen Vergleichs, verbunden ist, steht in keinem Verhältnis zu den Schwierigkeiten, die sich bei dem Versuch einer zeitübergreifenden Festlegung ergäben, die stets nur mehr oder weniger willkürlicher Art sein könnte. Das heißt freilich nicht, daß der Begriff „deutsche Geschichte" unreflektiert gebraucht werden kann. Eine der Aufgaben der einzelnen Bände ist es vielmehr, den Bereich der Darstellung auch geographisch jeweils genau zu bestimmen.

Das Gesamtwerk wird am Ende rund hundert Bände umfassen. Sie folgen alle einem gleichen Gliederungsschema und sind mit Blick auf die Konzeption der Reihe und die Bedürfnisse des Benutzers in ihrem Umfang jeweils streng begrenzt. Das zwingt vor allem im darstellenden Teil, der den heutigen Stand unserer Kenntnisse auf knappstem Raum zusammenfaßt – ihm schließen sich die Darlegung und Erörterung der Forschungssituation und eine entsprechend gegliederte Auswahlbibliographie an –, zu starker Konzentration und zur Beschränkung auf die zentralen Vorgänge und Entwicklungen. Besonderes Gewicht ist daneben, unter Betonung des systematischen Zusammenhangs, auf die Abstimmung der einzelnen Bände untereinander, in sachlicher Hinsicht, aber auch im Hinblick auf die übergreifenden Fragestellungen, gelegt worden. Aus dem Gesamtwerk lassen sich so auch immer einzelne, den jeweiligen Benutzer besonders interessierende Serien zusammenstellen. Ungeachtet dessen aber bildet jeder Band eine in sich abgeschlossene Einheit – unter der persönlichen Verantwortung des Autors und in völliger Eigenständigkeit gegenüber den benachbarten und verwandten Bänden, auch was den Zeitpunkt des Erscheinens angeht.

Lothar Gall

Inhalt

Vorworte der Verfasser........................... IX

I. *Enzyklopädischer Überblick* 1

   A. *Die Besatzungszeit (1945–1949)* 1
      1. Die Entstehung der Länder und ihrer Verfassungen ... 1
      2. Die Reaktivierung der Parteienlandschaft 5

   B. *Die Ära Adenauer (1948/49–1963)* 11
      1. Stationen zum Grundgesetz 11
      2. Parlamentarismus und Kanzlerdemokratie 16
      3. Wandlungen im Parteiensystem 21

   C. *Von Erhard zu Kiesinger (1963–1969)* 27
      1. Neuauflage und Ende der christlich-liberalen
         Regierung 27
      2. Die Große Koalition 32
      3. Reformen: Finanzverfassung, Parteiengesetz,
         Notstandsgesetze 34

   D. *Die sozial-liberale Ära (1969–1982)* 38
      1. Machtwechsel 38
      2. Konsolidierung und Neuformierung 46

   E. *Die Ära Kohl (1982–1998)* 52
      1. Politik unter dem Signum der „geistig-moralischen
         Wende" 52
      2. Das wiedervereinigte Deutschland 57

II. *Grundprobleme und Tendenzen der Forschung* 65

   A. *Zu Forschungssituation und Vorgeschichte* 65
      1. Die Ausgangslage 65
      2. Besatzung und vorstaatliche Anfänge 69
      3. Entstehung und Rahmen des Grundgesetzes 76

B. Das Regierungssystem im Wandel 82
   1. Rechts- und politikwissenschaftliche Vorarbeiten ... 82
   2. Zeithistorische Parlamentarismusforschung 89
   3. Fundamentalgesetzgebung 95
   4. Historische Wahlforschung 101

C. Stand der Parteiengeschichte 104
   1. Allgemeine Entwicklung 104
   2. Einzelne Parteien 110

D. Entwicklung der Forschung seit den 1990 Jahren 117
   1. Einführungen, Überblicksdarstellungen, Standortbestimmungen. 117
   2. Besatzungsjahre, föderativer Staat und Grundgesetz .. 122
   3. Das Regierungssystem und seine Organe. 125
   4. Parteien und Wahlen. 129

III. Quellen und Literatur 137

   A. Quellen 137
      1. Akten, Protokolle, Dokumentationen 137
      2. Briefwechsel, Reden, Memoiren 140

   B. Bibliographien, Forschungsberichte, Hilfsmittel, Kommentare 142

   C. Literatur 145
      1. Allgemeine Darstellungen 145
      2. Grundgesetz/Länderverfassungen 152
      3. Parlamentarismus/Regierungssystem/Wahlen 156
      4. Parteien 162

   D. Nachtrag 2010. 167
      1. Quellen 167
      2. Handbücher, Lexika, Kommentare. 171
      3. Literatur 172

Abkürzungsverzeichnis 184

Register 185

Themen und Autoren 197

Vorworte der Verfasser

Die Forschung zur Geschichte der Bundesrepublik Deutschland hat in den letzten zwei Jahrzehnten einen gewaltigen Aufschwung genommen. Bei der großen Fülle von Publikationen ist es selbst Spezialisten kaum noch möglich, die ganze Vielfalt zu überblicken. Bestandsaufnahmen sind notwendig geworden, um Spreu vom Weizen zu trennen und relevante Ergebnisse festzuhalten.

Der vorliegende Band gilt der Geschichte von Verfassung, Parlament und Parteien. Er behandelt einen zentralen Bereich der inneren Entwicklung unseres Landes, dem die Forschung besondere Aufmerksamkeit schenkt. Dabei zeigt sich, daß moderne Verfassungsgeschichte nicht isoliert betrieben oder auf rechtshistorische Betrachtungen reduziert werden kann. Vielmehr berücksichtigt sie soziale, mentale, wirtschaftliche und politische Faktoren ebenso wie die Anregungen, die sie aus angrenzenden Disziplinen erfährt.

Der allgemeine Überblick im ersten Teil des Bandes bezieht die sozial-liberale Ära in kursorischer Weise mit ein. Damit soll der Übergang zu gegenwartsnäheren Entwicklungen angedeutet werden, in denen neue Aufgabenfelder für die Geschichtswissenschaft bereitliegen. Im zweiten Teil jedoch ergibt sich eine Beschränkung auf die Nachkriegszeit, die Ära Adenauer und die sechziger Jahre, weil die historische Forschung bisher noch kaum über diese Zeiträume hinausreicht.

Besonders hilfreiche Kritik und nützliche Anregungen verdanke ich meinen Kollegen, den Professoren Lothar Gall, Klaus Hildebrand und Horst Möller, die das Projekt als Herausgeber mit großem Engagement begleiteten. Dr. Adolf Dieckmann vom Oldenbourg Verlag hat mit bewährter Präzision die Endredaktion des Manuskripts vorgenommen. Die Mitarbeiter meines Lehrstuhls, vor allem Dr. Georg Seiderer, haben beim Korrekturlesen und bei der Erstellung des Literaturverzeichnisses und der Register äußerst kompetent unentbehrliche Hilfe geleistet. Ihnen allen gilt mein besonderer Dank.

München, im September 1996   Adolf M. Birke

13 Jahre nach der Publikation der Erstauflage erscheint eine ergänzte Neuauflage. Die Ergänzungen beziehen sich auf alle drei Teile des Werkes. Der enzyklopädische Überblick wurde um ein Kapitel über die Ära Kohl erweitert, da diese inzwischen bereits Gegenstand der Forschung ist. Im Abschnitt Grundprobleme und Tendenzen der Forschung ist die Entwicklung seit Mitte der 1990er Jahre nachgezeichnet, dafür das bisherige Unterkapitel „Wiedervereinigung und Zeitgeschichte" gestrichen worden, da es außenpolitische Aspekte zum Thema hatte, die in einem eigenen Band der Reihe behandelt werden. Schließlich ist auch noch der Quellen- und Literaturteil um über 200 Neuerscheinungen erweitert worden. Die Ergänzungen habe ich nach Absprache mit den Herausgebern und Adolf M. Birke vorgenommen, der aus gesundheitlichen Gründen diese Aktualisierung nicht selbst vornehmen kann. Horst Möller danke ich für die kritische Durchsicht und Gabriele Jaroschka für die sorgfältige Lektorierung des Manuskripts.

München, im März 2010   Udo Wengst

I. Enzyklopädischer Überblick

A. Die Besatzungszeit

1. Die Entstehung der Länder und ihrer Verfassungen

Die Verfassungsgeschichte der Bundesrepublik Deutschland beginnt nicht erst mit dem Grundgesetz. Ihre Ausgangslage ist schon während der Besatzungszeit durch Entscheidungen der alliierten Sieger und durch innerdeutsche Weichenstellungen in den Kommunen, Ländern und Parteien geprägt worden. Bereits im Jahre 1944 hatten sich die USA und Großbritannien mit der Sowjetunion im Rahmen der Europäischen Beratenden Kommission in London darauf geeinigt, das deutsche Staatsgebiet in Besatzungszonen aufzuteilen, einen alliierten Kontrollrat einzusetzen und die Hauptstadt Berlin gemeinsam zu verwalten. Nach der bedingungslosen Kapitulation übernahmen sie mit der „Erklärung in Anbetracht der Niederlage Deutschlands" vom 5. Juni 1945 zusammen mit Frankreich die Oberhoheit (supreme authority) auf allen Ebenen der Regierung und Verwaltung bis hin zu den Ländern, Städten und Gemeinden.

<small>Oberste Gewalt der Alliierten</small>

Ursprüngliche Pläne, Deutschland in mehrere Staaten zu zergliedern (dismemberment), sind im Frühjahr 1945 aufgegeben worden. Hingegen gehörte die Abtrennung deutscher Gebiete (truncation) auch weiterhin zu den Kriegszielen der Alliierten. Lediglich der Umfang der Abtrennung und die Art der Zwangsumsiedlung (transfer of population) waren zwischen den Westmächten und der Sowjetunion umstritten geblieben. Auf der Potsdamer Konferenz wurde Deutschland zwar in den Grenzen von 1937, also in jenem Umfang definiert, den es vor dem „Anschluß" Österreichs besessen hatte. Die Gebiete jenseits der Oder/westliche Neiße aber verblieben, vorbehaltlich der endgültigen Regelung durch einen Friedensvertrag, unter polnischer bzw. sowjetischer Verwaltung. Schließlich scheiterte der Vorsatz, das um die Ostge-

<small>Teilung und Abtrennung der Gebiete</small>

biete verkleinerte Deutschland als politische und wirtschaftliche Einheit zu behandeln, an der Entzweiung der Siegermächte im beginnenden Ost-West-Konflikt und der daraus resultierenden Unfähigkeit des Kontrollrats, eine gemeinsame Politik zu entwickeln.

Reaktivierung der kommunalen Selbstverwaltung

Dieser Umstand begünstigte den Eigenweg der einzelnen Besatzungszonen, in denen die jeweiligen Oberbefehlshaber allein zuständig waren. Anders als die Sowjetunion verfügten die Westmächte über kein klar umrissenes Besatzungskonzept. Ihre Absicht, Deutschland zu bestrafen und gleichzeitig demokratisch zu erneuern, stieß in der Praxis auf erhebliche Schwierigkeiten. Den Militärbehörden vor Ort fiel die Aufgabe zu, erste Säuberungsmaßnahmen durchzuführen und für die Reaktivierung der örtlichen und regionalen Verwaltungen zu sorgen. Nationalsozialistische Amtsträger wurden ihrer Posten enthoben und durch unbelastete Persönlichkeiten ersetzt, die nicht selten bereits während der Weimarer Zeit kommunalpolitische Verantwortung getragen hatten. Der Staat fing zunächst auf der Kreisebene, beim Landrat an, der anfangs ebenso wie die Bürgermeister der Städte und Gemeinden völlig von der Befehlsgewalt der örtlichen Militärbehörden abhängig blieb. Der Rückgriff auf die vorhandenen Strukturen der kommunalen Selbstverwaltung führte dazu, daß die traditionelle Vielfalt der deutschen Kommunalverfassungen, wie sie für den Rechtszustand vor der Deutschen Gemeindeordnung von 1935 charakteristisch war, wieder auflebte. Die Kommunalwahlen des Jahres 1946 waren der erste Schritt zur politischen Selbstbestimmung. Aus der reinen Auftragsverwaltung der Kommunen entstanden bereits damals demokratisch legitimierte Organe der lokalen Selbstverwaltung, die von deutschen Repräsentanten, wenn auch noch immer unter der Aufsicht der Militärregierungen, geleitet wurden.

Gründung der Länder

Die nächste Stufe der verfassungspolitischen Neuordnung trat mit der Gründung von Ländern ein. Unabhängig voneinander begannen die Siegermächte 1945–47 damit, ihre Besatzungszonen, die die traditionellen Länder Deutschlands zerschnitten, intern neu zu strukturieren. Obwohl die Neugliederung der Länder in den Westzonen zunächst als provisorisch und revisionsbedürftig galt, hat sie doch eine erstaunliche Lebensfähigkeit bewiesen. Sie blieb als föderales Grundmuster für die Bundesrepublik Deutschland erhalten. Sie ist später nur durch den Zusammenschluß Baden-Württembergs (1952), durch die Angliederung des Saargebiets (1957) und schließlich im Zuge der Wiedervereinigung durch den Beitritt der neuen Bundesländer (1990) modifiziert worden.

Verfassunggebung in den Ländern

Die Neugründung der Länder hat nicht nur die spätere föderative, sondern auch die verfassungsmäßige Ordnung der Bundesrepublik vorgeprägt. Das Grundgesetz ist durch den Filter der Länderverfassungen gegangen. Seinen Anfang nahm der Prozeß der Verfassunggebung, der allerdings in der Öffentlichkeit nur wenig Beachtung fand, in den Ländern der amerikanischen Besatzungszone. Dort wurde auf Anweisung der Militärregierung bereits im Frühjahr 1946 damit begonnen, Verfassungsberatungen in Ausschüssen und gewählten Versammlungen aufzunehmen. Ende 1946 fand, zusammen mit den ersten Landtagswahlen, eine Volksabstimmung über die Länderverfassungen statt. Das Vorgehen in der amerikanischen Zone wirkte sich auch auf die Verfassunggebung in den übrigen westdeutschen Ländern aus. Schon im Sommer 1946 folgten die Beratungen in der französischen Besatzungszone. Nach langwierigen Debatten in Kommissionen und Ausschüssen verabschiedeten die Landesparlamente Verfassungsentwürfe, die im Frühjahr 1947 auch hier (mit Ausnahme des Saarlands) durch Volksabstimmung angenommen wurden. Hingegen konnten die Landesverfassungen in der britischen Zone erst nach Inkrafttreten des Grundgesetzes verabschiedet werden. Die skeptische Haltung der Militärregierung hat ebenso wie die Schwierigkeiten bei der Neugliederung der Länder zu den Verzögerungen beigetragen. Während Schleswig-Holstein, Hamburg und Niedersachsen wenigstens über Organisationsstatute verfügten, mußte Nordrhein-Westfalen am längsten ohne eine eigentliche Verfassung auskommen. Die dortigen Versuche, ein Landesgrundgesetz zu verabschieden, sind schließlich durch die Gründung des Weststaats überholt worden. Dies war nicht nur ein Nachteil, vielmehr wurde es dadurch möglich, die Verfassung Nordrhein-Westfalens auf das Grundgesetz abzustimmen.

Die Konstitutionen der Länder sind keineswegs einheitlich ausgefallen. Vorangehende Verfassungen hatten auf je unterschiedliche Weise als Orientierungshilfen gedient und in den Texten unverkennbare Spuren hinterlassen. Zonale und territoriale Besonderheiten mußten berücksichtigt, Kompromisse zwischen den Parteien gefunden und die alliierten Vorgaben eingehalten werden. Die Militärregierungen haben den Prozeß der Verfassunggebung zwar initiiert und observiert, wobei die Westmächte aber davon Abstand nahmen, ihre eigenen Demokratiemodelle zu oktroyieren. Die Deutschen debattierten und entschieden weitgehend selbständig. Dreh- und Angelpunkt war die Auseinandersetzung mit den Fehlentwicklungen der eigenen Geschichte. Aus dem Scheitern der ersten deutschen Republik sollten die Konsequenzen gezogen, und ein erneutes Abrutschen in die Diktatur sollte verhindert werden. Die Weimarer Verfassung diente als Vor- und Gegenbild.

Alliierte Vorgaben und deutsche Entscheidungen

Lehren aus Weimar

Zu den wichtigsten Innovationen der Länderverfassungen gehörten jene Regelungen, die auf eine Stabilisierung der parlamentarischen Demokratie zielten. Alternative Konzepte, etwa die Einführung eines Präsidialsystems nach amerikanischem oder einer direkten Demokratie nach Schweizer Muster, vermochten sich nicht durchzusetzen. Die dualistische Struktur konkurrierender Führungsspitzen, einer vom Parlament gewählten Regierung und eines vom Volk gewählten Staatspräsidenten, die als Konstruktionsfehler der Weimarer Verfassung galt, wurde nicht mehr akzeptiert. Bereits die ersten Landtagswahlgesetze von 1946/47 enthielten eine Fünf-Prozent-Sperrklausel, um eine Zersplitterung der Parteien in den Parlamenten zu verhindern und damit die Bildung parlamentarischer Mehrheiten zu erleichtern. Es wurden institutionelle Regelungen gesucht und angeboten, die unterbinden sollten, daß negative Parlamentsmehrheiten sich zusammenfanden, um eine Regierung zu stürzen, ohne dabei dem Zwang ausgesetzt zu sein, eine neue zu bilden. Das konstruktive Mißtrauensvotum des Grundgesetzes findet Vorläufer in verschiedenen Länderverfassungen, die allerdings noch nicht das Stürzen einer Regierung durch Neuwahlen kannten. Auch der Gedanke der „wehrhaften Demokratie" traf bereits damals auf breite Zustimmung. Wer die Grundrechte und Freiheiten der Verfassung zu untergraben trachtete, sollte sich nicht auf eben diese Grundrechte und Freiheiten berufen dürfen. Gleichzeitig wurden Grund- und Wirtschaftsrechte neu gefaßt, die Verfassungsgerichtsbarkeit erweitert und in einen besonderen Rang erhoben. Auf dem Gebiet der rechtsprechenden Gewalt sind besonders in den süddeutschen Verfassungen zwei wesentliche Neuerungen hinzugekommen: die Überprüfung der Verfassungsmäßigkeit von Gesetzen und die Verfassungsbeschwerde.

Sonderfall Berlin

Zur offenen Konfrontation zwischen pluralistischen und volksdemokratischen Verfassungsvorstellungen kam es in der Vier-Mächte-Stadt Berlin. Hier hatten die Alliierten am 13. August 1946 zunächst eine Vorläufige Verfassung oktroyiert, die erheblich vom Modell der parlamentarischen Demokratie abwich. Erst nach dem Ende der Blockade und der Verabschiedung des Grundgesetzes trat eine neue Berliner Verfassung in Kraft, die allerdings nur noch in West-Berlin Gültigkeit besaß. Der Status Berlins stand auch weiterhin unter dem Vorbehalt, der sich aus der alliierten Zuständigkeit für Berlin und Deutschland als Ganzes ergab und der eine volle Einbeziehung der Stadt als zwölftes Bundesland nicht zuließ, obwohl West-Berlin faktisch weitgehend in das politische, rechtliche und wirtschaftliche System der Bundesrepublik integriert wurde.

Äußerlich betrachtet nahm auch die sowjetische Besatzungszone aktiv Anteil am Prozeß der föderativen Verfassunggebung. Bereits im Juli 1945 wurden nach dem Befehl Nr. 5 der SMAD in der SBZ fünf Landes- bzw. Provinzialverwaltungen für Brandenburg, Mecklenburg, Sachsen-Anhalt, Sachsen und Thüringen gebildet, die schon am 22. Oktober 1945 das Gesetzgebungsrecht erhielten. Das Zwischenspiel des Föderalismus in der SBZ/DDR sollte jedoch nur von kurzer Dauer sein. Durch das Volkskammergesetz vom 23. Juli 1952 wurden die Länder und damit auch die Landtage bereits wieder aufgelöst. Für die pluralistisch-demokratische Neuordnung in Westdeutschland hat die Verfassungsentwicklung in den Ländern der SBZ keine konstitutive Bedeutung gewonnen. Wohl aber wirkte sie als abschreckendes Beispiel. Erst im Prozeß der Wiedervereinigung 1990 sollte die frühere Ländergliederung der SBZ eine unerwartete Aktualität gewinnen.

Transitorischer Föderalismus in der SBZ

2. Die Reaktivierung der Parteienlandschaft

Wie die Konstituierung der Länder, so ging auch die Reaktivierung der Parteienlandschaft der Gründung der Bundesrepublik voraus. Sie erfolgte ebenfalls unter strikter Aufsicht der Besatzungsmächte, die bei der Lizenzvergabe darauf achteten, daß neonazistische und restaurative Tendenzen politisch nicht mehr wirksam werden konnten. Zunächst ließ das von den Alliierten verhängte politische Betätigungsverbot deutschen Initiativen wenig Raum. Spontan entstandene „Antifaschistische Komitees" vermochten sich nicht zu behaupten. Ein großer Teil der Bevölkerung verharrte in politischer Apathie. Das Feld des politischen Neuanfangs blieb jenen Unbelasteten der älteren Generation überlassen, die den Krieg überlebt hatten. Diese „ehemaligen Weimarer" kamen aus der „inneren Emigration", aus Verfolgung und Widerstand. Ihnen stand die Diktatur Hitlers und das Versagen der ersten deutschen Demokratie vor Augen, deren Schicksal im zweiten Anlauf vermieden werden sollte. In der SBZ nahmen die aus Rußland zurückkehrenden deutschen Kommunisten sofort eine zentrale Position ein, während Emigranten in den Westzonen erst später an Einfluß gewannen.

Parteipolitischer Neubeginn

Die Neu- und Wiederbegründung der politischen Parteien ist durch den heraufziehenden Konflikt zwischen den Alliierten beschleunigt worden. Als erste gestattete die sowjetische Besatzungsmacht schon im Juni 1945 die Gründung „antifaschistischer Parteien" und Ge-

Konstellation der Parteien in der Nachkriegszeit

werkschaften. Ihr Vorgehen setzte die Westmächte unter Zugzwang. In kurzen Abständen folgten die Genehmigungen der Amerikaner, Briten und Franzosen. Anders als in der SBZ, wurden die Parteien in den Westzonen jedoch zunächst auf lokaler und regionaler Ebene gegründet. Sie sind von dort erst später zu länder- und zonenübergreifenden Organisationen zusammengewachsen. Das Vielparteiensystem von Weimar fand nach dem Zweiten Weltkrieg keine Fortsetzung. Der demokratische Neuanfang konzentrierte sich, begünstigt durch die Lizenzpolitik der Alliierten, auf wenige große Gruppierungen. Neben der SPD und der KPD, die zunächst einen Vorsprung besaßen, da sie auf alte Organisationsnetze zurückgreifen konnten, entstanden die interkonfessionellen Neugründungen der CDU und der bayerischen CSU. Die Liberalen benötigten eine längere Zeit, bis es ihnen gelang, ihre regional und programmatisch unterschiedlich ausgerichteten Strömungen in einer Partei zu organisieren. Die ersten Bewährungsproben bestanden die vorerst in den Regionen und Ländern entstehenden Parteien bei den Kommunal- und Landtagswahlen in den Jahren 1946/47, die zugleich Aufschlüsse über ihre tatsächliche Stärke lieferten. Mit der schrittweisen Übertragung von Zuständigkeiten an deutsche Institutionen und mit der Erweiterung der politischen Selbstbestimmung fiel ihnen dann sowohl im Bereich der lokalen und regionalen Selbstverwaltung als auch in den Länderparlamenten eine Schlüsselrolle zu. Neben den Amtsträgern nahmen Vertreter von Parteien verstärkt am Dialog mit den Militärregierungen teil.

SPD   Die SPD war als älteste und konsequenteste Partei der Demokratie in Deutschland davon ausgegangen, daß ihr nach der Katastrophe des Dritten Reiches die politische Führung zufallen werde. Doch gelang es ihr nicht, diesen Anspruch in die Wirklichkeit umzusetzen. Sie hatte zwar zunächst einen „Selbstlauf der Wiedergründungen nach Weimarer Muster" (H. GREBING) erlebt, war dann aber durch die Spannungen zwischen den beiden Parteizentren in Hannover (Kurt Schumacher) und Berlin (Otto Grotewohl) und die Zwangsfusion mit den Kommunisten in der SBZ früh in eine Zerreißprobe geraten. Mit Gründung der SED im April 1946 verschwand die Sozialdemokratie aus dem politischen Leben der SBZ und damit aus jenen Regionen und Städten, die traditionell zu ihren Hochburgen zählten. Dies hat erheblich zu ihrem Bedeutungsverlust beigetragen. In den Westzonen gelang es der SPD trotz einzelner beachtlicher Integrationsleistungen nicht, über ihren traditionellen Wählerstamm in der Industriearbeiterschaft hinauszukommen, wie die Wahlergebnisse der Jahre 1946/47 belegen. Die Glaubwürdigkeit ihres Programms litt darunter, daß sie, trotz eines strikt antisowjetischen Kurses, weiterhin marxistische Positionen vertrat und prinzipiell marktwirtschaftliche Strategien für den ökonomischen Wiederaufbau ablehnte. Schumachers Vision eines souveränen sozialistischen Deutschlands, das im Verbund mit anderen sozialistischen Staaten Europas einen Verteidigungsblock gegen die sowjetische Expansion bilden sollte, stand im Gegensatz zur Realität der schon früh erkennbaren Weststaatsentwicklung. Obwohl die SPD den Provisoriumscharakter der entstehenden Bundesrepublik betonte, hat sie bei den Verhandlungen zum Grundgesetz entscheidend dazu beigetragen, die Funktionsfähigkeit des neuen Staates, seine Wirtschafts-, Finanz- und Rechtseinheit gegenüber forcierten Föderalisierungsbestrebungen zu festigen. Sie setzte darauf, die politische Führung zu übernehmen. Daß sie sich mit der Oppositionsrolle begnügen mußte, lag am unerwarteten Wahlerfolg der CDU/CSU.

Anders als bei der SPD handelt es sich bei den Unionsparteien um wirkliche Neugründungen. Sie beruhten erstmalig in der deutschen Parteiengeschichte auf dem Prinzip der Interkonfessionalität und entstanden vielerorts aus dem Zusammenschluß von Katholiken, Protestanten und christlichen Gewerkschaftern, denen sich auch Liberale, Nationale und Demokraten zugesellten, um nach den erschreckenden Erfahrungen mit der NS-Diktatur in der gemeinsamen Besinnung auf christliche Werte ein Fundament für den politischen Neuanfang zu finden. Die frühere Isolierung des politischen Katholizismus sollte ebenso vermieden werden wie die Zersplitterung des Protestantismus. Der stärkste Impuls ging dabei von ehemaligen Anhängern der Zentrumspartei aus. Schwerpunkte gab es im rheinisch-westfälischen Bereich und in Berlin. Die katholischen Bischöfe unterstützten den Unionsgedanken, der auch eine positive Resonanz bei evangelischen Kirchenführern fand. Zunächst mehr Honoratioren- als Volkspartei, blieb die CDU von lokalen und regionalen Besonderheiten geprägt. Bis zum Jahre 1947 entstanden in den vier Zonen 21 Landesverbände (bzw. -parteien), die sich erst 1950 (ohne die inzwischen zur Blockpartei gleichgeschaltete Ost-CDU) zu einer Bundesorganisation zusammenschlossen.

[CDU]

In ihrer Anfangsphase war die CDU keine Adenauer-Partei, obwohl der ehemalige Kölner Oberbürgermeister schon bald ihre wichtigste Persönlichkeit wurde. Als Landesvorsitzender der CDU Rheinland und Zonenvorsitzender seiner Partei wuchs er seit 1946/47 in eine Schlüsselstellung hinein. Es gelang ihm, das anfängliche Organisationschaos zu beseitigen und bei den ersten Landtagswahlen von Nordrhein-Westfalen im April 1947 mit 37,6 Prozent der Stimmen auf Anhieb einen überwältigenden Erfolg zu erringen, während die SPD nur

[Stellung Adenauers]

32 Prozent erreichte. Schließlich vermochte er als Präsident des Parlamentarischen Rates seine Führungsstellung auszubauen. Den größten Teil ihrer Anhänger bezog die CDU aus den katholischen Regionen, obwohl die Zentrumspartei keineswegs überall verschwunden war. Ihre Wählerschaft stammte aus dem gehobenen und kleinen Mittelstand, während die Arbeiterschaft unterrepräsentiert blieb. Dennoch besaß der soziale Flügel der Partei starke Bedeutung, die sich auch im „Ahlener Programm" von 1947 niederschlug, das eine Mischung aus Elementen der katholischen Soziallehre, des Sozialismus und der Marktwirtschaft darstellte. Erst im Jahre 1949 legte die CDU in den „Düsseldorfer Leitsätzen" ein eindeutiges Bekenntnis zur „sozialen Marktwirtschaft" ab, nachdem sie bereits im Wirtschaftsrat der Bizone den neo-liberalen Kurs Ludwig Erhards mitgetragen hatte, der von der amerikanischen Besatzungsmacht favorisiert wurde.

CSU   Auch die bayerische CSU war nach dem Kriege als Teil der interkonfessionellen Sammlungsbewegung entstanden. Zwischen 1946 und 1950 mit der CDU in einer Arbeitsgemeinschaft verbunden, schien es bis zum Jahre 1950 durchaus möglich, daß sie in einer Gesamtpartei aufgehen könnte, die auch Bayern umfaßte. Doch gab es schon in der Gründungsphase eine Reihe von Besonderheiten, die sie von der größeren Schwesterpartei unterschieden und die einen eigenen Weg vorzeichneten. Die „politisch-strategische Doppelaufgabe" (A. MINTZEL) der CSU bestand darin, das fränkisch-protestantische Nordbayern (einschließlich der städtischen und industriellen Bezirke) für sich zu gewinnen, ohne das bäuerlich-katholische Altbayern zu verlieren. Dies gelang ihr nur unter größten Schwierigkeiten. Persönliche Gegensätze und schwer vereinbare Konzeptionen führten zu einem mit großer Heftigkeit ausgetragenen „Bruderzwist". Die katholisch-altbayerische Gruppierung um Alois Hundhammer und Fritz Schäffer setzte dabei auf die Selbständigkeit des jungen Freistaats und auf eine interne Abgrenzung im altbayerischen Sinne, während die fränkisch-„reichstreue" Formation um den Parteivorsitzenden Josef Müller dafür eintrat, die bayerischen Konflikt- und Spannungsbereiche durch eine interkonfessionelle, die landsmannschaftlichen und sozialen Gegensätze ausgleichende Politik zu überwinden. Trotz der innerparteilichen Auseinandersetzungen konnte die CSU bei den ersten Landtagswahlen im Dezember 1946 mit 52,3 Prozent einen sensationellen Sieg erringen. Aber es gelang ihr nicht, die innerparteilichen Flügel miteinander zu versöhnen. Davon profitierte die 1948 gegründete Bayernpartei, deren Erfolge die Wählerschaft der CSU bei den ersten Bundestagswahlen auf 30 Prozent (bezogen auf Bayern) schrumpfen ließen. So konnte der Freistaat Bayern in der Gründungsphase der Bundesrepublik sein politisches Gewicht nicht in dem Maße zur Geltung bringen, wie es der natürliche Vorsprung des einzigen in seiner historischen Gestalt erhalten gebliebenen Bundeslandes hätte erwarten lassen.

Die einzige politische Formation, die sich neben den Sozial- und den Christdemokraten auf Dauer zu behaupten vermochte, war der Liberalismus. Sein Wiederaufleben war aber keineswegs selbstverständlich. Viele ehemalige Liberale hatten bei der CDU bzw. der SPD eine neue politische Heimat gefunden. Traditionell in einen demokratischen und nationalen, in einen linken und rechten Flügel gespalten, dauerte es mehrere Jahre, bis die Entstehung einer einheitlichen Partei zum Abschluß kam. Spontanen Gründungszirkeln waren lokale und regionale Parteizulassungen gefolgt, bis schließlich die Bildung von Landesverbänden gelang. Die anfängliche Namensvielfalt belegt die Heterogenität dieser Prozesse. Integrierend für den Liberalismus wirkte seine antisozialdemokratische und antiklerikale Einstellung. Die strikte Betonung der individuellen Freiheit in der Wirtschafts- und Sozialpolitik blieb für ihn ebenso kennzeichnend wie die Abwehr konfessionell orientierter Politik im Kultur- und Schulsektor. Ihren Anhang fanden die Liberalen im mittelständischen Bereich. Die eigentliche Hochburg des Liberalismus lag in Südwestdeutschland, wo er sich besonders auf den Kleinhandel und das Handwerk stützen konnte. Hier gelang es der DVP, bei den ersten Landtagswahlen in Württemberg-Baden (November 1946) einen Stimmenanteil von 19,5 Prozent zu erreichen und mit Reinhold Maier den ersten Ministerpräsidenten zu stellen. In der SBZ hatte die LDP mit der „Berliner Reichsstelle" unter Wilhelm Külz einen ausgesprochenen Frühstart. Obwohl sie bei den Kreis- und Landtagswahlen vom Oktober 1946 erstaunliche Erfolge verbuchen konnte und in Sachsen sogar mit Friedrich Hübener den ersten Ministerpräsidenten stellte, gelang es der LDP nicht, auf die Westzonen auszustrahlen. Dem Versuch, im März 1947 eine gesamtdeutsche Partei zu gründen, war nur ein kurzer Erfolg beschieden. Als die Liberalen der SBZ immer stärkeren Pressionen von SED und SMAD ausgesetzt waren, denen sich ein Teil von ihnen durch Flucht in den Westen entzog, verkümmerte die dortige Restpartei zu einem Anhängsel der SED. Der Bruch mit der LDP (Ost) gab zugleich das Signal für die Gründung der FDP, die im Dezember 1948 in Heppenheim Theodor Heuss zu ihrem Vorsitzenden wählte.

Anders als in der SBZ nahm die kommunistische Partei in den Westzonen nur eine untergeordnete Rolle ein, obwohl sie auch von den westlichen Besatzungsmächten zunächst als „antifaschistisch-demokratisch" eingestuft und keineswegs von vornherein ins Abseits gestellt wurde. In direkter Kontinuität zur ehemaligen KPD stehend, gelang ihr zunächst ein zügiger Ausbau der Parteiorganisation. Bei den Landtagswahlen in den Westzonen (1946/47) aber blieb sie – trotz beachtlicher Stärke in den regionalen Hochburgen – weit hinter ihren Erwartungen zurück und erreichte ihr bestes Ergebnis in Nordrhein-Westfalen mit 14 Prozent der Stimmen. Selbst nach der Zwangsfusion von KPD und SPD in der SBZ blieben die westdeutschen Kommunisten in der „Sozialistischen Arbeitsgemeinschaft" eng mit der SED verbunden. Daran änderte sich auch nach der Gründung zweier deutscher Staaten wenig. Zwar firmierte die KPD seit dem Jahr 1951 unter dem Vorsitz von Max Reimann als selbständige Partei, an ihrer fortbestehenden Abhängigkeit von der DDR-Führung konnte jedoch kein Zweifel bestehen.

Erste Wahlen

Seit den Wahlen von 1946/47 waren die Parteien zu demokratisch legitimierten Teilhabern am Willensbildungsprozeß in den Parlamenten der Länder geworden. Dennoch blieb ihre Wirksamkeit auch weiterhin stark eingeschränkt. Nach wie vor unterstanden die Landesregierungen der Befehlsgewalt der jeweiligen Besatzungsmacht, die nur zögernd daran dachte, die Kompetenzen deutscher Einrichtungen auszuweiten. Dies brachte nicht nur Nachteile. Indem die Militärregierungen darauf achteten, daß in den Ländern zoneneinheitliche Regelungen gefunden und Vorgriffe auf spätere gesamtstaatliche Lösungen vermieden wurden, haben sie auch unliebsame Sonderentwicklungen verhindert.

Vorparlamentarische Strukturen im Wirtschaftsrat

Erst mit dem Zusammenschluß der britischen und amerikanischen Zone zur Bizone öffnete sich den deutschen Parteien ein Aktionsfeld, das über die regionalen und zonalen Begrenzungen hinauswies. Die Institutionen des Vereinigten Wirtschaftsgebietes, deren Zuständigkeit allerdings vorwiegend auf ökonomische Fragen beschränkt blieb, lassen bereits rudimentäre Formen eines Regierungssystems sichtbar werden. Das wichtigste Organ, der Wirtschaftsrat in Frankfurt, besaß parlamentsähnliche Züge. Ihm oblag unter der Aufsicht der Militärregierungen die Gesetzgebungs- und Verordnungskompetenz für die bizonalen Verwaltungen, deren Direktoren den kabinettsähnlichen Verwaltungsrat unter der Leitung eines Oberpräsidenten bildeten. Die zunächst 52 (bzw. 104) Miglieder des Wirtschaftsrats wurden nach dem Parteienproporz von den Landtagen gewählt. Die CDU/CSU und die SPD stellten jeweils 20 (später 40) Abgeordnete. Der Rest entfiel auf die kleineren Parteien (FDP, DP, Zentrum, WAV).

Die Parteienkonstellation des späteren Deutschen Bundestages begann sich schon im Frankfurter Wirtschaftsrat abzuzeichnen. Er gewann sowohl für die Einübung der parlamentarischen Praxis als auch für die künftige Rollenverteilung im Parlament richtungweisende Bedeutung. Bereits hier bahnte sich die Zusammenarbeit von Christdemokraten und Liberalen an (Wahl Ludwig Erhards zum Nachfolger des sozialdemokratischen Wirtschaftsdirektors Johannes Semler). Die SPD wurde dadurch auf den dornigen Weg der Opposition verwiesen, der für fast zwei Jahrzehnte ihr parlamentarisches Schicksal auf der Bundesebene bestimmen sollte. Erst die Vorlaufphase des Wirtschaftsrates ermöglichte die komplikationsfreie Geburt der Bundesrepublik. Die Währungsreform (21. Juni 1948) und die marktwirtschaftliche Öffnung des Bewirtschaftungssystems (Leitsätze-Gesetz) legten den Grundstein für das spätere Wirtschaftswunder. Allerdings ist es den Frankfurter Politikern nicht gelungen, ihren Einfluß und ihre Organisation aus dem vorstaatlichen Bereich in den vollstaatlichen Zustand der künftigen Republik zu übertragen. Das politische Entscheidungszentrum wurde Bonn, nicht Frankfurt.

B. Die Ära Adenauer

1. Stationen zum Grundgesetz

Entwürfe für eine künftige Verfassung Deutschlands waren vereinzelt schon auf den Konferenzen der Ministerpräsidenten, in den Parteien und den zonalen Beratungsgremien besprochen worden. Bis zum Anfang des Jahres 1948 lag ihnen selbstverständlich eine gesamtdeutsche Perspektive zugrunde. Dies änderte sich erst mit dem Entschluß der Westmächte, die politische Konsolidierung ihres Besatzungsbereichs nicht länger zu verzögern. Die damit verbundene Teilung Deutschlands war zwar nicht das primäre Ziel westalliierter Politik; sie wurde aber als kleineres Übel in Kauf genommen, da mit der Sowjetunion eine gemeinsame Deutschlandpolitik nicht mehr entwickelt werden konnte. Künftig sollten Trumandoktrin (13. März 1947) und Marshallplan (5. Juni 1947) dazu dienen, das sowjetische Hegemoniestreben einzudämmen und Westdeutschland in ein europäisches Wiederaufbauprogramm einzubeziehen. *(Weichenstellung der Alliierten)*

Auf der Londoner Sechsmächtekonferenz (23. 2. – 6. 3. und 20. 4. – 2. 6. 1948), an der sich neben den Westmächten auch die Benelux- *(Frankfurter Dokumente)*

Staaten beteiligten, wurden wichtige Beschlüsse über die künftige politische Struktur Westdeutschlands gefaßt. Die Fortdauer der westalliierten Zuständigkeiten in Deutschland sollte durch ein Besatzungsstatut geregelt und das politische System auf eine verfassungsmäßige Grundlage gestellt werden. Am 1. Juli 1948 überreichten die Militärgouverneure der westlichen Besatzungszonen den Ministerpräsidenten ihrer Länder jene aus drei Teilen bestehenden „Dokumente zur künftigen politischen Entwicklung Deutschlands" (Frankfurter Dokumente), die zur eigentlichen „Geburtsurkunde der Bundesrepublik Deutschland" (E. DEUERLEIN) wurden. Sie beauftragten die Ministerpräsidenten, eine „verfassunggebende Versammlung" einzuberufen, die das Ziel hatte, eine „demokratische Verfassung" des „föderalistischen Typs" zu schaffen, da diese Regierungsform am besten geeignet sei, „die gegenwärtig zerrissene deutsche Einheit wiederherzustellen". Das zweite Dokument befaßte sich mit der Neuordnung der Länder, das dritte mit den Grundzügen des Besatzungsstatuts.

Konferenzen der Ministerpräsidenten

Auf mehreren Konferenzen setzten sich die Ministerpräsidenten im Sommer 1948 mit den Vorgaben der Alliierten auseinander. Zwar begrüßten sie die Entwicklung zu politischer Selbstbestimmung als unverkennbaren Fortschritt gegenüber der reinen Besatzungsherrschaft, sie schreckten aber zugleich vor den Konsequenzen zurück, die der Aufbau eines westdeutschen Teilstaats für die Einheit Deutschlands heraufbeschwören würde. Deshalb sollte dieser aus ihrer Sicht provisorisch und transitorisch sein. Er durfte eine spätere gesamtdeutsche Lösung nicht verbauen, mußte zugleich aber wesentliche Merkmale der Staatlichkeit tragen, um handlungsfähig zu sein und den ersten Schritt zu einer deutschen Souveränität zu bedeuten. In zähen Verhandlungen mit den Militärgouverneuren setzten die Ministerpräsidenten wichtige terminologische Änderungen durch, um dem Provisoriums-Vorbehalt Rechnung zu tragen. Anstelle einer „Verfassunggebenden Versammlung" wurde der Begriff „Parlamentarischer Rat" eingeführt, der ein „Grundgesetz" und damit nur eine „Vorläufige Verfassung" zu beraten habe.

Herrenchiemsee

Es war die Aufgabe der Ministerpräsidenten, den Prozeß der Verfassunggebung einzuleiten. Sie legten die Kriterien für die Wahlen zum Parlamentarischen Rat fest, einigten sich schließlich auf Bonn als Tagungsort und beriefen ein vorbereitendes Expertengremium ein. Der „Verfassungskonvent auf Herrenchiemsee", der unter dem Vorsitz des bayerischen Staatsministers Anton Pfeiffer vom 10. bis zum 23. August 1948 tagte, bestand aus Bevollmächtigten der Länder und zugeordneten Mitarbeitern, die über ein hohes Maß an Sachverstand verfügten. Etliche von ihnen hatten bereits an den Länderverfassungen mitgewirkt und nahmen wenig später auch an den Bonner Verfassungsberatungen teil. Der „Bericht von Herrenchiemsee" gewann für die Arbeit des Parlamentarischen Rates erhebliche Bedeutung. In ihm wurden bereits die Umrisse des Grundgesetzes erkennbar. Neben seiner hohen Qualität verblaßten andere Vorarbeiten, wie sie etwa in den „Menzel-Entwürfen" der SPD oder in den Vorschlägen des „Ellwanger Kreises" der südwestdeutschen CDU vorlagen.

Der Parlamentarische Rat tagte vom 1. September 1948 bis zum 23. Mai 1949 in Bonn. Seine 65 Mitglieder waren gemäß den Frankfurter Dokumenten nicht direkt gewählt, sondern durch die Einzellandtage entsandt worden. Auf die SPD und die CDU/CSU entfielen jeweils 27 Mandate, auf die FDP fünf; die DP, das Zentrum und die KPD erhielten jeweils zwei. Die Bildung einer Mehrheit ohne die Stimmen der FDP, die schon jetzt das Zünglein an der Waage bildete, war damit ausgeschlossen. Die wichtigsten Positionen teilten Christdemokraten und Sozialdemokraten unter sich auf. Zum Präsidenten wurde Konrad Adenauer gewählt, der damit eine Schlüsselposition einnahm, die er weiter auszubauen verstand. Den Vorsitz im wichtigen Hauptausschuß übernahm Carlo Schmid (SPD), während der sozialdemokratische Parteivorsitzende Kurt Schumacher die Bonner Verhandlungen nur vom Krankenbett aus verfolgen konnte. Das verfassunggebende Gremium bestand vorwiegend aus Akademikern. Es überwogen Juristen und Beschäftigte des öffentlichen Dienstes. Das Durchschnittsalter der Abgeordneten, unter denen nur vier Frauen waren, betrug etwa 55 Jahre. In seiner Geschäftsordnung folgte das Gremium, wie schon zuvor der Wirtschaftsrat, weitgehend den Usancen des Weimarer Reichstags. Es organisierte sich in Fraktionen, deren Vorsitzende für die Meinungsbildung in und zwischen den Parteien eine herausragende Rolle spielten.

Parlamentarischer Rat – Wahlmodus und Zusammensetzung

Den Ministerpräsidenten der Länder gelang es nicht, ihren bisher ausgeübten starken Einfluß auch bei den Beratungen zum Grundgesetz geltend zu machen. Vielmehr erreichte die Diskussion über die künftige Verfassung jetzt in vollem Umfang die politischen Parteien, die damit weiter an Gewicht gewannen und zu den eigentlichen Trägern des Entscheidungsprozesses wurden. Die drei Militärregierungen achteten auf engen Kontakt zum Bonner Geschehen. Sie errichteten Verbindungsbüros, die sich untereinander informierten und die Verhandlungen mit Argusaugen verfolgten. Durch persönliche Kontakte, aber auch in offiziellen Treffen mit den Ministerpräsidenten und führenden Politikern, versuchten sie ein Informations- und Einflußnetz aufzubauen, um der

Einfluß der Ministerpräsidenten und Militärregierungen

alliierten Verfassungspolitik in Westdeutschland zum gewünschten Erfolg zu verhelfen.

Ausschüsse In Plenum und Ausschüsse gegliedert, debattierte, beriet und entschied die verfassunggebende Versammlung in parlamentsähnlichen Formen. Neben dem Plenum, das nur zwölfmal zusammentrat, gab es einen Ältestenrat und einen Geschäftsordnungsausschuß. Hauptträger der Verfassungsarbeit war zunächst der Hauptausschuß, der Mitte November mit seiner eigentlichen Arbeit begann und insgesamt 59mal tagte. Neben ihm bestanden sieben Fachausschüsse (für Grundsatzfragen, Zuständigkeitsfragen, Organisation des Bundes, Verfassungsgerichtshof und Rechtspflege, Wahlrechtsfragen und Besatzungsstatut), die Teilentwürfe vorlegten. Die Organisation des Parlamentarischen Rates war nicht unbedingt geeignet, die Kompromißbildung zwischen den Parteien zu fördern, zumal sie zusätzlich durch alliierte Interventionen erschwert wurde. Der ursprüngliche Zeitplan konnte bei weitem nicht eingehalten werden. Ohne eine Serie zusätzlicher offizieller und inoffizieller Kontakte, die neben der Arbeit in den Gremien stattfanden, wäre das Grundgesetz kaum zustande gekommen.

Spannungen Der Fraktionsgemeinschaft der CDU/CSU fiel es besonders schwer, eine gemeinsame Linie zu finden und sich mit den ausgeprägten (vor allem bayerischen) Föderalisten in den eigenen Reihen zu einigen. Zunächst hatten sich die Bemühungen der Christdemokraten darauf gerichtet, eine „föderalistische Allianz" von CDU/CSU, DP und Zentrum herzustellen. Aufgrund der Spannungen in der eigenen Fraktion und der zögernden Haltung der Liberalen stellte sich der gewünschte Erfolg nicht ein. Bereits seit Mitte Oktober existierte ein interfraktioneller Gesprächskreis aus Vertretern der CDU/CSU, der SPD und der FDP. Daneben gab es zahlreiche Einzelaktivitäten, an denen sich vor allem auch der bayerische Ministerpräsident Ehard beteiligte. Im Januar 1948 gelang einem ad hoc eingesetzten „Fünferausschuß" der entscheidende Parteienkompromiß, der auch nach den alliierten Interventionen im „Siebener-Ausschuß" erhalten blieb.

„Staatsfragment" Gleich zu Beginn der Bonner Beratungen kam es zu erheblichen Meinungsverschiedenheiten über die Einschätzung der Verfassungsarbeit. Die SPD-Fraktion betonte einerseits den provisorischen Charakter des Grundgesetzes, hob andererseits aber die Bedeutung einer starken Zentralgewalt für die Funktionsfähigkeit des künftigen politischen Systems hervor. Die CDU/CSU hingegen bestand darauf, mehr als nur die organisatorische Ausgestaltung eines „Staatsfragments" (Carlo Schmid) anzustreben, obwohl sie sich gegen zentralistische Tendenzen wandte und das föderalistische Element gestärkt sehen wollte. Weitge-

hende Einigkeit bestand zwischen den Parteien darin, daß Deutschland als Staat nicht untergegangen sei und die neu zu schaffende Bundesrepublik in der Rechtskontinuität des Deutschen Reiches stehe. Die „Lehren aus Weimar" und der „antitotalitäre Grundkonsens", der sich nun vor allem auch gegen die kommunistische Bedrohung richtete, wie sie in der Berliner Blockade zeitgleich miterlebt wurde, gaben die entscheidenden Anstöße für die Gestaltung der organisatorischen und inhaltlichen Rahmenbedingungen der künftigen Verfassung. Es sollte eine „streitbare Demokratie" geschaffen werden, die nicht mehr die Voraussetzungen für ihre Beseitigung in sich trug. Dabei wiesen die im Herrenchiemseer Entwurf vorgeschlagenen institutionellen Veränderungen den Weg.   „Antitotalitärer Grundkonsens"

Darüber hinaus sollten Grundrechte als „vorstaatliche Rechte" der einfachen Gesetzgebung entzogen bleiben. Auf die Einbeziehung sozialer und kultureller „Lebensordnungen" wurde in diesem Zusammenhang schließlich verzichtet. Die katholische Kirche verlangte die Anerkennung des Reichskonkordats und eine grundrechtliche Absicherung des Elternrechts und der Konfessionsschule. Sie konnte sich dabei auf Teile der CDU/CSU und auf die Zentrumspartei stützen, während SPD und Liberale diesen Forderungen heftig widersprachen. Mit der Übernahme der Weimarer Kirchenartikel und der indirekten Bestätigung des Reichskonkordats vermochte die katholische Kirche schließlich beträchtliche Erfolge aufzuweisen, wenn es ihr auch nicht gelang, ein Maximalkonzept zu verwirklichen.   Grundrechte, Forderungen der Kirchen

Zu jenen Verhandlungskomplexen des Parlamentarischen Rates, die geeignet waren, die Alliierten auf den Plan zu rufen, Fronten quer durch die Parteien entstehen zu lassen und die Gestaltung anderer Verfassungsbereiche entscheidend zu beeinflussen, gehörte die Problematik des Föderalismus. Im Grundsatz bestand Einigkeit über das Ziel, einen Bundesstaat zu errichten. Die Alliierten forderten ihn nachdrücklich. Außerdem entsprach er der deutschen Verfassungstradition. Zudem legte es die Erfahrung des Dritten Reiches nahe, die gewaltenhemmenden und -verteilenden Elemente des Grundgesetzes zu stärken. Doch schieden sich die Geister an der Frage, welches tatsächliche Gewicht den Einzelländern im Rahmen der bundesstaatlichen Ordnung zufallen solle.   Problematik des Föderalismus

Die Militärregierungen bestanden auf einer enger umgrenzten Zuständigkeit des Bundes bei der Gesetzgebung und einer strikten Trennung von Steuererhebung und Steuerverwaltung zwischen Bund und Ländern. Das vor allem von den Amerikanern (Lucius D. Clay) und Franzosen favorisierte Modell zielte auf eine stärkere Unabhängigkeit   Interventionen der Alliierten und Selbständigkeit der Einzelstaaten. Es stand damit im Gegensatz zur Tradition des deutschen Föderalismus, der sich an der Einheitlichkeit der Lebensverhältnisse orientiert und nicht durch die Trennung, sondern durch ein Zusammenwirken von Bund und Ländern gekennzeichnet ist. Mit ihren wiederholten Interventionen, die den Kompromiß zwischen den Parteien gefährdeten und die beinahe zu einem Scheitern der Verfassungsverhandlungen geführt hätten, haben die Alliierten dem Parlamentarischen Rat im Bereich der Finanzverfassung Umorientierungen abverlangt. Sie haben aber schließlich davon abgesehen, auf Einzelkorrekturen zu bestehen. Das Grundgesetz blieb damit ein selbständiges Werk der Deutschen, frei vom Diktat auswärtiger Mächte.

Annahme des Grundgesetzes Am 8. Mai 1949 nahm der Parlamentarische Rat den Entwurf des Grundgesetzes mit 53 zu 12 Stimmen an. Vier Tage später erfolgte mit der Übergabe des Besatzungsstatuts die Zustimmung der Militärgouverneure. Nach der Abstimmung in den Länderparlamenten (nur der bayerische Landtag lehnte den Entwurf ab) trat das Grundgesetz am 23. Mai 1949 in Kraft. Damit entstand ein neuer Staat, der noch nicht über ein gewähltes Parlament und über oberste Organe verfügte. Mit der Verfassung aber gewann er die wichtigste Voraussetzung für ein demokratisches Eigenleben, das sich schon bald dynamisch entfaltete.

2. Parlamentarismus und Kanzlerdemokratie

Wahlrecht zum ersten Bundestag Der Verabschiedung des Grundgesetzes folgte eine halbjährige Übergangszeit. Zunächst mußten die Bürger über die Zusammensetzung des neuen Parlaments entscheiden, bevor mit der Regierungsbildung und der Konstituierung der Staatsorgane begonnen werden konnte. Das Wahlrecht zum ersten Bundestag war zwischen den Parteien heftig umstritten. Es wurde nicht mehr durch den Parlamentarischen Rat (das Grundgesetz begnügt sich mit den allgemeinen Bestimmungen des Art. 38, Abs. 1), sondern erst später von den Ministerpräsidenten mit Ermächtigung der Militärgouverneure erlassen und beruhte auf einem Kompromiß zwischen Verhältnis- und relativer Mehrheitswahl, wobei ersterer eindeutig der Vorrang eingeräumt wurde. Als korrigierendes Element wurde die Fünfprozentklausel auf Länderebene eingefügt (auf Bundesebene galt sie verschärfend erst seit den Wahlen von 1953). Die Relation von Direkt- zu Listenmandaten betrug damals 60:40, seit dem Jahre 1953 allerdings 50:50, wobei die Möglichkeit von „Überhangmandaten" belassen wurde. Für die Einschränkungen des reinen Proporzsystems waren die Weimarer Erfahrungen ebenso ausschlaggebend wie das Chancenkalkül der Parteien, wenn auch die früheren Landtagswahlen, die nach unterschiedlichen Regelungen erfolgt waren, kaum Aufschluß darüber boten, welches System welche Gruppierung begünstigte.

Bei der ersten Bundestagswahl, die am 14. August 1949 nach kurzem, heftigem Wahlkampf (soziale Marktwirtschaft gegen Planwirtschaft) stattfand, siegten die CDU und die CSU mit einem knappen Vorsprung vor der SPD (31,0 zu 29,2%). Sie erhielten 139 Mandate, die SPD 131, während die FDP mit 52 und die niedersächsische DP mit 17 Abgeordneten vertreten waren. Adenauer, der als Vorsitzender der CDU in der britischen Besatzungszone und als Präsident des Parlamentarischen Rates zur stärksten Persönlichkeit seiner Partei geworden war, setzte trotz des knappen Wahlsiegs darauf, eine große Koalition mit der SPD, die auch in den eigenen Reihen Befürworter fand, zu verhindern. Wie zuvor schon im Frankfurter Wirtschaftsrat gelang es, die Fraktionsgemeinschaft der CDU/CSU mit der FDP zusammenzuführen und unter Einschluß der DP eine Regierungskoalition zu bilden.

Bundestagswahl von 1949

Schon zuvor hatte Adenauer seine Position als Präsident des Parlamentarischen Rates genutzt, um durch gründliche Vorplanung der Beamtenpolitik entscheidenden Einfluß auf die künftige Besetzung der Bundesverwaltung nehmen zu können. Mit der Konstituierung der Bundesorgane im Herbst 1949 (Bundesrat und Bundestag am 7., Wahl des Bundespräsidenten Theodor Heuss (FDP) am 12. und Wahl des Bundeskanzlers Konrad Adenauer am 15. September) erlangte der westdeutsche Staat seine Handlungsfähigkeit. Diese blieb allerdings noch bis zum Jahre 1955 erheblichen Einschränkungen unterworfen. Bis dahin residierte die Alliierte Hohe Kommission auf dem Petersberg bei Bonn als „Oberregierung" (H. GRAML). Aufgrund des Besatzungsstatuts, das am 20. September 1949 in Kraft trat, blieben ihr wichtige Bereiche der Sicherheits-, Außen- und Außenhandelspolitik vorbehalten (Militärisches Sicherheitsamt, Internationale Ruhrbehörde). Die Hohen Kommissare sahen ihre Aufgabe darin, für die Sicherheit der jungen Bundesrepublik zu sorgen, ihre Westintegration zu fördern und sie entsprechend dem Grad ihrer demokratischen Bewährung schrittweise in die staatliche Selbständigkeit zu entlassen.

Konstituierung der Bundesorgane

Alliierte „Oberregierung"

Die Bundesregierung verfügte somit nur über eine „geknickte Souveränität" (T. Heuss). Weil dem SED-Staat, der im Gegenzug zur Bundesrepublik unter der Ägide der sowjetischen Besatzungsmacht errichtet wurde, eine demokratische Legitimation fehlte, konnte sich die frei gewählte Bonner Regierung darauf berufen, im Namen des gesamten deutschen Volkes zu sprechen. In der Präambel des Grundgesetzes wurde als vorrangiges Ziel festgehalten, die „Einheit und Freiheit Deutschlands" in „freier Selbstbestimmung" zu vollenden. Die „doppelte Staatsgründung" (C. KLESSMANN) der Bundesrepublik und der DDR war ohne das Saarland und ohne die Gebiete jenseits der Oder-Neiße erfolgt, wobei die Sonderstellung Berlins und die auf sie und auf Gesamtdeutschland bezogenen alliierten Vorbehaltsrechte die grundsätzliche Offenheit der Deutschen Frage dokumentierten.

„Doppelte Staatsgründung"

Die Anfänge des Bonner Parlamentarismus ließen eine Rückkehr zu instabilen Weimarer Verhältnissen befürchten. Es bestand durchaus die Gefahr, daß unter den schwierigen sozialen und wirtschaftlichen Verhältnissen erneut eine politische Radikalisierung einsetzen werde. Die Vorkehrungen des Wahlrechts hatten nicht verhindert, daß immerhin zwölf Parteien den Sprung ins Parlament schafften. Zwar entfielen auf die drei großen Gruppierungen (CDU/CSU, SPD und FDP) zusammen 72,1 Prozent der Stimmen, aber es war keineswegs sicher, ob der Bundestag – wie dies vom Grundgesetz intendiert war – auf Dauer zu stabilen Mehrheiten finden würde. Der parlamentarische Stil ließ zu wünschen übrig. Turbulente Debatten, Lärmszenen, sogar Schlägereien wirkten negativ auf die öffentliche Meinung und bestätigten das traditionelle Gefühl der Parlamentsverdrossenheit. Noch fehlte dem Bundestag die Routine der späteren Jahre; nur knapp die Hälfte der Abgeordneten verfügte über Parlamentserfahrung. Es gab Pannen in der Gesetzgebungsarbeit. In seiner tatsächlichen Arbeitsleistung aber war der erste Bundestag den folgenden weit überlegen. Von 805 eingebrachten Gesetzentwürfen wurden 545 verabschiedet. Die 282 Plenarsitzungen dauerten über 1800 Stunden. Hinzu kamen 5111 Ausschußsitzungen. Auf sitzungsfreie Wochen wurde verzichtet. Geringe Bezahlung, bescheidene Ausstattung, schwierige Kommunikationsbedingungen und Verkehrsverhältnisse machten den Beruf des Abgeordneten zu einer äußerst strapaziösen Tätigkeit.

Anfänge des Bonner Parlamentarismus

Die offizielle Organisation und die Arbeitsweise des Bundestags standen in der deutschen Parlamentstradition und wiesen trotz tiefgreifender struktureller Veränderungen, die sowohl die Zusammensetzung des Bundestags als auch seine veränderte Stellung im Regierungssystem betrafen, große Ähnlichkeiten mit den Verfahrensweisen des Reichstags auf, wie sie sich bereits vor dem Ersten Weltkrieg und später in der Weimarer Republik entwickelt hatten. Zunächst wurde mit geringen Abweichungen nach den Usancen des Reichstags verfahren, bis am 1. Januar 1952 eine neue Geschäftsordnung in Kraft trat, die immer wieder den veränderten Bedingungen angepaßt und schließlich im

Parlamentarische Verfahrensweise

Jahre 1980 neu gefaßt wurde. Neben ihr bildeten sich informelle Verfahrensstrukturen heraus, die vor allem von den Geschäftsführern der Fraktionen geprägt wurden. Als Organe des Bundestags fungierten der Präsident, die Vizepräsidenten, Vorstand und Ältestenrat. Trotz einer Fülle formaler Rechte (Leitung der Bundestagssitzungen, Eröffnung und Schließung der Debatte, Worterteilungen, Durchführung von Abstimmungen, Ordnungs- und Polizeigewalt etc.) blieben der tatsächliche Spielraum und der politische Einfluß des Bundestagspräsidenten eher gering. Das Amt gewann beträchtlich an Ansehen, als dem ersten Präsidenten Erich Köhler (CDU), der bereits 1950 abgelöst wurde, mit Hermann Ehlers (bis zu dessen Tod 1954) und Eugen Gerstenmaier (1954–1968) ausgesprochen starke Persönlichkeiten nachfolgten.

Ein kennzeichnendes Merkmal der bundesrepublikanischen Parlamentsgeschichte ist im Vergleich zur Weimarer Situation, aber auch zur Realität vieler westlicher Demokratien, die Länge und die Kontinuität der Legislaturperioden und Kanzlerschaften. Der langen Regierungszeit Adenauers von 1949 bis 1963 folgten nach den kurzen Kanzlerschaften Erhards und Kiesingers (1963 bis 1969) die Kabinette Brandt/Schmidt und schließlich, seit 1982 bis über das Jahr der Wiedervereinigung Deutschlands hinaus, die Ära Kohl. Sämtliche Regierungen beruhten auf Bündnissen zwischen mehreren Parteien, die im Normalfall – mit Ausnahme der Großen Koalition des Kabinetts Kiesinger/Brandt (1966–1969) – aus kleinen Koalitionen bestanden, ohne die eine Mehrheitsbildung nicht möglich gewesen wäre. Denn nur ein einziges Mal, bei den Wahlen des Jahres 1957, ist es einer Partei (der CDU/CSU) gelungen, die absolute Mehrheit der Stimmen zu gewinnen. Auch spielten Minderheitsregierungen eine völlig untergeordnete Rolle. Es gab sie bisher nur dreimal als kurzfristige Übergangserscheinungen, denen jeweils zügig neue Konstellationen folgten: so im Jahre 1966 nach Auflösung der christlich-liberalen Koalition, 1972 zwischen dem Patt der Regierungskoalitionen und der Auflösung des Bundestages und schließlich 1982 zwischen Auflösung der sozialliberalen Koalition und der ersten Regierung Kohl/Genscher.

Koalitionen als Regelfall

Die Koalitionen haben keineswegs immer dazu geführt, die Regierung zu schwächen oder die Rolle des Kanzlers durch Beschneidung seiner führenden Stellung entscheidend herabzumindern, obwohl dies in der Praxis gelegentlich geschehen ist. Die Vorrangstellung, die der Artikel 65 GG (Richtlinienkompetenz) dem Kanzler in der Ministerrunde einräumt, verstand Adenauer durch das von ihm schon im Jahre 1949 geschaffene Kanzleramt institutionell abzusichern. Es mag paradox klingen, daß es ihm in den ersten Jahren auch gelang, aus den Vor-

Adenauers Kanzlerdemokratie

aussetzungen des Besatzungsstatuts, das ansonsten die Handlungsfreiheit der neuen Bundesregierung in wichtigen Bereichen erheblich einschränkte, Vorteile für seine Vorrangstellung zu ziehen. Er verstand es, in Anlehnung an die frühere Praxis der Ministerpräsidenten, den Zugang zur Alliierten Hohen Kommission in seiner Hand zu monopolisieren und als Schaltstelle zwischen dem Petersberg und den Bonner Ministerien zu fungieren. Da die Errichtung eines Auswärtigen Amtes wegen der alliierten Vorbehalte zunächst ausgeschlossen war, verankerte Adenauer die ressortmäßige Zuständigkeit für die zunehmenden außenpolitischen Aktivitäten direkt bei einer entsprechenden Dienststelle des Kanzleramts. Er blieb bis zum Jahre 1955 sein eigener Außenminister. Für die Politik der Westintegration, besiegelt durch Wehrbeitrag und NATO-Mitgliedschaft, die Adenauer schrittweise mit der Wiedererlangung der Souveränität verband, waren damit wichtige institutionelle Voraussetzungen gegeben, um die notwendigen innen- und außenpolitischen Strategien zu koordinieren. Gleichzeitig wurde die Entscheidungsfähigkeit des Kanzlers erhöht und seine Stellung im Regierungssystem gefestigt. Dies geschah nicht selten auf Kosten des Kabinetts und einzelner Ressorts. Verstärkt wurde die Tendenz des Vorbeiregierens auch durch die zunehmende Praxis des direkten Vortrags wichtiger Verbandsvertreter der Industrie und der Gewerkschaften, der Kirchen, der Landwirtschaft, der Vertriebenenverbände und anderer Organisationen beim Kanzler, obwohl die Geschäftsordnung der Bundesregierung im Paragraphen 10 den Empfang von Abordnungen in der Regel dem federführenden Fachminister und nur in besonderen Fällen dem Regierungschef zugesteht. Der Kanzler avancierte damit schon im Vorraum politischer Entscheidungen zur Clearingstelle gesellschaftlicher Interessen. Dies hat ihm die Durchsetzung der großen Gesetzgebungsvorhaben in der ersten Hälfte seiner Regierungszeit erleichtert, wenn nicht überhaupt erst ermöglicht. Doch hat er sich damit zugleich in die Gefahr begeben, in eine zu große Abhängigkeit von außerparlamentarischen Kräften zu geraten und zunehmend bewegungsunfähig zu werden, wie dies in der Spätphase seiner Kanzlerschaft erkennbar wurde.

Adenauers Führungsstellung, die allerdings auch nicht überzeichnet werden sollte, wurde durch seine erfolgreiche Politik der Westintegration und des sozialen Ausgleichs und nicht zuletzt durch das beginnende „Wirtschaftswunder" gefestigt. Sie fand im großen Wahlsieg der CDU/CSU vom Jahre 1953 (Zunahme von 31 auf 45,2%) ihre Bestätigung und vier Jahre später im Gewinn der absoluten Mehrheit (50,2% der Stimmen) ihren Höhepunkt. Der dann einsetzende rapide Autoritätsverlust des Kanzlers, der durch zunehmende Inflexibilität und poli-

<aside>Rapider Autoritätsverlust seit 1959</aside>

tische Fehleinschätzungen – z. B. die später wieder zurückgezogene Kandidatur für das Amt des Bundespräsidenten (1959), die wenig entschlossen wirkende Reaktion beim Mauerbau, die hohen Wahlverluste (1961) und schließlich die Spiegelaffäre (1962) – beschleunigt wurde, ist nicht ohne Auswirkungen auf das Koordinatensystem der internen Mächtebalance geblieben.

3. Wandlungen im Parteiensystem

Die frühe und schnelle Konsolidierung der Bonner „Kanzlerdemokratie" ist zweifellos durch die Stabilisierung des Parteiensystems begünstigt worden. CDU/CSU, SPD und in abgeschwächter Weise auch die FDP haben in den ersten zwei Jahrzehnten der bundesrepublikanischen Geschichte eine große politische Integrationsleistung vollbracht und sich als Vermittler der politischen Willensbildung bewährt. Ihr Rückhalt bei den Wählern, ihr Legitimationsanspruch, ihre Programmatik und Effizienz blieben dabei tiefgreifenden Veränderungen unterworfen, die auf ihre Rolle im parlamentarischen Regierungssystem zurückwirkten.

<small>Stabilisierung des Parteiensystems</small>

Das Hauptmerkmal der Parteienkonstellation während der fünfziger Jahre bestand im Antagonismus von CDU/CSU und SPD. Diese Konstellation hatte sich bereits während der Besatzungszeit in den Ländern angebahnt und sowohl im Wirtschaftsrat als auch im Parlamentarischen Rat fortgesetzt. Sie fand aber bei der ersten Bundestagswahl des Jahres 1949 zunächst keine eindeutige Bestätigung. Die CDU/CSU, die sich nur knapp als stärkste Partei behaupten konnte, erlitt ebenso wie die SPD gegenüber den Landtagswahlen beträchtliche Stimmenverluste, wobei ihre Einbußen im wesentlichen auf das Konto von Regionalparteien (WAV, Bayernpartei und niedersächsische DP) gingen. Die Tendenz zum Vielparteiensystem wurde noch verstärkt, als nach der Aufhebung des alliierten Lizenzzwangs (1950) schlagartig etwa 30 neue Parteien entstanden, von denen vor allem der BHE, aber auch die neonazistische SRP bei den folgenden Landtagswahlen beträchtliche Erfolge verbuchen konnten. Der Gesamtdeutsche Block/ BHE errang mit seinem antimarxistischen Sozialprogramm zeitweise fast fünfzig Prozent der Flüchtlings- und Vertriebenenstimmen. Er verlor erst an Anziehungskraft, als es seit Mitte der fünfziger Jahre in fast beispielloser Weise gelang, die „Heimatlosen" in das Gesellschaftsgefüge der Bundesrepublik zu integrieren. Die Gesamtdeutsche Volkspar-

<small>Konstellation der Parteien in den fünfziger Jahren</small>

tei (Gustav Heinemann, Helene Wessel), die sich mit der Konzeption eines neutralistischen Deutschland zwischen Ost und West zu profilieren versuchte, blieb politisch erfolglos und wurde von der SPD aufgesogen. Den extremistischen Parteien von links und rechts begegnete der junge Staat mit den Mitteln der „wehrhaften Demokratie". Sowohl die SRP (1952) als auch die KPD (1956) wurden durch das neuerrichtete Bundesverfassungsgericht verboten.

Ende der Splitterparteien

Die zweiten Bundestagswahlen (1953) beendeten die kurze Blütezeit der Splitterparteien. Die Unionsparteien siegten klar mit 45,2 Prozent der Stimmen. Die SPD konnte zwar ihren traditionellen Wählerstamm halten, es gelang ihr aber nicht, neue Wähler aus bürgerlichen Schichten zu gewinnen. Adenauer entschloß sich, eine Vierparteienkoalition zu bilden, die neben den bisher beteiligten kleineren Partnern (FDP und DP) auch den BHE einschloß. Damit verfügte die Regierung über eine Zweidrittelmehrheit, die sie zur Durchführung der Wehrpolitik benötigte. Spaltungen über das Saarabkommen innerhalb des GB/BHE und der FDP (hier verstärkt durch die Wahlrechtsdiskussion und Koalition mit der SPD in Nordrhein-Westfalen) führten zu Übertritten, von denen die CDU auf Kosten der kleinen Parteien profitierte.

Absolute Mehrheit der Union

Die Bundestagswahlen des Jahres 1957 brachten ein in der deutschen Parlamentsgeschichte einzigartiges Ergebnis. Bei geringen Zugewinnen der SPD erreichten die Unionsparteien die absolute Mehrheit. Der Trend zur Konzentration des Parteiensystems war damit bestätigt. Die beiden großen Parteien verfügten nunmehr zusammen über 82 Prozent der abgegebenen Stimmen. Eine ähnliche Stabilität wurde auch bei den Landtagswahlen zwischen 1957 und 1960 erzielt, bei denen die SPD insgesamt allerdings besser abschnitt als die CDU. Die Gewichte im Bundesrat aber verschoben sich kaum. Adenauer stand auf dem Höhepunkt seiner Macht und seines Ansehens. Die Zerwürfnisse im Regierungsbündnis und die beginnende Diskussion um den alternden Kanzler hatten ein so triumphales Ergebnis nicht erwarten lassen. Der Wahlslogan „Keine Experimente" traf die Stimmungslage der Wähler im Zeichen des Aufstiegs und des „Wirtschaftswunders", die nach Rentenreform (21. Januar 1957) und Preisstabilisierung eher eine Konsolidierung der eingetretenen Verhältnisse als die Risiken politischer Veränderungen wünschten.

CDU als „Kanzlerwahlverein"

Adenauer hatte seine Erfolge mit einer Partei erzielt, die eher den Charakter einer christlichen Gesinnungs- und Weltanschauungsgemeinschaft als einer „pluralistischen Volkspartei" besaß. Trotz ihrer stark föderalistisch-dezentralen Stuktur konnte die CDU in den fünfziger Jahren als „Hilfsorgan von Parteirepräsentanten in Regierung und Fraktion" [441: W. Schönbohm, CDU, 1985, 295] gelten. Sie glich in vielem einem „Kanzlerwahlverein". Erst in den sechziger Jahren emanzipierte sie sich als eigenständige Organisation, um schließlich seit den siebziger Jahren zu einer echten Mitgliederpartei zu werden. Die Protokolle des Bundesvorstandes belegen, wie es Adenauer in den ersten Jahren seiner Amtszeit gelang, sich gegen die Kritiker in den eigenen Reihen (u. a. den ersten Innenminister Gustav Heinemann und Jakob Kaiser mit seinem Berliner Anhang) durchzusetzen. Eine besondere Schwierigkeit für die innerparteiliche Balance bestand im Ausgleich der organisierten Interessen, die die Union umlagerten und in ihr z. T. als Arbeitsgemeinschaften vertreten waren. Zwischen dem Wirtschafts- und dem Arbeitnehmerflügel (Sozialausschüsse) bestanden erhebliche Divergenzen, die vor allem bei den Entscheidungen zur Sozialgesetzgebung (Montanmitbestimmung 10. April 1951, Lastenausgleich 1. September 1952, dynamische Rente 21. Januar 1957) zu erheblichen Spannungen führten. Dank des flexiblen Parteigefüges und der Integrationskraft des Vorsitzenden und Kanzlers gelang es, diese Belastungsproben zu überstehen. Erst in der dritten Legislaturperiode verstärkten sich mit dem rapiden Autoritätsverlust Adenauers die Anzeichen einer beginnenden Krise. Jetzt erreichten die innerparteilichen Auseinandersetzungen auch die Öffentlichkeit und schwächten die bis dahin unangefochtene Stellung des Kanzlers, zumal dieser aus seiner Abneigung gegen den designierten Nachfolger Ludwig Erhard kein Hehl machte. Als die Unionsparteien bei den Wahlen vom Herbst 1961 nur noch 45, 3 Prozent der Stimmen erzielten, standen die Zeichen auf Kanzlerwechsel. Im Koalitionsvertrag mit der FDP mußte Adenauer sich verpflichten, noch während der Legislaturperiode als Regierungschef zurückzutreten.

Der SPD war es in den fünfziger Jahren nicht gelungen, sich als Alternative zur Regierung Adenauer zu präsentieren. Dem Mißerfolg bei der ersten Bundestagswahl folgten die schweren Wahlniederlagen von 1953 und 1957. Die Mitgliederzahl (1948: 875000) sank stetig (1954: 585000). Die Partei war überaltert und in ihrem Stil antiquiert (Genossenpartei). Trotz ihrer antibolschewistischen Grundhaltung stand sie bei weiten Kreisen der Öffentlichkeit im Verdacht, mit kommunistischen Zielsetzungen zu sympathisieren und sich in bedingungsloser Opposition zu verrennen. Es gelang ihr auch nach dem Tode Kurt Schumachers (1952) noch nicht, ideologischen Ballast abzuwerfen, ihr Wirtschaftskonzept, das im Wirtschaftswunder immer mehr an Attraktivität verlor, zu revidieren und eine positive Einstellung zur Westintegration und zum Wehrbeitrag zu entwickeln. Erst allmählich begannen sich die Kritiker in den eigenen Reihen (u. a. Fritz Erler, Carlo Schmid,

SPD als „Genossenpartei"

Karl Schiller, Herbert Wehner) zu formieren. Nach dem Wahldesaster von 1957 konnte die SPD nicht länger der Frage ausweichen, ob sie sich weiterhin als Klassenpartei isolieren oder endlich als Volkspartei öffnen solle, um so für weitere Bevölkerungsschichten wählbar zu werden. Es gelang den Reformern, die Leitungsebene der Partei personell zu erneuern (noch aber blieb Erich Ollenhauer Parteivorsitzender) und das Macht- und Führungsmonopol der Funktionäre zu brechen.

Godesberger Programm

Das „Godesberger Programm", das am 15. November 1959 auf einem außerordentlichen Parteitag verabschiedet wurde und über Jahrzehnte Gültigkeit behielt, trug deutlich die Handschrift der neuen Führungsgruppe. Mit ihm wurde eine pragmatische Kehrtwende der Partei eingeleitet und der prinzipielle Kampf gegen die Weichenstellungen der Adenauerschen Politik aufgegeben. Es nahm Abschied von marxistischen Positionen, akzeptierte vorbehaltlos die parlamentarische Demokratie und sprach sich nachdrücklich für eine „wehrhafte Demokratie" und für die Bereitschaft zur Landesverteidigung aus. Die Sozialisierung galt nicht mehr als ökonomisches Allheilmittel. Staatliche Wirtschaftspolitik sollte durch vorausschauende Konjunkturpolitik ergänzt werden. Freier Wettbewerb wurde akzeptiert und die freie Unternehmensinitiative ausdrücklich begrüßt. Zugleich nahm die SPD Abschied von ihrer Fixierung auf eine materialistische Weltanschauung. Sie betonte ihre Bereitschaft zur Zusammenarbeit mit den Kirchen und Religionsgemeinschaften, um für Christen wählbar zu werden. Nach der inneren Umorientierung setzte sich wenig später auch im außen-, deutschland- und sicherheitspolitischen Bereich der von Herbert Wehner energisch vorangetriebene Kurs der Gemeinsamkeiten zwischen Regierung und Opposition durch. Bei der Bundestagswahl von 1961, die nach dem Bau der Berliner Mauer dem Regierenden Bürgermeister und Kanzlerkandidaten Willy Brandt zusätzliche Sympathien brachte, gelang es der SPD noch nicht, die Macht zu erringen. Doch stabilisierte der Zugewinn von 4,4 Prozent der Stimmen den neuen Kurs. Zugleich deutete sich durch die erheblichen Schwierigkeiten zwischen den Unionsparteien und der FDP bei der Bildung der letzten Regierung Adenauer die Auflösung jener Parteienkonstellation an, bei der über ein Jahrzehnt ein demokratischer Machtwechsel so gut wie ausgeschlossen zu sein schien. Die SPD begann, ihre langgeübte Distanz zum Bonner Staat aufzugeben. Sie akzeptierte die Bundesrepublik, wie sie unter Adenauer geworden war, und wurde auch für bürgerliche Parteien bündnisfähig. Zugleich unterstrich sie ihre Entschlossenheit und Bereitschaft, aus der Oppositionsrolle herauszutreten und Regierungsverantwortung zu übernehmen.

Der damit eingeleitete grundlegende Wandel der Parteienkonstellation betraf die Existenzfähigkeit und die politischen Chancen der FDP in direkter Weise. Sofern sie sich als dritte Kraft zu behaupten wußte, erhielt sie jetzt die Wahlmöglichkeit zwischen den beiden großen Parteien und die Chance, bei Regierungsbildungen das Zünglein an der Waage zu spielen. Tatsächlich ist es der liberalen Partei immer wieder gelungen, diesen Vorteil zu nutzen. Sie war bis auf zwei Ausnahmen (1957–61 und 1966–69) in allen Bundesregierungen vertreten. Ihr Verhältnis zu den Unionsparteien, mit denen sie am längsten im Bündnis stand, war nie spannungsfrei und wirkte stets auf die innerparteiliche Situation zurück, in der die traditionellen Gegensätze zwischen nationalliberalen und liberal-demokratischen Tendenzen keineswegs überwunden waren. Die wichtigste Voraussetzung für das gemeinsame Regierungsbündnis mit der CDU/CSU bestand seit den Tagen des Frankfurter Wirtschaftsrates in der breiten wirtschaftspolitischen Übereinstimmung. Gegensätze gab es vor allem im kulturpolitischen Bereich, wobei dezidiert konfessionelle Konzepte der Christdemokraten auf den Widerstand der Liberalen und Sozialdemokraten stießen. Gemeinsam mit der SPD befürwortete die FDP in den Landtagswahlkämpfen Mitte der fünfziger Jahre – im klaren Widerspruch zur CDU/CSU – die Einführung der gemischt-konfessionellen Gemeinschaftsschule als Regelschule.

FDP als „Juniorpartner"

Bedeutsamer für den Bestand der Bonner Koalition aber waren die aufkeimenden Differenzen in der Außen- und Deutschlandpolitik (Th. Dehler). Im Februar 1955 stimmte die überwiegende Mehrheit der liberalen Fraktion (darunter ein Minister, zwei weitere enthielten sich der Stimme) gegen das Saarabkommen. Die außenpolitische Entfremdung zwischen den Unionsparteien und der FDP wurde begleitet von einer tiefsitzenden innenpolitischen Verstimmung mit Langzeitwirkung, als bei der Diskussion über ein neues Wahlgesetz (1955/56) in den Reihen der CDU die Einführung des „Grabenwahlrechts" erwogen wurde (keine Mischung, sondern strikte Trennung von Mehrheits- und Verhältniswahl, wobei 60% der Abgeordneten direkt und nur 40% nach Listen gewählt werden sollten). Die Wahlrechtsfrage war und blieb für die FDP eine Überlebensfrage, da die Partei kaum Aussicht auf Direktmandate besaß und ihr jede Veränderung des Proporzsystems zugunsten der Persönlichkeitswahl den Boden zu entziehen drohte. Das Mißtrauen gegen den mächtigen Koalitionspartner verließ sie künftig nicht mehr. Obwohl ein Bruch der Koalition in Bonn vermieden werden konnte, begann die FDP neue Koalitionsmöglichkeiten in den Ländern auszuloten. In Nordrhein-Westfalen führte die „Revolution der Jung-

Wahlrechtsfrage als Überlebensfrage

türken" (Wolfgang Döring, Erich Mende, Walter Scheel, Willi Weyer) gegen das Parteiestablishment zum Sturz des Ministerpräsidenten Karl Arnold (CDU) und zu dem zweijährigen Zwischenspiel einer von Fritz Steinhoff (SPD) geführten sozialliberalen Regierung.

FDP in der Opposition

Dieser Belastungsprobe hielt die Bonner FDP-Fraktion nicht stand. Sechzehn Bundestagsabgeordnete und vier Minister verließen die Partei und stützten weiterhin den Regierungskurs, während der größere Teil der Partei in die Opposition ging. Im Januar 1957 wurde Dehler durch den früheren Stuttgarter Ministerpräsidenten Reinhold Maier im Parteivorsitz abgelöst. Die Spaltung der Partei, aber auch die Tatsache, daß sie die Koalitionsaussage offenließ, wurden für ihre Einbußen bei den Bundestagswahlen desselben Jahres verantwortlich gemacht. Während der 3. Legislaturperiode verblieb die FDP in der Opposition. Unter ihrem Vorsitzenden Erich Mende (seit 1960) entschied sie sich erneut für ein Zusammengehen mit den Unionsparteien. Die Grundlage ihres Wahlkalküls aber war eine Koalition mit der CDU ohne Adenauer. Durch das hervorragende Wahlergebnis vom Herbst 1961 (12,8 Prozent der Stimmen) sah sich die FDP als dritte Kraft bestätigt. Die CDU/CSU war auf sie angewiesen. Es kam zur bisher langwierigsten Regierungsbildung, die 65 Tage dauern sollte. Zunächst versteifte sich die FDP auf die Ablehnung einer erneuten Kanzlerschaft Adenauers, der seinerseits die Möglichkeiten einer Großen Koalition mit der SPD auslotete, um Druck auf die Liberalen auszuüben. Schließlich gelang es ihm auch, seine innerparteilichen Gegner zu überspielen, da Ludwig Erhard nicht bereit war, gegen ihn zu kandidieren. Adenauer stimmte zwar einer vorzeitigen Beendigung seiner neuen Amtsperiode zu, wehrte sich aber erfolgreich gegen eine genaue Befristung. Schließlich hat Erich Mende versucht, den Eindruck eines „Umfalls", der durch die Einigung entstand, mit seinem Verzicht auf ein Ministeramt zu mildern. Tatsächlich war die Machtbasis des Kanzlers deutlich geschmälert worden, mit unübersehbaren Folgen für das Bonner Regierungssystem. Der kleinere Koalitionspartner hatte erheblich an Gewicht gewonnen. Zum ersten Mal fixierte ein Koalitionsvertrag die Bedingungen des Regierungsbündnisses. Nach der Phase der faktischen Alleinherrschaft von CDU/CSU führten die Wahlen von 1961 zu einer Konstellation, in der keine politische Gruppierung nurmehr auf sich gestützt regieren konnte. „Der Weg vom Vielparteiensystem der Jahre 1949/53 zu diesem Dreiparteiensystem hat nur zwei Legislaturperioden gedauert" [385: H. FENSKE, Strukturprobleme der deutschen Parteiengeschichte, 1974, 198].

C. Von Erhard zu Kiesinger (1963–1969)

1. Neuauflage und Ende der christlich-liberalen Regierung

Die letzte, von vornherein befristete Amtsperiode Adenauers (1961–63) ist als „Kanzlerdemokratie in der Sterbestunde" bezeichnet worden [311: J. J. HESSE/T. ELLWEIN, Regierungssystem, ⁷1992, 282]. Zum ersten Mal wurde der Koalitionscharakter einer Regierung durch einen Vertrag praktisch institutionalisiert. Neben dem Versprechen, nicht mit wechselnden Mehrheiten im Parlament zu stimmen, sah dieser u. a. die Einrichtung eines Koalitionsausschusses mit weitreichenden Kompetenzen vor, wodurch die Heterogenität des politischen Entscheidungszentrums verstärkt wurde. Die Fraktionsvorsitzenden der Regierungsparteien erhielten das Recht, an den Kabinettssitzungen teilzunehmen. Der FDP wurde die Einführung eines Sockelbetrages für die staatliche Parteienfinanzierung zugesichert. Adenauer mußte sich gegen den Vorwurf aus den eigenen Reihen wehren, dem kleinen Partner zu weitgehende Zugeständnisse gemacht zu haben. Mit der erneuten Ernennung Ludwig Erhards zum Vizekanzler fügte er sich dem Druck der CDU/CSU-Fraktion, die keine Gelegenheit ausließ, den Wirtschaftsminister als Nachfolger für das Amt des Kanzlers herauszustellen. Zugleich wuchs die Zahl einflußreicher Christdemokraten, die mit der Möglichkeit einer künftigen Großen Koalition zu liebäugeln begannen, um vor allem durch die Einführung eines Mehrheitswahlrechts, von dem sie eindeutige parlamentarische Konstellationen erhofften, die erkennbaren Gefahren einer Schwerfälligkeit der Regierung abzuwenden und den Liberalen die ausschlaggebende Rolle zu nehmen. In den folgenden Landtagswahlen mußte die FDP, die sich nach der Wiederwahl Adenauers nur schwer von dem Stigma einer „Umfallerpartei" zu befreien vermochte, Verluste hinnehmen. Damit schien sich der Trend vom Drei- zum Zweiparteiensystem vollends durchzusetzen.

<small>Ende der Kanzlerschaft Adenauers</small>

Mit der „Spiegel-Affäre" vom Oktober 1962 bot sich für die um ihr Profil bemühte liberale Partei die Gelegenheit, Standfestigkeit zu beweisen und ihre Bedeutung als dritte Kraft zu unterstreichen. Vor allem Verteidigungsminister Franz Josef Strauß geriet ins Zentrum der Kritik, zumal er sich dem Vorwurf aussetzte, dem Parlament über seine

<small>Folgen der „Spiegel-Affäre"</small>

Rolle nicht wahrheitsgemäß berichtet zu haben. Als die liberalen Minister aus dem Kabinett ausschieden und auch die christdemokratischen Kollegen ihre Ämter zur Verfügung stellten (Strauß verzichtete nach der für ihn als Parteivorsitzenden siegreichen bayerischen Landtagswahl vom 25. November 1962 auf ein künftiges Ministeramt in Bonn), ergaben sich die Voraussetzungen für Verhandlungen über eine neue Regierung, die jetzt, zum ersten Mal in der Geschichte der Bundesrepublik, offiziell nach allen Seiten geführt wurden. Unterstützt von Bundespräsident Heinrich Lübke und durch Adenauer ermutigt, nahmen Vertreter der CDU/CSU (Wohnungsbauminister P. Lücke und K.-Th. zu Guttenberg) Verhandlungen mit der SPD (Herbert Wehner) auf. Obwohl die Gespräche scheiterten, bedeuteten sie doch einen gravierenden Einschnitt in der Entwicklung der Parteien und des Parlaments. Seither „galt die SPD auch im Bund als regierungsfähig" [337: R. MORSEY, Vorgeschichte der Großen Koalition, 1994, 462]. An die damals gesponnenen Fäden konnte am Ende der Regierungszeit Erhards wieder angeknüpft werden.

Vorerst blieben solche Kontakte Episode. Die erneute Einigung mit der unter Druck geratenen FDP gelang innerhalb einer Woche. Adenauer gab erstmals einen genauen Termin für seinen Rücktritt (nach den Parlamentsferien 1963) bekannt. Die Instabilität der neuen Regierung wurde durch zunehmende Gegensätze im außenpolitischen Bereich zwischen FDP und CDU/CSU, aber auch innerhalb der Unionsfraktion gefördert. Während die FDP größere Flexibilität in der Deutschlandfrage forderte und damit in immer stärkeren Gegensatz zur Union und in größere Nähe zur SPD geriet, schieden sich die Geister innerhalb der christdemokratischen Fraktion am Europakonzept und der Frage, wie es mit den Bindungen im Nordatlantischen Bündnis vereinbar sei. Der aufbrechende Gegensatz zwischen „Gaullisten" (Adenauer, Strauß, zu Guttenberg) und „Atlantikern" (Erhard, Schröder, von Hassel) hat die zunehmende Zerstrittenheit der langjährigen Regierungspartei intensiviert, die in den folgenden Landtagswahlen (Rheinland-Pfalz, 31. März 1963, und Berlin, 17. Dezember 1963) schwer zu verkraftende Niederlagen hinnehmen mußte.

Unmittelbar nach dem Rücktritt Adenauers (15. Oktober 1963) wurde Ludwig Erhard, der längst designierte Nachfolger, von der CDU/CSU-Fraktion, trotz verbleibender Widerstände und trotz der Verzögerungsversuche seines Vorgängers, zum Kanzlerkandidaten gekürt. Der Vater des Wirtschaftswunders, der den neuen deutschen Wohlstand symbolisierte, erfreute sich nicht nur in weiten Kreisen der Bevölkerung großer Beliebtheit. Als Marktwirtschaftler war er auch

Favorit der FDP, deren Schicksal eng mit der Kanzlerschaft Erhards verbunden blieb und dessen Abstieg oder Sturz „auch für die Liberalen leicht zu einer Existenzkrise führen" konnte [166: K. HILDEBRAND, Von Erhard zur Großen Koalition, 1984, 69]. Die Regierungsbildung erfolgte ohne größere Schwierigkeiten. Der Bonner Parlamentarismus erwies sich als stabil genug, um den ersten Regierungswechsel in der Republik geräuschlos und selbstverständlich abzuwickeln. Der FDP-Parteivorsitzende Erich Mende trat nunmehr als Minister für Gesamtdeutsche Fragen und Vizekanzler dem neuen Kabinett bei. Gegen den Widerstand Adenauers und Lübkes blieb der „Atlantiker" Gerhard Schröder als Außenminister im Amt.

Der Kanzlerwechsel wurde vielfach als Aufbruch aus verkrusteten Strukturen begrüßt. Innenpolitische Stagnation und verschleppte Reformen erforderten dringend Lösungen, die den Herausforderungen einer hochmodernen Industriegesellschaft gerecht zu werden vermochten. In seiner Regierungserklärung vom 18. Oktober 1963, die sich auch gegen das verbreitete Wohlstands- und Erwerbsdenken richtete, sprach Erhard davon, daß die ganze Welt im Begriff stehe, „aus der Nachkriegszeit herauszutreten". Er plädierte für einen starken Staat, um „die Bleigewichte organisierter Sonderinteressen auszubalancieren", und präsentierte sich als über den Parteiungen stehender „Volkskanzler". Gegen Tendenzen in seiner eigenen Fraktion und gegen die fortdauernde Umarmungstaktik der SPD-Führung war sein Bestreben darauf gerichtet, eine „liberale Ära" einzuleiten. Trotz einer unverkennbaren Harmoniebedürftigkeit hielt er unbeirrbar am christlich-liberalen Bündnis fest und blieb ein Gegner der auch weiterhin erwogenen Möglichkeit einer Großen Koalition. Mit seinen fortgesetzten Maßhalteappellen vermochte sich der Kanzler im Zeichen einer erneut beginnenden Hochkonjunktur letztlich nicht den berechtigten Forderungen, aber auch den Begehrlichkeiten von Interessengruppen und Verbänden zu widersetzen (Anhebung der Kriegsopferversorgung; Verbesserung des Kindergeldes; Senkung der Einkommensteuer, Einführung eines Arbeitnehmerfreibetrages). Die Konzessionen waren nicht frei vom Geruch der Wahlgeschenke. Damit geriet auch Erhard auf den bereits durch seinen Vorgänger beschrittenen Weg der Gefälligkeitsdemokratie, der das Defizit im Staatshaushalt beträchtlich vergrößerte.

„Liberale" Ära

Der Wahlkampf vom Herbst 1965 wurde eindeutig von den Spitzenkandidaten der beiden großen Parteien (Erhard und Brandt) bestimmt. Das für die Union überraschend positive Wahlergebnis (CDU/CSU: 47,6%; SPD: 39,3%; FDP: 9,5%) war nicht zuletzt der Popularität Erhards zu danken. Es bestätigte die Vormachtstellung der CDU/

Bundestagswahlen 1965

CSU, machte aber auch deutlich, daß die absolute Mehrheit des Jahres 1957 eine Ausnahme blieb. Das Resultat erwies sich für die Liberalen, trotz der Stimmenverluste von 3,3%, als noch erträglich. Der Besitzstand des alten Regierungsbündnisses blieb im wesentlichen erhalten. Allerdings hatte die SPD zum ersten Mal den „Dreißig-Prozent-Turm" mit einem Mandatsanteil von 40,7 Prozent überwinden können. Sie nahm damit vollends Abschied von der alten Arbeiterpartei und präsentierte sich als moderne Volkspartei. Das erneut aufkommende Thema einer Großen Koalition – von dem 1964 mit den Stimmen der SPD wiedergewählten Bundespräsidenten Lübke, vom Altkanzler Adenauer und dem CSU-Vorsitzenden Strauß erneut lanciert – verschwand erst von der Tagesordnung, als sich die christdemokratische Fraktion offiziell dagegen erklärte. Die Zerrissenheit der Partei mit ihren verschiedenen Flügeln und heterogenen Entscheidungszentren wurde immer offenkundiger. Schon bald nach der unerwartet schwierigen Regierungsbildung begann die Popularität und Autorität des Kanzlers drastisch zu schwinden. Mit seinem Plädoyer für eine „formierte Gesellschaft", die er als Konzept zur Bändigung der Gruppenegoismen anbot, setzte er sich Mißverständnissen aus. Seine pragmatischen Vorstellungen von Politik waren nicht mit den perspektivischen Zukunftsentwürfen „fortschrittlicher Kräfte" und deren auf gesellschaftliche und demokratische Emanzipation gerichteten Erwartungen in Einklang zu bringen. Erhards Worte vom „Ende der Nachkriegszeit" mußten gerade damals, in den Jahren der ersten großen NS-Prozesse, wie die Forderung nach einem Schlußstrich unter die Vergangenheit wirken.

Erhards Konzept der „formierten Gesellschaft"

Innen- und außenpolitische Probleme, koalitionsinterne und innerparteiliche Konflikte führten schließlich dazu, daß die zweite Regierung Erhard auseinanderfiel. Nach der langen Zeit ungebrochener Hochkonjunktur zeichnete sich zum ersten Mal seit Beginn der fünfziger Jahre eine wirtschaftliche Rezession ab, die die Grenzen des Verteilerstaates deutlich sichtbar machte. Steuerausfälle trugen dazu bei, das geschätzte Haushaltsdefizit für das Jahr 1967 auf sechs bis zehn Mrd. DM zu vergrößern. Der daraus resultierende Streit um den Ausgleich des Bundeshaushalts verschärfte die Spannungen zwischen den Koalitionspartnern, deren konzeptionelle Divergenzen auf verschiedenen Feldern der Politik dabei immer deutlicher hervortraten. Während die CDU/CSU an Steuererhöhungen festhielt, lehnte die FDP einen Haushaltsausgleich auf dieser Basis ab und schlug massive Ausgabensenkungen vor. Als die liberalen Minister schließlich doch einem Kompromiß zustimmten, stießen sie auf das klare „Nein" der FDP-Fraktion, die

Ende des christlich-liberalen Bündnisses

sich nicht erneut dem Vorwurf aussetzen wollte, umgefallen zu sein. Ihr Rücktritt war damit unvermeidlich geworden.

Für kurze Zeit amtierte eine Minderheitsregierung (27. Oktober – 27. November 1966). Da mit Erhard die Alternative einer Großen Koalition nicht existierte, war sein Scheitern abzusehen. Er war schließlich zwar bereit, auf sein Amt zu verzichten, lehnte es jedoch ab, der Aufforderung von SPD und FDP nachzukommen und im Bundestag die Vertrauensfrage zu stellen. Ein gegen ihn inszeniertes Mißtrauensvotum (8. November 1966) scheiterte an der christlich-liberalen Mehrheit. Es gelang der zerstrittenen CDU, deren Führungspersönlichkeiten (Barzel, Gerstenmaier, Schröder) sich gegenseitig neutralisierten, nur mühsam, sich auf einen Nachfolger zu einigen. Erhards „Sturz auf Stottern" [R. ZUNDEL, Die Zeit, 4. 11. 1966] wurde durch den Ausgang der hessischen und bayerischen Landtagswahlen beschleunigt, die zu einem besorgniserregenden Anstieg der rechtsradikalen NPD (Einzug in beide Parlamente) führten. Mit der knappen Wahl des baden-württembergischen Ministerpräsidenten Kurt Georg Kiesinger zum Kanzlerkandidaten (10. November 1966), der zu den Befürwortern einer Großen Koalition mit der SPD gehörte, fand ein monatelanges innerparteiliches Tauziehen sein Ende.

Erhards „Sturz auf Stottern"

Während die Verhandlungen zwischen Sozialdemokraten und Liberalen, die einander vor allem in der Außen- und Deutschlandpolitik und im Bildungs- und Kulturbereich nähergekommen waren, daran scheiterten, daß ein sozial-liberales Regierungsbündnis nur über eine hauchdünne Mehrheit verfügt hätte, führten die bereits seit Jahren zwischen einigen christdemokratischen und sozialdemokratischen Spitzenpolitikern gepflegten Kontakte nunmehr zum Erfolg. Die von ihnen vorbereitete Große Koalition erschien als die einzige Möglichkeit, um die wichtigsten politischen Kräfte des Landes für eine dringend notwendige Politik innerer Reformen (Stabilitätsgesetz, Finanzreform, Notstandsverfassung) zu bündeln. Die Unionsparteien verlockte dabei auch die (später nicht realisierte) Aussicht auf die Einführung eines Mehrheitswahlrechts, für das sich besonders Innenminister Paul Lücke (hinter den Kulissen assistiert von Johannes Schauff) einsetzte, um in Zukunft nicht mehr von den „Winkelzügen" des kleinen Koalitionspartners abhängig zu sein. Für die SPD ergab sich nach 17 Jahren Opposition zum ersten Mal die Möglichkeit, ihre Regierungsfähigkeit und Verantwortungsbereitschaft in einer schwierigen politischen Situation auf Bundesebene unter Beweis zu stellen.

2. Die Große Koalition

Wahl Kiesingers

Am 1. Dezember 1966 wurde Kurt Georg Kiesinger zum Kanzler gewählt. Dem Ergebnis (356:112:50) ist zu entnehmen, daß neben der oppositionellen FDP auch eine beträchtliche Zahl von Abgeordneten beider Regierungsparteien das neue Bündnis entweder ablehnte oder doch mit Skepsis betrachtete. Im neuen Kabinett, das wie kaum ein anderes zuvor hohen politischen Sachverstand und politisches Talent vereinte, war die CDU/CSU mit zehn und die SPD mit neun Ministern vertreten. Der sozialdemokratische Kanzlerkandidat Willy Brandt wurde Außenminister; der eigentliche Motor der Großen Koalition, Herbert Wehner, begnügte sich mit dem Amt des Ministers für Gesamtdeutsche Fragen; Gustav Heinemann erhielt das Justizministerium. Für die unbestreitbaren Erfolge des Kabinetts war das Zusammenspiel zwischen dem Wirtschaftsminister Karl Schiller (SPD) und dem als Finanzminister wieder hoffähig gewordenen CSU-Vorsitzenden Strauß („Plisch und Plum") von ausschlaggebender Bedeutung.

„Regierung unter Rivalen"

Der parlamentarische Rückhalt für die Regierung wurde durch die effiziente Kooperation zwischen den Fraktionsvorsitzenden Rainer Barzel (CDU) und Helmut Schmidt (SPD) abgesichert. Stärker als dies sonst der Fall war, bedeutete die Koalition der langjährigen parteipolitischen Kontrahenten CDU/CSU und SPD eine „Regierung unter Rivalen" [166: K. HILDEBRAND, Von Erhard zur Großen Koalition, 1984, 241], die auch die Rolle des Kanzlers, wie sie ihm durch den Art. 65 GG (Richtlinienkompetenz) zugedacht war, in einer anderen, eher integrierenden Funktion zur Geltung brachte. Dennoch degenerierte die Große Koalition nicht zur Proporzdemokratie. Vielmehr entwickelte sie ein eigenes internes System der checks and balances, da Entscheidungen nur durch Feinabstimmungen, Absprachen und Kompromisse zwischen gleichstarken politischen Partnern in Regierung und Parlament herbeigeführt werden konnten. Taktisches Vorgehen, das Kiesinger häufig den Vorwurf einbrachte, ein Zauderer zu sein, war in gewissem Sinne ebenso unerläßlich wie die vorsichtige Rücksichtnahme auf den Koalitionspartner. Der Kanzler der Großen Koalition ist nicht völlig zu Unrecht als „wandelnder Vermittlungsausschuß" (Conrad Ahlers) bezeichnet worden. Um koalitionspolitische Probleme zu bereinigen und Lösungen vorzubereiten, wurden informelle Kanäle außerhalb der eigentlichen Kabinettszuständigkeit aktiviert. Der „Kreßbronner Kreis", der seit dem Sommer 1967 wöchentlich als Koalitionsausschuß in Kiesingers Feriendomizil am Bodensee tagte und von Teilen der Öffentlichkeit als Nebenregierung beargwöhnt wurde, diente vor allem der Vorabverständigung zwischen den einflußreichsten Politikern der Koalitionsparteien.

Es gehörte zu den charakteristischen Merkmalen der Großen Koalition, daß sich innerhalb des Regierungslagers Gegengewichte bildeten und daß die Koalitionsfraktionen im Parlament nicht nur die Regierung unterstützten, sondern sie auch kritisierten und in ihre Arbeit intervenierten. Die Bedeutung des Parlaments war also keineswegs im Schwinden begriffen. Dennoch bedeutete das Zusammengehen der beiden großen Parteien, die gemeinsam numerisch über mehr als neunzig Prozent der Stimmen im Bundestag verfügten und den Bundesrat völlig bestimmten, eine elementare Veränderung des parlamentarischen Systems, das grundsätzlich auf ein Wechselspiel von Regierungsmehrheit und Opposition angelegt ist. Mit ihren 49 Abgeordneten konnte die FDP weder die nach dem Grundgesetz erforderliche Sperrminorität bei Verfassungsänderungen aufbringen, noch vermochte sie allein die Einsetzung eines parlamentarischen Untersuchungsausschusses zu verlangen. Die Zahl ihrer Mandate reichte nicht aus, um eine außerplanmäßige Parlamentssitzung einzuberufen, eine namentliche Abstimmung zu beantragen, ja nicht einmal, um eine Normenkontrollklage beim Bundesverfassungsgericht einzureichen. Um den prinzipiellen Bedenken entgegenzuwirken, die aus einer derart beschnittenen Oppositionsrolle für die parlamentarische Kontrolle resultierten, bekundeten die neuen Regierungspartner von vornherein ihre Absicht, das Bündnis auf kurze Zeit zu befristen.

<small>Veränderung des parlamentarischen Systems</small>

Die FDP nutzte die Zeit ihrer parlamentarischen Machtlosigkeit zur konzeptionellen Neubesinnung und personellen Umorientierung. Sie legte damit das Fundament für die spätere langjährige Regierungsbeteiligung im sozialliberalen Bündnis. Es gelang ihr in einem ebenso lebendigen wie riskanten innerparteilichen Erneuerungsprozeß, grundlegende Veränderungen sowohl in der Deutschland- und Ostpolitik als auch in der Bildungs- und Rechtspolitik zu vollziehen und gegen die widerstrebenden nationalliberalen Kräfte in der eigenen Partei einen Linkstrend durchzusetzen. Mit ihren Vorstellungen über die Anerkennung der Oder-Neiße-Grenze und der DDR (Schollwer-Rubin) brach sie als erste deutschlandpolitische Tabus und geriet dabei in schroffen Gegensatz zu ihrem konservativen Ministerflügel. Unter der neuen Führungsgarnitur (Scheel, Genscher, Mischnick) gelang es dem radikal-liberalen Teil, der auch in der Bundestagsfraktion ein Übergewicht besaß, seine Position weiter auszubauen (Freiburger Parteitag vom 29./ 30. Januar 1968). Die Öffnung nach links führte schließlich auch zu

<small>Umorientierung der FDP</small>

einer Verschiebung der FDP-Wählerschichten, mit Verlusten in den ländlichen Bereichen und deutlichen Gewinnen in den Städten (vor allem in Baden-Württemberg).

Wahl des Bundespräsidenten Heinemann — Als wichtigste Station der liberalen Wende zur SPD sollte sich die Wahl des Bundespräsidenten vom Frühjahr 1969 erweisen, die durch den vorzeitigen Rücktritt Heinrich Lübkes (14. Oktober 1968) notwendig wurde, der in seinen letzten Amtsjahren immer stärker zur Zielscheibe öffentlicher Kritik geworden war. Die Besetzung des höchsten Staatsamtes galt als Markstein auf dem Wege zur Übernahme der vollen Regierungsverantwortung. Der SPD-Kandidat Gustav Heinemann, ehemals Innenminister der ersten Regierung Adenauer und Begründer der GVP, fand die Unterstützung der FDP, die mit ihrer Hinwendung zur SPD in einer staatspolitischen Personalfrage von größter Bedeutung Unabhängigkeit demonstrierte und zugleich den eigenen, zunehmend kritischen Positionen wie auch den Veränderungen in der Wählerstruktur Rechnung trug. Als die FDP in der Bundesversammlung (5. März 1969) fast geschlossen (78 von 83 Wahlmännern) für Heinemann stimmte, konnte davon ausgegangen werden, daß nach den bevorstehenden Bundestagswahlen bei entsprechenden Mehrheitsverhältnissen ein Bündnis zwischen Liberalen und Sozialdemokraten zu erwarten sein würde.

3. Reformen: Finanzverfassung, Parteiengesetz, Notstandsgesetze

Leistungen der Großen Koalition — Die tiefe Entfremdung, die nach der Wahl des Bundespräsidenten zwischen der CDU/CSU und der SPD einsetzte, hat das Bild ihrer überwiegend stabilen und effizienten Zusammenarbeit nachträglich verdunkelt. Dabei hat die Große Koalition deutliche Spuren im Verfassungsgefüge der Bundesrepublik hinterlassen. Während die erheblichen Veränderungen des parlamentarischen Systems und der Kanzlerdemokratie Episode blieben, wurden im Bereich der Wirtschafts- und Finanzverfassung Wege beschritten, die in die Zukunft wiesen. Künftig nahm der Staat eine aktive Rolle bei der Lösung von Konjunktur- und Arbeitsmarktproblemen ein. Er reagierte damit auf die Erfordernisse einer hochmodernen Industriegesellschaft und vollzog den Übergang zu einer Politik der „kollektiven Daseinsfürsorge", die eine neue Dimension des Wohlfahrtsstaates und seiner sozialen Sicherungen, aber auch der durch die extensive Ausdehnung drohenden Gefahren eröffnete.

C. Von Erhard zu Kiesinger 35

Die Überwindung der Rezession, der Ausgleich des Staatshaus- Stabilitätsgesetz
halts, die Wiedergewinnung der Stabilität und des Wirtschaftswachstums gehörten ebenso wie die bessere Verteilung des Steueraufkommens zwischen Bund, Ländern und Gemeinden zu den wichtigsten Aufgaben, die die Regierung in Angriff nahm. Der wirtschaftspolitische Vorrang der Geldstabilität wurde, anders als noch unter Kanzler Erhard, relativiert. Als Zielgröße galt das „magische Viereck" von Wachstum, Stabilität, Vollbeschäftigung und außenwirtschaftlichem Gleichgewicht. Wirtschaftsminister Schiller und Finanzminister Strauß verständigten sich auf umfangreiche Investitionsprogramme zur Belebung der Konjunktur, mit denen es gelang, dringend notwendig gewordene Modernisierungsvorhaben bei Bahn und Post, im Straßenverkehr und im Forschungs- und Bildungssektor durchzuführen. Gleichzeitig wurden gezielte Sparmaßnahmen (im Verteidigungs- und Sozialhaushalt, bei Landwirtschaft und Wohnungsbau) eingeleitet, um das Haushaltsdefizit zu verringern. Eine „konzertierte Aktion" diente den Sozialpartnern und dem Staat dazu, ihre Interessen abzustimmen, ohne daß dabei die Tarifautonomie und der freie Ausgleich des Interessenpluralismus in Frage gestellt wurden. Am 14. Juni 1967 trat das „Stabilitätsgesetz" in Kraft, das den Staat auf eine konjunkturgerechte Haushaltsführung verpflichtete und ihn damit zu einem aktiven Partner bei der Wirtschaftsgestaltung machte. Es sah eine mehrjährige Finanzplanung des Bundes vor. Eine antizyklische Haushaltspolitik sollte zwischen Bund, Ländern und Gemeinden („Konjunkturrat für die öffentliche Hand") abgestimmt und durch „Globalsteuerung" eine gesamtwirtschaftliche Funktionalisierung der öffentlichen Haushalte bewirkt werden. Nach Änderung des Art. 109 GG (unabhängige Haushaltsführung von Bund und Ländern) konnten durch Bundesgesetz (mit Zustimmung des Bundesrates) gemeinsam geltende Grundsätze für eine konjunkturgerechte Haushaltswirtschaft und für mehrjährige Finanzpläne und Bestimmungen für Kreditaufnahme und für die Bildung von Konjunkturausgleichsrücklagen aufgestellt werden.

In vollem Sinne anwendungsfähig wurden die neuen Regelungen Finanzreform
erst mit der längst überfälligen Finanzreform vom 12. Mai 1969. Da nach dem Grundgesetz Bund und Länder, bei Wahrung ihrer grundsätzlich unabhängigen Haushaltswirtschaft, in gleichem Maße Anspruch auf die finanzielle Deckung ihrer notwendigen Aufgaben haben, galt es die Bedürfnisse so aufeinander abzustimmen, daß ein Ausgleich erzielt wurde, der den Steuerpflichtigen nicht überlastete und die Einheitlichkeit der Lebensverhältnisse wahrte. Zwischen 1953 und 1963 hatte es bereits mehrere Grundgesetzänderungen im Bereich der Finanzverfas-

sung gegeben, die jedoch Stückwerk geblieben waren. Der Ruf nach einer umfassenden Reform wurde seit Beginn der sechziger Jahre immer lauter, zumal die finanzielle Benachteiligung der Gemeinden, die durch ihre weitgesteckte Zuständigkeit für Infrastrukturmaßnahmen in tiefe Verschuldung geraten waren, zu unhaltbaren Zuständen führte. Auch die Länderhaushalte waren überfordert. Die Konjunkturabhängigkeit wichtiger Steuern vergrößerte das Problem ungleicher Zuteilungen. Schon zu Erhards Zeit war deshalb eine Expertenkommission einberufen worden, deren Aufgabe darin bestand, Vorschläge für eine grundlegende Finanzreform auszuarbeiten. Auf ihren Erkenntnissen konnte die Große Koalition aufbauen.

Finanzausgleich   Die Finanzreform des Jahres 1969 führte zu wesentlichen Veränderungen der föderalistischen Aufgaben- und Finanzverteilung. Die Neuordnung des bundesstaatlichen Finanzausgleichs diente dazu, die Unterschiede in der Finanzkraft der Länder zu harmonisieren, konnte aber längerfristig ungleichgewichtige Entwicklungen nicht verhindern. Gleichzeitig eröffnete die Finanzreform dem Bund die Möglichkeit, durch Mischfinanzierungen an Länderaufgaben mitzuwirken. Dazu gehörten der Auf- und Ausbau von Hochschulen, die Verbesserung der regionalen Wirtschafts- und Agrarstruktur, der Küstenschutz (Art. 91a GG) und das Zusammenwirken bei der Bildungsplanung und Forschung (Art. 91b GG). Die offensichtlichen Mängel der alten Finanzverfassung sollten durch eine Verstärkung kooperativer Elemente überwunden werden. Dies war ohne eine engere Verflechtung von Bundes- und Länderaufgaben (einschließlich der kommunalen Ebene) nicht möglich. In der Praxis wurde dadurch allerdings ein „Nebeneinander von eher zentralisierter Steuerung und Dezentralisierung des Vollzugs" begünstigt, das sich in einer verfassungspolitischen Grauzone bewegte und leicht zu einem „Verschiebebahnhof von Verantwortung" [311: J. J. HESSE/T. ELLWEIN, Regierungssystem, 71992, 81/83] werden konnte. Für den Parlamentarismus in Bund und Ländern stellte die wenig transparente und schwer kontrollierbare Vermischung der Zuständigkeiten künftig eine ernstzunehmende Gefährdung dar.

Seit Sommer 1967 wurden die Anzeichen des „Aufschwungs nach Maß" erkennbar. Die verbesserte konjunkturelle Situation führte zu verstärkten Meinungsverschiedenheiten über die weitere Wirtschafts- und Finanzpolitik (Ankurbelung der Wirtschaft (Schiller) oder Abbau der Staatsverschuldung (Strauß), die jetzt offen zutage traten und sich gegen Ende der Legislaturperiode weiter verstärkten. Doch hatte die Regierung neben ihrer positiven Bilanz in der Wirtschafts- und Finanzpolitik auch im sozial- und innenpolitischen Bereich erheb-

liche Erfolge zu verzeichnen. Das Parteiengesetz vom 24. Juli 1967   Parteiengesetz
präzisierte endlich die verfassungsrechtliche Stellung der Parteien, die
durch das Grundgesetz nicht näher bestimmt worden war. Es brachte
die inhaltliche Ausfüllung des Art. 21 GG, indem es sowohl zum Problem der „innerparteilichen Demokratie" als auch zur Parteienfinanzierung Stellung nahm. Vor allem über die finanziellen Regelungen hatten
sich die Parteien des Deutschen Bundestages lange Zeit nicht einigen
können. Bereits im Jahre 1957 hatte eine Professoren-Kommission einen Bericht über die „Rechtliche Ordnung des Parteiwesens" vorgelegt.
Im Jahre 1958 hatte unabhängig davon das Bundesverfassungsgericht
entschieden, daß die steuerliche Abzugsfähigkeit von Parteispenden
verfassungswidrig sei. Die Parteien wählten nunmehr den Ausweg der
staatlichen Parteienfinanzierung, der schließlich durch das Bundesverfassungsgericht (1966) ebenfalls für unzulässig erklärt wurde. Sondermittel durften danach für die Aufgaben der Parteien nicht in Anspruch
genommen werden, während das Gericht die Erstattung der notwendigen Kosten eines angemessenen Wahlkampfes für verfassungskonform
erklärte. Das Parteiengesetz sah deshalb eine Regelung vor, nach der
Wahlkampfkosten auf der Grundlage einer Pro-Kopf-Pauschale (2,50
DM, später 5 DM) plus Sockelbetrag zu ersetzen waren. Gleichzeitig
führte es die Pflicht zur (beschränkten) öffentlichen Rechenschaftslegung ein. Weitere detaillierte Bestimmungen dienten dazu, die innerparteiliche Demokratie zu sichern. Trotz fortdauernder Diskussion und
Kritik an seiner Zweckmäßigkeit und Effizienz hat das „Gesetz über
politische Parteien" doch dazu beigetragen, die Organisationsstrukturen und den Prozeß der Willensbildung transparenter zu machen und
z. B. im Falle der CDU/CSU den Honoratiorencharakter dieser Parteien
allmählich zu überwinden.

Eine der herausragenden Leistungen der Großen Koalition be-   Notstandsgesetze
stand in der Verabschiedung der Notstandsgesetze am 30. Mai 1968.
Durch sie wurden verbliebene alliierte Vorbehaltsrechte in bezug auf die
Bundesrepublik (nicht jedoch gegenüber Deutschland als Ganzem)
beendet, die auf dem Art. 5 Abs. 2 des Deutschlandvertrages von 1954
beruhten (Schutz der Sicherheit alliierter Streitkräfte, „einschließlich
der Fähigkeit, einer ernstlichen Störung der Sicherheit und Ordnung zu
begegnen"). Mit den Planungen einer Notstandsregelung war bereits
seit den späten fünfziger Jahren begonnen worden. Doch wurde schon
bei der Diskussion der ersten Vorlage im Bundestag (Schröder-Entwurf
von 1960) beträchtlicher Widerstand gegen das Vorhaben erkennbar.
Die Erfahrungen mit der Weimarer Republik, insbesondere mit dem
(wenn auch anders gearteten) Art. 48, wirkten als abschreckende Erin-

nerung. Es gelang nach mehreren Entwurfsstadien, die sich über Jahre hinzogen, erst der Großen Koalition, sich auf die Notwendigkeit einer Notstandsgesetzgebung zu einigen und die Kompromisse zu finden, die erforderlich waren, um eine Zweidrittelmehrheit im Bundestag zu erzielen. Die CDU/CSU stimmte fast vollständig für den Entwurf, während sich die FDP und ein Teil der SPD dagegen aussprachen. Die Auseinandersetzungen um die Notstandsgesetze haben nicht nur in den parlamentarischen Gremien, sondern auch in der Öffentlichkeit große Aufmerksamkeit gefunden. Im Protest gegen sie schlossen sich die Kräfte der „Außerparlamentarischen Opposition" (APO) zusammen. Für die sich zunehmend radikalisierende studentische Protestbewegung, die jedoch keineswegs nur ein deutsches Phänomen war, bot sie wichtige Munition im Kampf gegen das politische System der Bundesrepublik. Weit verbreitete Befürchtungen, daß die Notstandsgesetze autoritäre oder gar diktatorische Entwicklungen begünstigen könnten, haben sich nicht bestätigt. Bisher bestand aber auch keine Notwendigkeit, sie anzuwenden.

D. Die sozial-liberale Ära (1969–1982)

1. Machtwechsel

Regierungsbildung Die Bundestagswahl vom 28. September 1969 brachte ein äußerst knappes Wahlergebnis. Bei einem leichten Rückgang der Stimmen für die CDU/CSU (von 47,6% auf 46,1%), einem kräftigen Zugewinn der SPD (von 39,3% auf 42,7%) und einem deutlichen Verlust für die FDP (von 9,5% auf 5,8%) schien es in der Wahlnacht so, als seien die Würfel für die Regierungsbildung noch keineswegs gefallen. Mit Erleichterung wurde registriert, daß es der NPD nicht gelungen war, die Fünf-Prozent-Hürde zu überwinden. Es ergab sich eine klare Drei-Parteien-Konstellation, in der der geschwächten FDP die entscheidende Rolle zufiel. Sie hielt trotz des für sie enttäuschenden Wahlergebnisses und gegen Widerstände in den eigenen Reihen an ihrem in der Oppositionszeit entwickelten Linkskurs fest. Damit bekam die SPD die Chance zu

Kleine Koalition einer kleinen Koalition mit den Liberalen, obwohl sie zusammen nur über eine Stimmenmehrheit von 12 Sitzen verfügten. Der SPD-Kanzlerkandidat Willy Brandt hat diese Konstellation im Zusammenspiel

D. Die sozial-liberale Ära

mit dem FDP-Vorsitzenden Walter Scheel, der sich bereits kurz vor den Wahlen öffentlich für eine SPD/FDP-Koalition ausgesprochen hatte, entschlossen genutzt. Es gelang beiden, in kürzester Zeit das sozialliberale Bündnis zu schmieden und die CDU/CSU nach zwanzigjähriger Regierungszeit auf die Oppositionsbank zu verweisen. Zum ersten Mal blieb damit aber auch die stärkste Parlamentsfraktion von der Regierungsbildung ausgeschlossen.

Das politische System der Bundesrepublik war imstande, die Nagelprobe der parlamentarischen Demokratie, den Wechsel der Macht zwischen Regierung und Opposition, ohne Komplikationen zu bestehen. Nach der Interimsphase der Großen Koalition war es „in seine Normallage zurückgependelt" [338: K. NICLAUSS, Kanzlerdemokratie, 1988, 95]. Doch wurde dieser Vorgang von den Zeitgenossen nicht nur als „Wechsel der Koalitionsverhältnisse" [K. D. BRACHER in: 135: DERS. u. a., Republik im Wandel, 1986, 7], sondern als ein fundamentaler Wandel der Republik angesehen. Er fand breite Unterstützung in der linksliberalen Presse, bei Intellektuellen und Schriftstellern und vor allem im Fernsehen, das sich als wichtiger Faktor der öffentlichen Meinungsbildung seit dem Ende der Ära Adenauer etabliert hatte und nunmehr die sozial-liberale Koalition, ihren Kanzler und dessen Außen- und Innenpolitik der überwiegenden Tendenz nach entschieden unterstützte. Die hohe Bereitschaft zu Reformen war nicht nur bestimmt durch Nachholbedarf. Sie war auch der erkennbare Ausdruck eines Generationswechsels, der durch die Reduzierung der Volljährigkeit und des Wahlalters auf 18 Jahre (1970) noch intensiviert wurde. Die Nachwachsenden „waren nicht mehr die dankbaren Überlebenden der Kriegs- und Nachkriegszeit, sondern die politisch und gesellschaftlich anspruchsvollen, fordernden Kinder des Wirtschaftswunders und der scheinbar unbegrenzten, gesicherten Überflußgesellschaft" [K. D. BRACHER in: 135: DERS. u. a., Republik im Wandel, 8].

Sozialliberaler Aufbruch

Mit dem Pathos seiner Regierungserklärung („mehr Demokratie wagen") trug Willy Brandt den weitverbreiteten Reformerwartungen Rechnung. Er kündigte eine „Politik der inneren Reformen" an, die eine Vielfalt sozial- und gesellschaftspolitischer Maßnahmen umfaßte. Dazu gehörten der Ausbau des Systems der sozialen Sicherung, die Reform des Bildungswesens, die Neuregelung des Ehe- und Familienrechts, die Reform des Strafvollzugs und die Ausweitung der Mitbestimmung. Die damit zu erwartenden Belastungen der öffentlichen Haushalte führten schon bald zu erheblichen Spannungen im Kabinett (Rücktritt des Finanzministers Alex Möller am 12. Mai 1971; danach übernahm Wirtschaftsminister Karl Schiller auch dieses Amt, bis er als

„Mehr Demokratie wagen"

Doppelminister am 7. Juli 1972 demissionierte) und zwischen den Koalitionspartnern. Dennoch konnte ein Teil dieser Vorhaben im Verlauf der Legislaturperiode durch Gesetze verwirklicht werden (Erweiterung der Vermögensbildung 1970; Bundesausbildungsförderungsgesetz 1971; Betriebsverfassungsgesetz 1971; Rentenreform und flexible Altersgrenze 1972 u. a.). Sie gehörten fortan zum Grundbestand der sozialen Wirklichkeit in der Bundesrepublik.

Ostpolitik

Tragender Pfeiler der sozial-liberalen Koalition war aber nicht die Politik der inneren Reformen, die sich schon bald als überaus konfliktträchtig erwies, sondern die Ost- und Deutschlandpolitik, die zum beherrschenden Thema der ersten zwei Regierungsjahre wurde. Auf diesem Felde waren in der Vergangenheit nur geringe Fortschritte erzielt worden. Jetzt schickten SPD und FDP sich an, neue Wege zu beschreiten. Den Auftakt zur aktiven Ostpolitik bildete die Regierungserklärung Willy Brandts (28. Oktober 1969), der schon als Regierender Bürgermeister von Berlin zusammen mit seinem Berater Egon Bahr nach dem Bau der Mauer die Abkehr der SPD vom traditionellen Konzept der Wiedervereinigung eingeleitet hatte und auf einen „Wandel durch Annäherung" setzte. Mit seiner Feststellung, daß „zwei Staaten in Deutschland existieren", brach er ein deutschlandpolitisches Tabu und gewann neuen Handlungsspielraum. Er umging die Schwelle einer völkerrechtlichen Anerkennung mit der Feststellung, daß die Bundesrepublik und die DDR füreinander nicht Ausland seien und deshalb nur Beziehungen besonderer Art miteinander unterhalten könnten. Sondierungsgespräche und Bemühungen um atmosphärische Verbesserungen (Treffen Brandt/Stoph in Erfurt am 19. März 1970 und Kassel am 21. Mai 1970) bildeten den Auftakt zu umfangreichen Verhandlungen, die auf verschiedenen Ebenen geführt wurden. Die Gespräche Bonns mit Moskau und Warschau dienten einer „Normalisierung der Beziehungen" durch Gewaltverzicht und Anerkennung der bestehenden Grenzen. Sie konnten bereits im Jahre 1970 durch die Ostverträge (Moskau: 12. August 1970; Warschau: 7. Dezember 1970) erfolgreich abgeschlossen werden. Es folgten das Vier-Mächte-Abkommen (3. September 1971), die innerdeutschen Besuchs- und Verkehrsregelungen und der Grundlagenvertrag (21. Dezember 1972).

Die neue Ostpolitik, die selbst von Teilen der christdemokratischen Wählerschaft im Prinzip als notwendig begrüßt wurde, fand internationalen Beifall in Ost und West. Regie führte das Bundeskanzleramt in Abstimmung mit den westlichen Verbündeten. Zuständiger Staatssekretär und wichtigster Verhandlungsführer war Egon Bahr. Die ostpolitische Dominanz des Kanzleramtes gegenüber dem Auswärtigen

Amt war unübersehbar. Sie wurde erst allmählich korrigiert. Konflikte mit dem kleineren Koalitionspartner konnten durch die aktive Einbeziehung des liberalen Außenministers (Moskauer Vertragsverhandlungen Scheels) aufgefangen werden. Das Tempo der Ostpolitik führte ebenso wie die erkennbaren Konzessionen zu einer starken Polarisierung der öffentlichen Meinung und zu heftigen Auseinandersetzungen im Bundestag. Diese fanden ihren Höhepunkt im ersten konstruktiven Mißtrauensvotum auf Bundesebene, mit dem Oppositionsführer Rainer Barzel am 27. April 1972 zum Kanzler gewählt werden sollte – nicht zuletzt mit dem Argument, die gerade geschlossenen Verträge zu verbessern. Die Möglichkeit zum Regierungssturz ergab sich, weil die ohnehin geringe SPD/FDP-Mehrheit im Bundestag durch den Fraktionswechsel einzelner Abgeordneter weiter zusammengeschmolzen war. Ermutigend für Barzel wirkte auch die Erfolgsserie der Union bei den jüngsten Landtagswahlen. Aber der Vorstoß scheiterte. Offensichtlich hatten zwei (oder drei) christdemokratische Abgeordnete (unter mysteriösen Umständen) nicht mit der Fraktion gestimmt. <small>Konstruktives Mißtrauensvotum</small>

In weiten Teilen der Öffentlichkeit wurde das Vorgehen der Union mißbilligt. Es wurde sogar als ein „illegitimer Akt des Kanzlersturzes" [W. JÄGER in: 135: K. D. BRACHER u. a., Republik im Wandel, 1986, 73] empfunden, obwohl an der Verfassungsmäßigkeit kein Zweifel bestehen konnte. Die Schöpfer des Grundgesetzes hatten ja gerade die Regelung des Art. 67 GG zur Stabilisierung des parlamentarischen Systems eingeführt, um durch den Zwang zu konstruktiven Mehrheiten Parlamentsauflösungen und Neuwahlen während einer Legislaturperiode tunlichst zu unterbinden. In der Reaktion auf das konstruktive Mißtrauensvotum zeigte sich nunmehr ein verändertes Verfassungsverständnis, das die repräsentative Demokratie des Grundgesetzes im Sinne einer plebiszitären Parteiendemokratie interpretierte. Offensichtlich war ein großer Teil der Bundesbürger nicht bereit, bei wechselnden Mehrheiten dem Parlament allein die Bildung einer neuen Regierung zu überlassen, ohne daß vorher der Wähler befragt worden wäre. Nach dem gescheiterten Versuch des Kanzlerwechsels war ohnehin eine parlamentarische Pattsituation entstanden, aus der nur Neuwahlen herausführen konnten. Die Union bestand zunächst auf einem Rücktritt des Kanzlers, um dieses Ziel zu erreichen. Schließlich wurde der Weg des Art. 68 GG beschritten, der dem Bundespräsidenten die Möglichkeit gibt, nach Ablehnung der vom Kanzler gestellten Vertrauensfrage und auf dessen Antrag hin den Bundestag vorzeitig aufzulösen. Die Abstimmung fand am 22. September 1972 statt. Mit 233 Ja- und 248 Nein-Stimmen brachte sie das gewünschte Ergebnis. <small>Verändertes Verfassungsverständnis</small>

Bestätigung der sozial-liberalen Koalition	Die Bundestagswahlen vom 19. November 1972 wurden zu einem Plebiszit für Brandt und die Ostpolitik. Der Union war es nicht gelungen, eine einheitliche und klare Position zur komplizierten und interpretationsbedürftigen Vertragspolitik der sozial-liberalen Regierung zu entwickeln. Ihre Fraktionsgemeinschaft schwankte zwischen gradueller Zustimmung und Ablehnung, um sich schließlich unter der Regie Rainer Barzels am 17. Mai 1972 doch zur (überwiegenden) Stimmenthaltung durchzuringen. Daß damit die Ratifizierung der Ostverträge (17. Mai 1972) erst möglich wurde, brachte ihr ebensowenig Sympathiegewinn wie die Tatsache, daß die „Gemeinsame Erklärung des Bundestages" (9. Mai 1972), die grundlegende Positionen der Ost- und Deutschlandpolitik festhielt und damit deren Kontinuität wahrte, auf ihr Drängen zurückging. Der hohe Sieg der sozial-liberalen Koalition bei den Bundestagswahlen (19. November 1972) beseitigte die parlamentarische Mehrheitskrise. Die SPD vergrößerte ihren Stimmenanteil von 42,7 auf 45,8 Prozent und rangierte damit zum ersten und bisher einzigen Mal in der Geschichte der Bundesrepublik vor der CDU/CSU. Die FDP verbesserte sich von 5,8 auf 8,4 Prozent. Damit verfügte die zweite Regierung Brandt/Scheel über ein sicheres Mehrheitspolster von 56 Abgeordneten.
Wendepunkt der Ära Brandt	Dennoch wurde der große Wahlerfolg zum Wendepunkt der Ära Brandt. Nachdem die Richtungsentscheidungen in der Außenpolitik gefallen waren, ließ auch das allgemeine Interesse an den großen Fragen nach. Der Alltag der Ostpolitik verlief wenig spektakulär und in mancherlei Hinsicht ernüchternd. Die bis dahin fast vorbehaltlose Unterstützung, die der Kanzler durch die Medien erfahren hatte, ließ spürbar nach. Jetzt wurde deutlich, wie sehr sein Prestige auf den außenpolitischen Erfolgen beruhte, die ihn trotz der innenpolitischen Schwierigkeiten praktisch unangreifbar gemacht hatten. Führungsschwächen, die schon bei der Regierungsbildung zu beobachten waren, setzten sich fort. Umbesetzungen verringerten die Leistungsfähigkeit des Kanzleramts und förderten zugleich eine zunehmende Abschirmung des Regierungschefs. Mit „dem Instrumentarium und der Umgebung, die er sich zu Beginn seiner zweiten Amtszeit geschaffen hatte", war der gesundheitlich ohnehin geschwächte Kanzler „dem Druck der Probleme, die auf ihn zukamen, nicht gewachsen" [W. JÄGER in: 135: K. D. BRACHER u. a., Republik im Wandel, 1986, 96].
Linksruck der SPD	Parteiinterne Flügelkämpfe verschärften die Situation. Anders als die CDU/CSU zu Adenauers Zeiten, war die SPD Willy Brandts schon aufgrund ihrer inneren Verfassung keine bloße „Kanzlerpartei". Nach den siegreichen Wahlen hatte der Druck zur innerparteilichen Einheit

nachgelassen, der die stark divergierenden Positionen überdeckt hatte. Erst jetzt brachen die Gegensätze in vollem Umfang auf und ließen den enormen Wandel spürbar werden, der die SPD nach der langen Periode der Umarmungsstrategie erfaßt hatte. Zwischen 1969 und 1973 wuchs ihre Mitgliedschaft durch 410000 Beitritte fast auf das Doppelte (973000) an. Diese explosionsartige Erweiterung war begleitet von einer starken Verschiebung in der Sozial- und Altersstruktur. Im Jahre 1972 gehörten nur noch 28 Prozent der SPD-Mitglieder zur Arbeiterschaft, während die Angestellten und Beamten mit 34 Prozent zur größten Gruppe wurden. Besonders stark war jetzt die junge Generation vertreten. Der Anteil der Schüler und Studenten betrug im Jahre 1972 immerhin 15 Prozent. Die Zahlen sind ein eindrucksvoller Beleg für die Mobilisierungseffekte, die durch das reformerische Pathos, den ostpolitischen Elan und durch die Symbolfigur Willy Brandt ausgelöst wurden. Sie sind aber auch das Ergebnis einer bewußten Integrationspolitik der Parteiführung, die darauf abzielte, weiten Teilen der Neuen Linken, die sich nach dem Scheitern der APO und der „Studentenrevolution" anschickte, den „langen Marsch durch die Institutionen" anzutreten, eine politische Heimat zu bieten und sie für die parlamentarische Demokratie zurückzugewinnen.

Dieses Vorgehen intensivierte den neuen Linkstrend der Partei. Es stärkte ihre Nachwuchsorganisation, die sich zusehends radikalisierte. Die Jungsozialisten forderten nicht nur eine „Demokratisierung aller Lebensbereiche", sondern traten mit divergierenden, marxistisch-sozialistisch konzipierten Modellen für eine „Strategie systemüberwindender Reformen" ein. Die neue Stimmung blieb nicht ohne Folgen. In der Bundestagsfraktion formierte sich der linke Flügel (Frankfurter Kreis, Leverkusener Kreis) und provozierte entsprechende Gegenaktivitäten der Rechten (Godesberger Kreis, Kanalarbeiter). Die Auseinandersetzungen lassen sich nicht nur auf ein Rechts-Links-Schema reduzieren, aber es gelang der Linken, auf dem Parteitag in Hannover (April 1973) ihren Einfluß sowohl bei der Besetzung der Führungsgremien als auch in der Programmaussage (Orientierungsrahmen '85) nachhaltig zur Geltung zu bringen. Die Autorität Willy Brandts war, ebenso wie das Fundament des „Godesberger Programms", brüchig geworden.

Während die stark veränderte SPD Schwierigkeiten hatte, den parteiinternen Integrationsprozeß zu verkraften und gleichzeitig der Funktion einer Regierungspartei gerecht zu werden, gelang es der CDU/CSU nur mühsam, die für sie ungewohnte Oppositionsrolle als Realität zu akzeptieren. Nach dem knappen Ausgang der sozial-liberalen Regierungsbildung verharrte sie zunächst in einer Wartehaltung, Differenzen zwischen CDU und CSU um jederzeit für einen Koalitionswechsel gewappnet zu sein. Erste Impulse zur Umorientierung und zur Reorganisation der Partei gingen von der Bundestagsfraktion aus, deren Vorsitzender Rainer Barzel im Oktober 1971 auch die Parteiführung übernahm. Der Traum von einer schnellen Rückeroberung der Macht verflog endgültig nach dem gescheiterten Mißtrauensvotum. Die zunehmenden Differenzen zwischen CDU und CSU gipfelten in der Drohung der bayerischen Schwesterpartei, die Fraktionsgemeinschaft aufzulösen. Sie konnten erst beigelegt werden, als sich die Gesamtfraktion zu einer härteren Oppositionslinie bekannte (Ablehnung des Grundlagenvertrages).

Innerparteiliche Reform der CDU

Der Rücktritt Barzels (9. Mai 1973) von seinen Ämtern (die Unionsfraktion folgte nicht mehrheitlich seiner Forderung, dem UN-Beitritt der beiden deutschen Staaten zuzustimmen), führte zu einer Trennung von Partei- und Fraktionsvorsitz und damit zu einer Verlagerung der Reforminitiativen auf die Parteiorganisation. Während der ehemalige Staatssekretär im Auswärtigen Amt, Karl Carstens, die Führung der Fraktionsgemeinschaft übernahm, ging der Vorsitz der CDU auf den Ministerpräsidenten von Rheinland-Pfalz, Helmut Kohl, über (12. Juni 1973), der den Bochumer Wirtschaftsjuristen Kurt Biedenkopf als Generalsekretär vorschlug. Beide befürworteten eine durchgreifende Programm- und Organisationsreform, mit der sie die Weichen für eine grundlegende Modernisierung der Volkspartei und für die erneute Übernahme der Regierung in den achtziger Jahren stellten. Sie akzeptierten die Ergebnisse der neuen Ostpolitik in ihren wesentlichen Teilen als unwiderruflich, grenzten die Union aber scharf von den sozialistischen Tendenzen der SPD ab. Durch die Professionalisierung des Parteimanagements und durch die stärkere Straffung und Zentralisierung ihrer Untergliederungen (Bundesgeschäftsstelle im 1971 eröffneten Konrad-Adenauer-Haus) zog sie auf organisatorischer Ebene erstmals mit der SPD gleich. Die CDU hatte schon in den Oppositionsjahren zwischen 1969 und 1973 einen beachtlichen Zulauf erhalten. Sie konnte ihre Mitgliedschaft in diesem Zeitraum von 300000 auf 380000 erhöhen und bis zum Jahre 1976 sogar mehr als verdoppeln. Seit Mitte der siebziger Jahre präsentierte sie sich als modernisierte Volkspartei, deren (verjüngter) Anhang die Sozialstruktur der Bundesrepublik am stärksten von allen Parteien widerspiegelte. Der „Kanzlerwahlverein" früherer Jahre hatte sich endgültig zur „Massen- und Apparatepartei" (A. Mintzel) gewandelt.

Sozial-liberale Anpassung der FDP

Der FDP gelang die innerparteiliche Anpassung an das sozialliberale Regierungsbündnis, die durch ihre Veränderungen während der Oppositionszeit bereits vorbereitet war. Durch den Wechsel führender

D. Die sozial-liberale Ära

nationalliberaler Politiker zur CDU wurde der rechte Flügel der Partei weiter geschwächt und die Trennungslinie zu den Christdemokraten noch deutlicher gezogen. Jetzt bestimmten linksliberale und soziale Argumente die Programmdiskussion der FDP. Mit ihren „Freiburger Thesen" von 1971 (Karl-Hermann Flach) sprach sie sich für die „Demokratisierung der Gesellschaft", die „Sozialbindung des Eigentums" und für eine „Reform des Kapitalismus" aus. Die FDP war auf dem Weg zur „Klassenpartei des städtischen Bürgertums" [318: M. KAASE, Die Bundestagswahl 1972, 167]. Entsprechend veränderte sich die soziale Zusammensetzung ihrer Wählerschaft. Während der Anteil der Selbständigen bei der Bundestagswahl (1972) auf 11 Prozent sank, erhöhte sich der der Angestellten und Beamten auf 66 Prozent. Die eindeutige Unterstützung der regierenden SPD zahlte sich aus. Die Partei war durch den Wechsel nicht ruiniert, sondern stabilisiert worden. Ihre Überlebenschancen hatten sich erhöht. Mit 8,4 Prozent lag sie eindeutig über der Fünf-Prozent-Marke.

Der sozial-liberale Wahlerfolg festigte zwar die seit dem Machtwechsel des Jahres 1969 eingetretene Parteienkonstellation. Er hat aber keineswegs gleichzeitig die Stellung des Kanzlers gestärkt. Vielmehr zeigte sich, nachdem die Ostpolitik in den Hintergrund trat, daß Brandt dem zunehmenden innen- und wirtschaftspolitischen Druck nicht mehr gewachsen war, den er durch seine forcierte Reformpolitik selbst mit erzeugt hatte. Es gelang der Regierung nicht, den inzwischen spürbaren Auswirkungen einer wirtschaftlichen Rezession durch stabilitätspolitische Maßnahmen wirkungsvoll zu begegnen und notwendige Einsparungen in den öffentlichen Haushalten vorzunehmen. Bei steigender Arbeitslosigkeit und Inflation konnten die Tarifparteien nicht zum Maßhalten bewegt werden. In der Lohnrunde 1973/74 kapitulierte der Staat faktisch vor den Forderungen des öffentlichen Dienstes. Er stimmte nach langem Tauziehen einer Lohnerhöhung von 11 Prozent (!) zu, die auf Jahre hinaus die öffentlichen Haushalte strukturell belastete. Äußere Faktoren erschwerten die wirtschaftliche Situation. Im Gefolge des Jom-Kippur-Krieges drosselten zahlreiche erdölexportierende arabische Staaten ihre Produktion und erhöhten gleichzeitig den Preis für Erdöl drastisch, um israelfreundliche Länder unter Druck zu setzen. Die dadurch ausgelöste Erdölkrise wirkte in der Bundesrepublik nicht nur als wirtschaftliches Alarmzeichen. Sie führte vielmehr zu einem Kulturschock (autofreie Sonntage), da sie die „Anfälligkeit der modernen Industriegesellschaft und ihres Wohlstands und die Begrenztheit der natürlichen Ressourcen" [W. JÄGER in: 135: K. D. BRACHER u. a., Republik im Wandel, 1986, 109] deutlich ins Bewußtsein rückte.

Innen- und wirtschaftspolitischer Druck

Rücktritt Willy Brandts

Das Gefühl von Mängeln in der Staatsführung wurde verstärkt durch den rapiden Autoritätsverlust des Kanzlers, der durch politische Skandale (Bekanntwerden der Steiner-Wienand-Bestechungsaffäre beim konstruktiven Mißtrauensvotum) selbst ins Zwielicht zu geraten drohte. Brandt spielte vorübergehend mit dem Gedanken, die Nachfolge Gustav Heinemanns anzutreten, der nicht mehr bereit war, eine zweite Amtsperiode als Bundespräsident auf sich zu nehmen. Als der Kanzler von diesen Plänen Abstand nahm, war der Weg frei für die Präsidentschaftskandidatur des FDP-Außenministers Walter Scheel. Anlaß für den überraschenden Rücktritt Willy Brandts am 6. Mai 1974 war schließlich die Enttarnung des DDR-Spions Günter Guillaume, der als Referent im Persönlichen Büro des Bundeskanzlers tätig war und nicht nur Staatsgeheimnisse, sondern auch intime Informationen aus dem Privatleben Brandts weitergeleitet hatte. Nach einem Treffen der engeren Parteiführung in Bad Münstereifel hat Brandt offenbar dem Druck Wehners nachgegeben. Er übernahm die politische Verantwortung für einen Fall, der nicht nur durch die eigenen Versäumnisse entstanden war, und nominierte Helmut Schmidt als seinen Nachfolger. Er selbst aber blieb Parteivorsitzender.

2. Konsolidierung und Neuformierung

Helmut Schmidts pragmatische Wende

Schon die Zusammensetzung des ersten Kabinetts Schmidt sowie die Regierungserklärung des neuen Kanzlers (17. Mai 1974) machten deutlich, daß andere Akzente gesetzt werden sollten. Das sozial-liberale Kabinett setzte auf die Mitte und Rechte der SPD (Hans Apel erhielt das Finanzministerium) und verstärkte das politische Gewicht des Gewerkschaftsflügels. Für Walter Scheel übernahm Hans-Dietrich Genscher (der zuvor das Innenministerium innehatte, das jetzt mit Werner Maihofer besetzt wurde) das Außenministerium. Schmidt machte gleich zu Beginn klar, daß die Vorhaben aus dem Erbe seines Vorgängers auf ihre Machbarkeit und Finanzierbarkeit geprüft werden sollten. Die „ökonomische Krisenbewältigung" blieb ein vorrangiges Problem seiner gesamten Amtszeit, deren wirtschaftliche Rahmenbedingungen sich weitaus ungünstiger darstellten, als dies noch kurz zuvor der Fall gewesen war. Sie schränkten die Gestaltungsmöglichkeiten der Regierung weiter ein und führten zu erheblichen innerparteilichen Spannungen, die zunächst noch durch die Führungsqualitäten und das Krisenmanagement des Kanzlers überdeckt wurden.

D. Die sozial-liberale Ära

Nach dem Ölschock steckte die Weltwirtschaft in einer tiefen Krise. Im Jahre 1975 erlebte die Bundesrepublik ihre schärfste Nachkriegsrezession. Die Arbeitslosigkeit war nicht mehr nur konjunkturell zu erklären, sie wies jetzt bereits strukturelle Züge auf und schnellte über die Millionengrenze, während das Bruttosozialprodukt um 1,6 Prozent sank. In dieser Situation versuchte die Regierung antizyklische Beschäftigungs- und Infrastrukturprogramme mit umfassenden Sparmaßnahmen der öffentlichen Hand zu verbinden. Zunächst gelang es ihr, die Neuverschuldung des Bundes zu reduzieren, die allein zwischen den Jahren 1974/75 von 2,68 Mrd. auf 9,48 Mrd. DM hochgeschnellt war. Der Schrumpfungsprozeß von 1975 konnte überwunden, die Konjunkturentwicklung zwischen den Jahren 1976 und 1979 stabilisiert werden, bevor die zweite Ölkrise einen Rückgang des Bruttosozialprodukts auslöste und zu einem erneuten Einbruch des Arbeitsmarktes führte. 1981 erreichte die Nettokreditaufnahme des Bundes eine Rekordhöhe von 37,4 Mrd. DM.

Bewältigung der ökonomischen Krisen

Neben den wirtschaftlichen Rahmenbedingungen trugen auch die veränderten Machtkonstellationen im System des Föderalismus dazu bei, eine allzu große Reformfreudigkeit zu bremsen. Aufgrund mehrerer Wahlerfolge in den Ländern verfügte die CDU/CSU-Opposition seit dem Jahre 1972 im Bundesrat über eine absolute Mehrheit der Stimmen. Seither war es der Regierung nicht möglich, ihre Gesetzgebungsvorhaben in der Länderkammer einfach durchzupauken, zumal der Bundesrat bei nichtzustimmungspflichtigen Gesetzen die Möglichkeit eines aufschiebenden und bei zustimmungspflichtigen (d.h. etwa die Hälfte aller Gesetzgebungsvorhaben) sogar die des absoluten Vetos besitzt. Die Christdemokraten nutzten ihre Mehrheit jedoch nicht zur bloßen Obstruktion. Sie versuchten eher, neben ihrer Oppositionsrolle im Bundestag eine Art der Mitregierung in der Zweiten Kammer zu entwickeln. Dies führte zu einer Intensivierung und Aufwertung des Vermittlungsausschusses aus Bundestag und Bundesrat, dessen Arbeit durch entschiedene Sachlichkeit geprägt war. Er wurde in der 7. und 8. Legislaturperiode (1972–1980) insgesamt 181mal angerufen.

„Mitregierung" des Bundesrats

In den weitaus meisten Fällen gelang die Schlichtung der Streitfragen durch Kompromisse, zumal diese auch schon durch intensive Kontakte in den frühen Stadien der Gesetzgebung angestrebt wurden. Dabei spielte nicht nur das Interesse der Opposition eine Rolle, die durch diese Gegebenheiten so etwas wie ein inoffizieller Koalitionspartner wurde; auch die spezifischen Interessen der SPD-regierten Länder führten zur Modifizierung der Regierungsvorlagen. Den zu erwartenden Bedenken wurde oft schon von vornherein Rechnung getragen.

Reduktion des Anspruchsniveaus

Dies alles führte zur „Reduktion des Anspruchsniveaus" [338: K. NI-CLAUSS, Kanzlerdemokratie, 1988, 164]. Die so verabschiedeten Reformgesetze (Hochschulrahmengesetz, Steuerreform, Berufsausbildungsreform, Bodenrecht, das neue Eherecht, Mitbestimmung u.a.) konnten nicht aus einem Guß sein. Das „Mitregieren" des Bundesrates hat teilweise zu heftigen Diskussionen über die verfassungsmäßige Rolle der Länderkammer (Bundesratsurteil von 1974), aber auch über die grundsätzliche Vereinbarkeit von Parlamentarismus und kooperativem Föderalismus geführt.

Kritik am Bundesverfassungsgericht

Zum Gegengewicht der Regierung entwickelte sich nicht nur der Bundesrat. Auch das Bundesverfassungsgericht erwies sich mit einer Serie von Urteilen als ein zentrales Korrektiv der Reformpolitik (Urteile zum Grundlagenvertrag, zu den Hochschulen, zur Abtreibung, zur Kriegsdienstverweigerung, zur Wahlpropaganda, zu den Diäten u.a.). Es geriet dadurch seinerseits unter heftigen Beschuß. Der Bundeskanzler kritisierte das „zu weit vorangetriebene Richterrecht" und sprach vom „Ersatzgesetzgeber". Erst nach dem Mitbestimmungsurteil (März 1979), in dem die Verfassungsmäßigkeit des Gesetzes bestätigt wurde, entspannte sich die Diskussion, die auch später aus gegebenen Anlässen immer wieder aufflackerte. Obwohl die Sachkompetenz und die Urteilsfähigkeit des Gerichts ebenso wie seine Bedeutung für die Gewaltenteilung und Gewaltenbalance anerkannt und respektiert waren, blieb das Unbehagen an einer juristischen Politikgestaltung erhalten. Es wurde zunehmend deutlich, daß die Versuchung, politischen Streit in die Arena der Justiz zu verlagern und Politik durch Recht zu ersetzen, zur Delegitimierung politischer Entscheidungsprozesse beiträgt.

Bundestagswahl 1976

Der Kanzlerwechsel von Brandt zu Schmidt hatte die Chancen der Koalition für einen Erfolg bei den nächsten Bundestagswahlen (3. Oktober 1976) beträchtlich erhöht. Es gelang der sozial-liberalen Koalition aber nur knapp, ihre Mehrheit (mit 10 Sitzen Vorsprung) zu behaupten, wobei die Verluste der FDP, die 7,9% der Zweitstimmen (1972: 8,4%) auf sich vereinigte, geringer ausfielen als die der SPD, die mit 42,6% immerhin fast 3% einbüßte. Die CDU/CSU erzielte mit dem Kanzlerkandidaten Helmut Kohl ihr bis dahin zweitbestes Wahlergebnis (48,6%). Es reichte trotzdem nicht, um aus der Oppositionsrolle herauszukommen. Bei der Regierungsbildung zeigten sich erhebliche Spannungen zwischen SPD und FDP in der Wirtschafts-, Finanz- und Sozialpolitik. Das im Wahlkampf gegebene Versprechen, die Renten ab Sommer 1977 zu erhöhen, konnte aus Haushaltsgründen nicht eingehalten werden. Dieses Rentendebakel (die Opposition sprach von

D. Die sozial-liberale Ära

„Rentenbetrug") schadete dem Ansehen des Kanzlers ebenso wie die zunehmenden Konflikte zwischen ihm und der eigenen Partei. Trotz des schwierigen Starts in die zweite Amtszeit gelang es Helmut Schmidt im Verlauf der nächsten Jahre, seine Position zu stabilisieren. Entschiedenes Handeln, wie es bei der Auseinandersetzung mit dem Terrorismus (Befreiungsaktion von Mogadischu am 18. Oktober 1977) praktiziert wurde, stärkte letztlich das Vertrauen der Bürger in die Entschlossenheit und Durchsetzungsfähigkeit der politischen Führung. Trotz der spektakulären Aktionen der RAF (Ermordung von Generalbundesanwalt Buback, des Vorstandsvorsitzenden der Dresdner Bank Jürgen Ponto und des Arbeitgeberpräsidenten Hanns-Martin Schleyer), die das Regieren im Jahre 1977 zeitweise zu einem zermürbenden Geschäft werden ließen (Krisenstäbe im Kanzleramt), ist es dem Terrorismus nicht gelungen, das demokratische System der Bundesrepublik in seinen Grundfesten zu erschüttern. Allerdings wurden die gesetzgeberischen und polizeilichen Maßnahmen, die zur Bekämpfung der extremistischen Gewalttaten ergriffen wurden (Kontaktsperregesetz, Rasterfahndung) vor allem in der Sympathisantenszene als Überreaktionen des Staates und als bedenkliche Verletzungen der Rechtsstaatlichkeit kritisiert.

Bedrohung durch Terrorismus

Die zunehmende Stärkung der Position des Bundeskanzlers in der zweiten Hälfte der siebziger Jahre kann man nicht erklären, ohne dabei auf die Schwächen der Opposition zu verweisen. Zwar wurde die innerparteiliche Modernisierung der CDU (1977 übernahm Heiner Geißler die Nachfolge Kurt Biedenkopfs als Generalsekretär der Partei) kontinuierlich fortgesetzt. Auf dem Parteitag von Ludwigsburg (23.–25. Oktober 1978) präsentierte sie ein neues Programm. Die Zahl ihrer Mitglieder entwickelte sich weiterhin kontinuierlich und lag nur noch unbeträchtlich hinter der SPD. Belastend für die Union aber wirkten innerparteiliche Personalquerelen und zunehmende Gegensätze in der Fraktionsgemeinschaft, die in der Auseinandersetzung um die künftige Kanzlerkandidatur zwischen Kohl, der inzwischen auf das Amt des rheinland-pfälzischen Ministerpräsidenten verzichtet hatte, und Strauß (seit 1978 bayerischer Ministerpräsident) ihre Zuspitzung erfuhren. Am 19. November 1976 hatte die CSU in ihrem Kreuther Beschluß die Fraktionsgemeinschaft mit dem Argument aufgekündigt, daß nur mit der CSU als Bundespartei die Chance bestehe, eine absolute Mehrheit für die Union zu erreichen. In der CDU waren solche Überlegungen stets auf Ablehnung gestoßen. Die bedrohte Fraktionsgemeinschaft konnte zwar nach mehrwöchigen Verhandlungen, bei denen die CDU-Führung mit der Ausdehnung ihrer Partei nach Bayern drohte, wieder-

Schwächen der Opposition

Kreuth

hergestellt werden. Ein Bruch hätte zweifellos zu tiefgreifenden Veränderungen der bisherigen Drei-Parteien-Konstellation in der Bundesrepublik geführt.

Aber die Idee einer vierten Partei wirkte weiter. Sie war erst vom Tisch, als Kohl, der für einen Kurs der Annäherung an die FDP stand, zugunsten von Strauß auf die erneute Kanzlerkandidatur verzichtete.

Wahlkampf 1980 Der CSU-Vorsitzende setzte auf eine Alleinregierung der Christdemokraten und gab damit der FDP die Chance, sich im Wahlkampf des Jahres 1980 als Anti-Strauß-Formation und als Korrektiv zur Polarisierungsstrategie der beiden großen Parteien darzustellen. Sie war mit 10,6 Prozent der Stimmen der eigentliche Sieger der Bundestagswahlen. Während es der SPD gelang, mit 42,9 Prozent in etwa das Ergebnis von 1976 zu halten, fiel die CDU/CSU mit 44,5 Prozent weit hinter ihr damaliges Ergebnis zurück. Sie stellte aber nach wie vor die stärkste Fraktion.

SPD und Bürgerinitiativen Die weitverbreitete Anti-Strauß-Stimmung hat auch dazu beigetragen, die innerparteilichen Probleme der SPD zeitweise zu überdekken, die schon bald nach den Wahlen zu einer extremen Belastung der dritten Amtszeit Schmidts wurden. Tiefe Meinungsverschiedenheiten bestanden vor allem in der Frage der Kernkraft und der Sicherheitspolitik. Dies waren auch die Themen, die dem Sammlungsbestreben der politischen Linken im außerparlamentarischen Bereich als Vehikel dienten. Zunehmend gewann die Ökologiebewegung Einfluß auf die SPD. Bürgerinitiativen organisierten sich mehr oder minder spontan neben den etablierten Parteien. Mit Demonstrationen, Unterschriftensammlungen und Aktionen des „zivilen Ungehorsams" verschafften sie ihren Anliegen Gehör (gegen Bau von Kernkraftwerken, Ausbau von Flughäfen etc.), und sie taten dies nicht selten unter bewußter Mißachtung geltender Rechtsvorschriften. Zugleich nahmen sie für sich in Anspruch, neue Formen partizipatorischer Demokratie zu verwirklichen.

Die Grünen Den aus ihrem Umfeld entstehenden Grünen gelang der Einzug in mehrere Landtage. Durch diese Erfolge ermutigt, konstituierten sie sich am 12./13. Januar 1980 als neue Partei auf Bundesebene.

Das Verhältnis der SPD zu den neuen Gruppierungen barg weiteren Zündstoff für die innerparteiliche Diskussion. Im Protest gegen den

NATO-Doppelbeschluß Doppelbeschluß der NATO (13./14. Dezember 1979), durch den die geplante Stationierung neuer sowjetischer Mittelstreckenraketen in Europa mit einer Nachrüstungsandrohung beantwortet wurde, organisierte sich die sog. „Friedensbewegung". Sie fand auch innerhalb der Regierungspartei große Resonanz, obwohl der Bundeskanzler als einer der Urheber des NATO-Konzepts galt. Auf ihrem Münchener Parteitag

D. Die sozial-liberale Ära

vom Herbst 1982 sprach sich die Mehrheit der SPD gegen jeglichen „Automatismus der Stationierung" aus. Ihr Protest gegen den „NATO-Doppelbeschluß" entwickelte sich zu einem innerparteilichen Druckmittel gegen Helmut Schmidt. Es konnte nicht mehr damit gerechnet werden, daß die Regierungspartei den Kanzler in einem zentralen Bereich seiner Außen- und Verteidigungspolitik unterstützen würde.

Weitere Streitpunkte ergaben sich in der Wirtschafts-, Finanz- und Sozialpolitik. Die Haltung der SPD in diesen Fragen forderte den zunehmenden Widerspruch der FDP heraus, deren wirtschaftspolitischer Flügel seit dem Kieler Parteitag vom November 1977 wieder an Gewicht gewonnen hatte (Otto Graf Lambsdorff). Während die Sozialdemokraten verstärkt auf staatliche Investitions- und Beschäftigungsprogramme, auf Lohnerhöhungen und Steuerermäßigungen für Arbeitnehmer vertrauten, um die Arbeitslosigkeit zu bekämpfen und die Konjunktur anzukurbeln, trat die FDP für „angebotsorientierte" Maßnahmen ein und setzte dabei vor allem auf die Investitionsbereitschaft der Unternehmer. Nach Ansicht der Liberalen mußte die innerparteiliche Zerstrittenheit der SPD deren Wahlchancen und damit zugleich die Überlebensfähigkeit der FDP als Regierungspartner entscheidend beeinträchtigen. Besorgt betrachtete die FDP den Aufstieg der Grünen. Die Furcht vor der Gefahr, erneut in die Opposition verbannt zu werden oder gar von der parlamentarischen Bildfläche zu verschwinden, beflügelte den immer deutlicheren Willen der liberalen Führung, die allmähliche Abkehr von der sozial-liberalen Koalition einzuleiten. Annäherungsversuche an die CDU wurden mit unterschiedlichem Erfolg in den Ländern erprobt. Als im Juni 1981 die Mehrheit der Berliner FDP-Abgeordneten Richard von Weizsäcker (CDU) zum Regierenden Bürgermeister wählte, wurde dies als Vorspiel des künftigen Regierungswechsels in Bonn interpretiert, obwohl es dem Bundeskanzler noch einmal gelang, seine Stellung in der eigenen Partei und gegenüber dem liberalen Koalitionspartner vorübergehend zu festigen. Am 5. Februar 1982 sprach ihm der Bundestag mit eindeutiger Mehrheit (269:226 Stimmen) das Vertrauen aus. Das Ende des Bonner Regierungsbündnisses, bei dem jeder Partner versuchte, den anderen für das Scheitern der Koalition verantwortlich zu machen, war damit eingeläutet.

Marginalien: Dissens zwischen SPD und FDP; Koalitionswechsel

E. Die Ära Kohl (1982–1998)

1. Politik unter dem Signum der „geistig-moralischen Wende"

Misstrauensvotum 1982 und Bundestagswahlen 1983

Die Ära Kohl begann mit dem ersten erfolgreichen Misstrauensvotum in der Geschichte der Bundesrepublik. Am 1. Oktober 1982 wählte der Deutsche Bundestag Helmut Kohl mit den Stimmen von CDU, CSU und FDP zum Bundeskanzler. Bereits wenige Tage vor dieser Wahl hatten die neuen Koalitionspartner vereinbart, für den 6. März 1983 Bundestagswahlen anzusetzen, um die neue Regierung durch eine Wahl zu legitimieren. Der Bundespräsident löste den Bundestag nach einer verabredungsgemäß herbeigeführten Niederlage des Kanzlers über die Vertrauensfrage nach Art. 68 GG trotz verfassungsrechtlicher Bedenken auf. Die Wahlen endeten mit einem klaren Sieg für die Koalitionsparteien. Vor allem CDU und CSU erzielten mit 48,8% ein hervorragendes Ergebnis. Aber auch die FDP zeigte sich nach dem Koalitionswechsel halbwegs stabilisiert. Mit 7% musste sie zwar deutliche Verluste hinnehmen, übersprang aber locker die 5%-Hürde. Mit den Grünen gelangte aber erstmals wieder eine neue Partei in den Bundestag. Mit 5,6% profitierte sie von dem schlechten Abschneiden der SPD, die mit ihrem Kanzlerkandidaten Hans-Jochen Vogel nur 28,3% erreichte.

Kontinuität der Regierungspolitik

Die neue Regierung trat mit dem Anspruch auf, eine „geistig-moralische Wende" herbeizuführen. Damit fand die Koalition aber wenig Zustimmung. Weite Teile der medialen Öffentlichkeit zogen ihn sogar ins Lächerliche. Ebenso war in der Realität der Regierungsarbeit wenig davon zu spüren. So war insbesondere die FDP als Mitglied der Vorgängerregierung daran interessiert, auch auf die Kontinuitäten (insbesondere in den von ihr dort zu verantwortenden Bereichen) hinzuweisen. Hinzu kamen das pragmatische Politikverständnis des Bundeskanzlers und die finanziellen und sonstigen Zwänge der praktischen Politikgestaltung.

Spannungen in der Koalition

In der Koalition existierten von Beginn an Spannungen, die bis zum Ausgang der 1980er Jahre Bestand hatten. Da war zunächst das „Problem Franz Josef Strauß". Sein Griff nach dem Kanzleramt war zwar mit seiner Niederlage in den Bundestagswahlen von 1980 endgültig abgewehrt. Auch hatte es Kohl verstanden, ihn aus dem Kabinett zu halten. Aber als bayerischer Ministerpräsident und CSU-Vorsitzender mit einem Hang zu ständigen Quertreibereien sorgte er stets für Unruhe

E. Die Ära Kohl 53

in der Regierung. Erst mit seinem Tod im Oktober 1988 entspannte sich das Verhältnis der CSU-Führung zum Regierungschef. Auch zwischen Union und FDP war das Arbeitsverhältnis nicht frei von periodisch auftauchenden Spannungen. Als kleinerer Koalitionspartner benötigte die FDP „Reibungspunkte" innerhalb der Koalition, um sich zu profilieren und stets ihre eigenständige Rolle innerhalb der Regierung herauszustreichen. Schwierig war der Umgang mit der FDP besonders nach dem Ausscheiden Genschers als Parteivorsitzender im Februar 1985. Dessen Nachfolger Martin Bangemann konnte die Partei kaum auf Kurs halten, so dass es immer wieder zu innerparteilichen Friktionen kam, die auch auf die Regierungsarbeit durchschlugen. Erst mit der Wahl von Otto Graf Lambsdorff zum Vorsitzenden der FDP im Oktober 1988 stabilisierte sich die Partei wieder.

Bei seinem Amtsantritt verfügte Kohl, der von Jugend an in der CDU verwurzelt war, über ein seit langem „ausgebautes Netz von persönlichen Kontakten und Loyalitäten" (551: WIRSCHING, Abschied, 174), die bis in die Parteibasis reichten. Auf deren Unterstützung konnte er sich auch in Krisenzeiten verlassen. Als Regierungschef setzte Kohl ebenfalls auf Menschen, an deren Loyalität kein Zweifel bestand. So griff er als Bundeskanzler in erster Linie auf ihm seit Jahren bekannte und loyal ergebene Mitarbeiter zurück und installierte sie vor allem im Bundeskanzleramt, der Schaltzentrale der Macht. Kohls Regierungsstil zeichnete sich dadurch aus, dass er insbesondere auf das persönliche Gespräch setzte und alle Entscheidungen im kleinen Kreis von Vertrauten vorbereitete. Im Parteivorstand, Parteipräsidium und im Kabinett begnügte sich Kohl gerne über längere Zeit hinweg damit, die Diskussion zu moderieren. Eine Festlegung erfolgte meist erst dann, wenn die Konsequenzen der anstehenden Entscheidungen zu überblicken waren. Hierauf ist der Vorwurf zurückzuführen, dass Kohl Probleme durch „Aussitzen" gelöst habe.

Kohls Regierungsstil

Auf Kritik stieß Kohl auch deshalb, weil er als Redner selten zu überzeugen wusste. Insbesondere im Vergleich zu seinem Vorgänger Helmut Schmidt fiel er deutlich ab. Kohls Reden mangelte es an analytischer Kraft; stattdessen langweilte er seine Zuhörer nicht selten durch die Aneinanderreihung von Gemeinplätzen. Da Kohls Politik außerdem auf wenigen Grundüberzeugungen basierte, die er immer wieder unter die Leute brachte, musste er sich wie Konrad Adenauer den Vorwurf gefallen lassen, nur über eine beschränkte Intelligenz zu verfügen. Die rednerischen Defizite Kohls traten noch deutlicher in Erscheinung, als 1984 mit Richard von Weizsäcker ein Politiker zum Bundespräsidenten gewählt wurde, der als Redner stets zu überzeugen wusste.

Kritik an Kohl

"Wörner-Kießling-Affäre"

Die Kritik an der Bundesregierung Kohl, die in den 1980er Jahren stets virulent war, machte sich aber auch an konkreten Ereignissen fest, z. B. verschiedenen Pannen und Affären. Zu nennen ist hier zuerst die „Wörner-Kießling-Affäre" von 1984, in deren Verlauf ein Vier-Sterne-General der Bundeswehr der Homosexualität bezichtigt worden war. Als sich dieser Vorwurf als unberechtigt herausstellte und Untersuchungspannen des Verteidigungsministeriums offensichtlich wurden, wurde nicht nur der Verteidigungsminister öffentlich attackiert. Auch der Bundeskanzler geriet in die Kritik, da er an seinem Verteidigungsminister festhielt und ihn nicht entließ.

Flick-Affäre

Als problematischer und gefährlicher erwies sich die „Flick-Affäre" und die damit verbundene Parteispendenaffäre. Dabei ging es um Zahlungen von Flick und anderen Unternehmern an die Parteien seit den 1970er Jahren, die am Fiskus vorbei erfolgt waren und nach Auffassung der Staatsanwaltschaft den Straftatbestand der Bestechung erfüllten. Obwohl sich dieser Vorwurf nicht halten ließ, musste der zeitweilige FDP-Schatzmeister Otto Graf Lambsdorff 1984 als Bundeswirtschaftsminister zurücktreten und auch der CDU-Politiker Bundestagspräsident Rainer Barzel verlor im Strudel dieser Ereignisse sein Amt. Als die Spitzen der Parteien in diesen aufgeregten Zeiten schließlich eine Gesetzesvorlage für ein Amnestiegesetz für Vergehen gegen das Parteiengesetz einbrachten, stieß dies innerhalb der Parteien und in der Öffentlichkeit auf Empörung. Daraufhin musste die Vorlage zurückgezogen werden.

Die Bundesregierung und die Parteien verloren zunehmend an Ansehen. Für den Bundeskanzler spitzte sich die Situation schließlich zu, als er im Juli 1985 bei einer Anhörung vor dem Parteispenden-Untersuchungsausschuss des Landtags von Rheinland-Pfalz eine Falschaussage machte. Als der Generalsekretär der CDU, Heiner Geißler, daraufhin öffentlich von einem möglichen „Blackout" des Bundeskanzlers sprach, war der Imageschaden für den Kanzler größer als die beabsichtigte Hilfestellung. Erst offensichtliche Falschaussagen von engen Mitarbeitern Kohls vor demselben Untersuchungsausschuss haben den Kopf des Kanzlers gerettet, dessen politisches Schicksal damals fast schon besiegelt erschien.

Kohl im medialen Sperrfeuer

Aber auch unabhängig hiervon stand Kohl in diesen Jahren nicht gut da. Schon 1984 war er in der links-liberalen Presse scharf attackiert worden, als er im Januar des Jahres auf einer Israel-Reise von der „Gnade der späten Geburt" gesprochen hatte. Ebenso hatte es große Aufregung gegeben, als Kohl mit dem amerikanischen Präsidenten Ronald Reagan dem Soldatenfriedhof in Bitburg, auf dem auch Angehörige der Waffen-SS bestattet sind, einen Besuch abstattete. Empörung rief schließlich auch ein Interview hervor, das Kohl im Oktober 1986 dem „Spiegel" gegeben hatte. Hierin hatte er die propagandistischen Talente des neuen Generalsekretärs der KPdSU, Michail Gorbatschow, mit denjenigen von Joseph Goebbels verglichen.

Dennoch ging die Koalition als Sieger aus den Bundestagswahlen von 1987 hervor. Dies lag wohl weniger an ihrer eigenen Stärke als an der Schwäche der SPD. Diese kam während der gesamten 1980er Jahre nicht aus der Defensive. Sie hatte mit programmatischen und personellen Problemen zu kämpfen und verstand es daher nicht, von den Problemen der Regierung Kohl zu profitieren. In den Wahlkampf von 1987 zog sie mit dem nordrhein-westfälischen Ministerpräsidenten Johannes Rau als Spitzenkandidaten. Querschüsse aus den eigenen Reihen, darunter solche vom Parteivorsitzenden Willy Brandt, diskreditierten ihn noch während des Wahlkampfes. Seine Niederlage war daher schon früh absehbar. Dagegen konnten die Grünen, trotz aller Querelen, mit denen sich Partei und Bundestagsfraktion in den Jahren seit 1983 herumgeschlagen hatten, ihren Stimmenanteil von 5,6 auf 8,3% steigern und damit ihre Position weiter festigen.

Bundestagswahlen 1987

Aber auch nach der Neubildung der Koalitionsregierung von CDU/CSU und FDP unter Helmut Kohl nach dem Wahlsieg von 1987 konnte von einer Stabilisierung der Macht des Bundeskanzlers keine Rede sein. Vielmehr bahnte sich schon seit einiger Zeit ein Konflikt zwischen Helmut Kohl und dem Generalsekretär der CDU, Heiner Geißler, an. Geißler, schon in Rheinland-Pfalz enger Mitarbeiter des damaligen Ministerpräsidenten Kohl, hatte 1985 das Kabinett verlassen, um sich ganz seinen Aufgaben in der Partei zu widmen. Geißler setzte nicht nur inhaltlich etwas andere Schwerpunkte als Kohl, sondern strebte auch eine politische und programmatische Selbständigkeit der Partei und damit eine Unabhängigkeit vom Bundeskanzler an. Dies empfand Kohl als einen Angriff auf seinen Machtanspruch. Eine Auseinandersetzung war daher nicht mehr zu vermeiden.

Konflikt Kohl–Geißler

Die Initiative ergriff Helmut Kohl Anfang 1989. Die nachlassende Zustimmung für die Bundesregierung, die in Meinungsumfragen und schlechten Landtagswahlergebnissen zum Ausdruck kam, versuchte er durch eine Kabinettsumbildung aufzufangen. Die wichtigste Personalie betraf das Bundesfinanzministerium, dessen Leitung der neue CSU-Vorsitzende Theo Waigel übernahm. Damit war nicht nur die CSU besser eingebunden, sondern mit Theo Waigel hatte Kohl einen Mitstreiter gefunden, der ihm bis zu seinem Abgang im Jahr 1998 loyal unterstützte. Der nächste Schritt des Kanzlers richtete sich direkt gegen

Kabinettsumbildung 1989

Geißler. Diesem teilte er im August 1989 mit, dass er ihn auf dem nächsten Parteitag der CDU nicht mehr zum Generalsekretär vorschlagen werde.

<small>Gescheiterter Kanzlersturz</small>

Die Reaktion Geißlers und seiner Mitstreiter – das waren in erster Linie der baden-württembergische Ministerpräsident Lothar Späth und die Budestagspräsidentin Rita Süssmuth – fiel halbherzig aus. Der als Nachfolger für Kohl vorgesehene Späth wagte sich nicht so recht aus der Deckung, und auch andere Kritiker Kohls wie Norbert Blüm und Ernst Albrecht hielten sich mehr oder weniger zurück. So war bereits vor Beginn des Parteitags im September 1989 klar, dass der Angriff auf Kohl gescheitert war. Dieser hat wohl auch zu keinem Zeitpunkt daran gezweifelt, dass er sich gegen seine Opponenten durchsetzen werde, da er sich der Zustimmung einer großen Mehrheit der Partei und damit der Parteitagsdelegierten sicher sein zu können glaubte. Die Wiederwahl von Helmut Kohl zum Parteivorsitzenden war schließlich ungefährdet: Er erhielt 571 von 738 Stimmen.

Der Parteitag der CDU stand schon im Schatten der Ereignisse, die die krisenhafte Entwicklung der DDR ins Blickfeld rückten und die dramatischen Veränderungen ankündigten, die auch für die Bundesrepublik von kardinaler Bedeutung wurden. Deshalb ist an dieser Stelle in der Schilderung des Ablaufs der Ereignisse kurz innezuhalten und die Frage aufzuwerfen, inwieweit die Politik der Regierung Kohl inhaltliche Ergebnisse gezeitigt hat, die für den Vereinigungsprozess von Bedeutung gewesen sind.

<small>Innenpolitische Bilanz der Regierung Kohl bis 1989</small>

Die Regierung Kohl hatte 1982 ihre Arbeit mit dem Ziel aufgenommen, den Haushalt zu konsolidieren, die Neuverschuldung abzubauen und die Staatsquote zu senken. Dies war ein Gegenentwurf zur Politik der sozialliberalen Bundesregierungen, unter deren Ägide die Neuverschuldung und die Staatsquote enorm angestiegen waren. Auf den genannten Gebieten konnte die Regierung Kohl zumindest Teilerfolge erzielen. So konnte die Nettokreditaufnahme, die 1982 noch bei 37,2 Milliarden DM gelegen hatte, allmählich zurückgefahren werden. Nach einem Ausreißer von 35, 4 Milliarden DM im Jahr 1988 lag sie 1989 bei 19,2 Milliarden DM. Die Reduzierung der Staatsquote war weniger beeindruckend. Trotzdem war sie von 1982 bis 1989 von 49,8% auf 45,3% zurückgegangen. Im Gegensatz dazu war die Gesamtverschuldung im gleichen Zeitraum 308,5 Milliarden DM auf 490,5 Milliarden DM gestiegen. Ein differenziertes Bild ergibt auch der Blick auf die Deregulierungs- bzw. Flexibilisierungspolitik und die Steuerpolitik. Hier hat die Regierung manche Veränderungen auf den Weg gebracht (vor allem im Bereich der Privatisierungen) und im Verteilungsstaat Veränderungen herbeigeführt. Hiervon profitierten vor allem Selbständige und Bezieher höherer Einkommen nach der Devise, dass Leistung sich wieder lohnen solle. Damit war jedoch nicht eine Demontage des Sozialstaats verbunden. Trotz einiger Einschnitte blieb dieser grundsätzlich unangetastet.

Kontinuität lenkte im Prinzip auch die Außenpolitik. Das war schon der Tatsache geschuldet, dass Hans Dietrich Genscher wie bereits unter Schmidt das Außenministerium leitete. Aber auch der Bundeskanzler bekannte sich zu dieser Linie. Im Unterschied zu der Vorgängerregierung achtete er aber darauf, dass die ideologische Abgrenzung zum DDR-Regime deutlicher wurde. Außerdem kämpfte Helmut Kohl entschieden für die Nachrüstung. Hier setzte er entschlossen den Kurs seines Amtsvorgängers fort. Im Unterschied zu diesem hatte er dabei keine Probleme mit der eigenen Partei. Innerhalb der Union gab es eine breite Mehrheit für die Nachrüstung, sofern die UdSSR an der Stationierung der SS-20 festhielt. Dies war für den Vereinigungsprozess von unschätzbarem Wert. Denn damit schuf Kohl eine der Voraussetzungen für die vorbehaltlose Unterstützung der Wiedervereinigung durch den amerikanischen Präsidenten George Bush. Ebenso wichtig für den Ablauf des Wiedervereinigungsprozesses war es, dass es Kohl im Verlauf des Jahres 1989 auch gelang, ein gutes Verhältnis zu Michail Gorbatschow zu entwickeln. Während dessen Staatsbesuchs in der Bundesrepublik im Juni 1989 kamen sich die beiden Politiker menschlich näher und fassten Vertrauen zueinander. Der von Kohl 1986 gezogene unglückliche Vergleich zwischen Gorbatschow und Goebbels geriet dadurch in Vergessenheit. Auch war es Kohl gelungen, eine enge Kooperation mit dem französischen Staatspräsidenten François Mitterrand herzustellen, ein großes Vertrauenskapital bei den kleineren europäischen Partnern zu erringen sowie gute Kontakte zu den ostmitteleuropäischen Staaten zu entwickeln.

Außenpolitik der Regierung Kohl bis 1989

2. Das wiedervereinigte Deutschland

Mit dem Fall der Mauer am 9. November 1989 stand die Wiedervereinigung Deutschlands auf der politischen Tagesordnung. Zwar gab es international und auch in den beiden deutschen Staaten grundsätzliche Einwände, die aber rasch an Durchschlagskraft einbüßten. Offen blieb jedoch über einige Monate hinweg der Zeithorizont für eine Wiedervereinigung. Mehrheitlich ging man zunächst von einem längeren Prozess

Beginn des Wiedervereinigungsprozesses

aus. Dieser Meinung war auch der Bundeskanzler, der erst auf den Rat seiner engeren Umgebung mit der Verkündigung des „Zehn-Punkte-Programms" öffentlich die Meinungsführerschaft in der Wiedervereinigungsfrage übernahm. Hierin schlug Kohl eine deutsch-deutsche Vertragsgemeinschaft und föderative Strukturen vor, die in einem Jahre dauernden Prozess in eine deutsche Wiedervereinigung einmünden sollten. Die Erfahrungen bei einem Besuch in Dresden im Dezember 1989 ließen den Bundeskanzler indessen erkennen, dass die Stimmung in der DDR-Bevölkerung eine Beschleunigung des Prozesses möglich und erforderlich machte. Von nun an forcierte Kohl den inneren Vereinigungsprozess.

Wirtschafts- und Währungsunion

Anfang Februar 1990 schlug Kohl dem neuen DDR-Ministerpräsidenten Hans Modrow Verhandlungen über eine Wirtschafts- und Währungsunion vor. Ziel des Abkommens war die sofortige Umstellung der Planwirtschaft der DDR in eine Marktwirtschaft nach bundesdeutschem Muster. Die DDR-Führung konnte diesem Vorschlag keine eigene Konzeption entgegensetzen, da ihr System wirtschaftlich und finanziell am Ende war und sich die Lage durch die massenhafte Abwanderung der Bevölkerung in den Westen zunehmend verschärfte. Als Ergebnis der Verhandlungen wurde zum 1. Juli 1990 in der DDR die DM zu einem durchschnittlichen Kurs von ca. 2:1 eingeführt, die Preise für Güter und Dienstleistungen freigegeben und die in der DDR reichlich gewährten Subventionen größtenteils gestrichen. Hiermit waren mittelfristig ein Deindustrialisierungsschock und Massenarbeitslosigkeit verbunden, die sich langfristig als Dauerprobleme der deutschen Wiedervereinigung erwiesen.

Volkskammerwahlen 1990

Von diesen Problemen war jedoch im Frühjahr 1990 noch keine Rede. Die Bundesregierung und die Koalitionsparteien spürten vielmehr Rückenwind, der durch die Vereinigungseuphorie in der DDR gespeist wurde. Dies zeigte sich in den Volkskammerwahlen vom März 1990. In den Wahlkampf hatten insbesondere Politiker der Koalitionsparteien in der Bundesrepublik, darunter auch Helmut Kohl, kräftig eingegriffen, und die mitteldeutschen Parteien wurden großenteils aus den Parteizentralen im Westen gesteuert. Das Wahlergebnis übertraf die kühnsten Erwartungen Kohls und seiner Mitstreiter. Die in der „Allianz für Deutschland", einem von der Ost-CDU dominierten und von der CDU der Bundesrepublik angeleiteten Zusammenschluss von drei Parteien, kam auf 48% der Stimmen. Das „Bündnis Freier Demokraten" erzielte 5,3%, so dass die Parteien, die eine rasche Wiedervereinigung anstrebten, über eine Mehrheit verfügten. Die SPD erlitt mit 21,9% eine verheerende Niederlage. Sie lag mit diesem Ergebnis nur wenig vor der PDS, der Nachfolgepartei der SED, die 16,4% erzielte. Das Wahlergebnis war ein Beweis dafür, dass auch in der DDR alle Zeichen auf die Wiedervereinigung gestellt waren.

Die Wiedervereinigung erfolgte auf der Grundlage des Art. 23 GG. Die im Sommer 1990 wiedergebildeten Länder in der DDR, Brandenburg, Mecklenburg-Vorpommern, Sachsen, Sachsen-Anhalt und Thüringen, traten gemäß dem zwischen der Bundesregierung und der DDR-Regierung ausgehandelten Einigungsvertrag am 3. Oktober 1990 der Bundesrepublik bei. Der Einigungsvertrag traf alle notwendigen Regelungen, so die Anpassung des Grundgesetzes an die neuen Gegebenheiten, wie z.B. die Veränderung der Sitzverteilung im Bundesrat, aber auch Bestimmungen zur Rechtsangleichung, zur Finanzverfassung, zur Übertragung des Sozialrechts und des politischen Systems auf die neuen Bundesländer.

_{Art. 23 GG versus Art. 146 GG}

Die Wiedervereinigung gemäß Art. 23 GG war nicht unbestritten. Es gab nicht wenige Politiker, die der Anwendung des Art. 146 GG den Vorzug gegeben hätten. Dies hätte die Ausarbeitung einer neuen Verfassung erforderlich gemacht. Hiervor schreckte die Mehrheit angesichts der dafür zu veranschlagenden Dauer und der Bewährung des Grundgesetzes in der Vergangenheit zurück. Da eine Überarbeitung des Grundgesetzes gleichwohl für sinnvoll erachtet wurde, ist im November 1991 eine Gemeinsame Verfassungskommission eingesetzt worden. Diese hat die grundlegenden Strukturen des Grundgesetzes unangetastet gelassen und lediglich zusätzliche Staatsziele im Grundgesetz festgeschrieben.

Am 2. Dezember 1990 fanden die ersten gesamtdeutschen Bundestagswahlen statt. Sie endeten mit einem grandiosen Sieg von Union und FDP. CDU und CSU vereinigten 43,8% der Stimmen auf sich. Mit den 11% der FDP verfügte die bisherige Koalition über eine stabile Mehrheit. Eine Fortsetzung der Regierung Kohl-Genscher stand damit außer Frage. Die SPD rutschte in der Wählergunst deutlich ab und erlangte mit 33,5% ein äußerst mageres Ergebnis. Sie zahlte damit den Preis dafür, dass ihr Spitzenkandidat Oskar Lafontaine im Wahlkampf deutliche Reserven gegen die Wiedervereinigung hatte erkennen lassen. Besonders schlecht war das Ergebnis für die SPD in den neuen Bundesländern, wo sie nur 24,3% erreichte. Die Grünen verfehlten mit 4,8% im Westen den Einzug in den Bundestag. Da aber aufgrund eines Urteils des Bundesverfassungsgerichts für diese Bundestagswahl getrennte Sperrklauseln für die alte Bundesrepublik und das Beitrittsgebiet galten, gelangten ostdeutsche Vertreter von Bündnis 90/Die Grünen und der PDS in den Bundestag.

_{Bundestagswahlen 1990}

Kohl als Staatsmann

Mit der Wiedervereinigung wandelte sich die öffentliche Wahrnehmung des Bundeskanzlers Helmut Kohl. Die von ihm seit November 1989 getroffenen Entscheidungen wurden von der übergroßen Mehrheit als richtig empfunden; Kohl, der sowohl auf internationaler Bühne wie in den innenpolitischen Verhandlungen brilliert hatte, erschien nun als überragender Staatsmann. Die vorher verbreitete öffentliche Häme über die „Birne" Kohl gab es kaum noch. Dagegen wurden mehr und mehr Vergleiche mit den anderen Bundeskanzlern angestellt und Kohls Verdienste ebenso gewürdigt wie die Leistungen von Konrad Adenauer und Willy Brandt. Die Stellung Kohls erschien durch die Wiedervereinigung so stark geworden zu sein, dass politische Beobachter Auswirkungen auf das Regierungssystem zu erkennen glaubten. Erneut machte der Begriff der „Kanzlerdemokratie" die Runde; auch in dieser Hinsicht drängte sich der Vergleich mit Adenauer auf.

„Vereinigungskrise"

Nach dem stimmungsmäßigen Hoch während des Wiedervereinigungsprozesses, das im Wahlergebnis vom 2. Dezember 1990 zum Ausdruck gekommen war, holte die Deutschen jedoch schon bald der Alltag ein. Hatte Bundeskanzler Kohl noch im Wahlkampf verkündet, dass in den neuen Ländern bald „blühende Landschaften" zu besichtigen sein würden, so wurde das Land stattdessen mit einer „Vereinigungskrise" konfrontiert. Die schnelle Privatisierung der Wirtschaft erwies sich finanziell als außerordentlich problematisch. Die hierfür gebildete Treuhandanstalt erwirtschaftete nicht den erwarteten Gewinn und am Ende ihrer Tätigkeit gab es in den neuen Bundesländern eine hohe Arbeitslosigkeit, da es nicht gelang, eine flächendeckende Belebung der Wirtschaft durch die Ansiedlung neuer Industrien zu schaffen. Als ein Hindernis erwiesen sich die verworrenen Eigentumsfragen, deren Lösung dadurch erschwert wurde, dass das Prinzip Rückgabe vor Entschädigung zu gelten hatte. Tatsächlich war die Wirtschaftskraft der DDR von den meisten Experten überschätzt worden.

Die Krise traf in erster Linie die Bevölkerung der neuen Länder, wirkte sich aber auch auf den Westen aus. Die Staatsverschuldung verdoppelte sich aufgrund riesiger Transferleistungen in die neuen Bundesländer innerhalb von zehn Jahren. Das Bruttoinlandsprodukt sank deutlich ab und die öffentlichen Sozialausgaben stiegen stark. Letzteres war vor allem darauf zurückzuführen, dass die Kosten der Einheit insbesondere von den Sozialversicherungsträgern und damit den Sozialversicherten zu erbringen war. Außerdem wurde mit dem „Solidaritätszuschlag" eine Zusatzsteuer erhoben, die zunächst nur für ein Jahr angesetzt, dann aber fortgeschrieben wurde. Die Transferzahlungen vom Westen in den Osten der Bundesrepublik in den ersten zehn Jahren nach der Wiedervereinigung beliefen sich auf 1,8 Billionen DM. Sie hatten in vielen Bereichen eine Modernisierung in den neuen Ländern zur Folge, ohne indessen zu annähernd gleichen Lebensverhältnissen zu führen. So ist die wirtschaftliche Produktivität in den neuen Ländern bis heute geringer als im Westen, die Arbeitslosigkeit dagegen deutlich höher. Ebenso liegt das Lohnniveau in fast allen Bereichen der Wirtschaft und des öffentlichen Dienstes im Osten unter den Zahlen im Westen.

Aus den Bundestagswahlen im Jahr 1994 gingen die Koalitionsparteien CDU, CSU und FDP, die sämtlich Stimmen einbüßten, nur noch als knappe Sieger hervor. Die SPD zeigte sich unter ihrem Kanzlerkandidaten Rudolf Scharping deutlich erholt. Die großen Sieger aber waren die Grünen, die beträchtlich zulegten. Die PDS scheiterte wieder an der 5%-Hürde; sie war aber gleichwohl im Bundestag vertreten, da sie vier Direktmandate gewann. Für die Zukunft kam dieser Wahl Signalwirkung zu, da von nun an fünf Fraktionen dem Parlament angehörten und damit die Regierungsbildung auf Dauer erschwert wurde. Das Wahlergebnis von 1994 ist vor allem darauf zurückzuführen, dass sich die wirtschaftliche Lage seit 1990 auch im Westen zunehmend verschlechtert hatte und damit auch die Zustimmung zur Koalitionsregierung unter Helmut Kohl zurückgegangen war.

Bundestagswahlen 1994

Nach der Wahl versuchte die Bundesregierung mit dem „Aktionsprogramm für Investitionen und Arbeitsplätze" die wirtschaftliche Talfahrt zu beenden. Das Aktionsprogramm forderte Einschnitte in das Sozialsystem. Die beabsichtigte Senkung der Lohnfortzahlung im Krankheitsfall, die Einschränkung des Kündigungsschutzes für Arbeitnehmer, die Kürzung der Arbeitslosenhilfe oder die Anhebung des Rentenalters waren jedoch Forderungen, die die Opposition, Gewerkschaften und Kirchen zu heftigen Protesten veranlassten und die zu Massendemonstrationen führten. Vom Aktionsprogramm konnte nur wenig realisiert werden, so dass die Reformpolitik nicht recht voran kam. Lediglich im Bereich der Pflegeversicherung konnte die Regierung einen wirklichen Erfolg verbuchen. Das entsprechende Gesetz, das 1995 erlassen wurde, stellte die Versorgung der alten Menschen auf eine neue Grundlage.

Aktionsprogramm für Investitionen und Arbeitsplätze

Die Misserfolge der Reformpolitik der Regierung Kohl sind aber auch darauf zurückzuführen, dass sie seit 1990 mit einer oppositionellen Mehrheit im Bundesrat konfrontiert war. Daraus erwuchs ab 1994 ein großes Problem, als die SPD unter Oskar Lafontaines Führung eine Blockadepolitik in der Länderkammer betrieb. So scheiterten in der Legislaturperiode von 1994 bis 1998 22 von 421 vom Bundestag verab-

Blockadepolitik des Bundesrats

schiedete Gesetzentwürfe an der Ablehnung durch den Bundesrat. Das war die höchste Zahl, die je in einer Legislaturperiode erreicht worden ist. Während die Bundesregierung die Verweigerungshaltung der Opposition in der Öffentlichkeit brandmarkte, warf diese der Bundesregierung vor, einen „Reformstau" herbeigeführt zu haben. So war vor den Bundestagswahlen von 1998 ein Zustand erreicht, der als Regierungsstillstand bezeichnet werden kann.

Kohl-Müdigkeit Die Aussichten für die CDU unter Helmut Kohl für diese Wahlen waren nicht günstig. Innerhalb der Partei gab es bereits seit längerem eine „Kohl-Müdigkeit". Helmut Kohl war 1998 16 Jahre Bundeskanzler und hatte damit die Amtszeit Konrad Adenauers um zwei Jahre übertroffen. Deshalb gab es nicht wenige innerhalb der Partei, die schon zur Mitte der Legislaturperiode einen Wechsel an der Spitze der Partei und die Auswechselung des Regierungschefs propagiert und dabei Wolfgang Schäuble ins Gespräch gebracht hatten. Kohl hatte zwar Schäuble als geeigneten Kandidaten anerkannt, aber einen vorzeitigen Verzicht auf seine Ämter abgelehnt. So musste die CDU mit ihrem alten Vorsitzenden und Kanzler in den Wahlkampf ziehen.

Bundestagswahlen 1998 In den Bundestagswahlen von 1998 erlitten die Koalitionsparteien eine böse Niederlage. Noch stärker als die FDP, die sich noch einigermaßen zu halten vermochte, stürzte die Union ab. Sie verlor 6,3%, in den neuen Bundesländern sogar über 11% der Stimmen. Zur deutlich stärksten Fraktion im neu gewählten Bundestag stieg die SPD auf, die fast 5% mehr erreichte als die Union. Auf dieser Grundlage konnten SPD und Grüne, die mehr Stimmen als die FDP erlangt hatten, eine gemeinsame Regierung bilden. Zum ersten Mal war es damit gelungen, dass Oppositionsparteien durch eine Wahl die Regierung übernahmen. Kanzlerkandidat der SPD war der niedersächsische Ministerpräsident Gerhard Schröder, der sich innerhalb der SPD gegen Oskar Lafontaine durchgesetzt hatte. Sein Vorteil gegenüber Kohl bestand nicht zuletzt darin, dass mit ihm ein unverbrauchter Politiker die Arena betrat und er damit dem Bedürfnis nach einem personellen Wechsel entsprach. Dies belegen z. B. Umfragen während des Wahlkampfes. Danach erzielte der Kanzlerkandidat bessere Werte als der amtierende Kanzler, dessen Abwahl offensichtlich eine Mehrheit herbeisehnte.

Regierungswechsel 1998 Der Regierungswechsel von 1998 ist als eine deutliche Zäsur in der Geschichte der Bundesrepublik zu begreifen. Mit der rot-grünen Bundesregierung, deren Frontmänner Gerhard Schröder und Joschka Fischer waren, übernahm die 68er-Generation die Macht. Der „Marsch durch die Institutionen", der in den 1970er Jahren begonnen hatte, hatte sich als erfolgreich erwiesen. Dies hatte zwar Konsequenzen für den intellektuellen Diskurs bis in die Gegenwart hinein, wie die Diskussionen über die „68er" im Jahr 2008 gezeigt haben, das politische System selbst ist aber hiervon weitgehend unberührt geblieben. Politikgestaltung verläuft in den seit Beginn der Bundesrepublik geschaffenen Institutionen, wobei insgesamt Gewichtsverlagerungen zugunsten der Exekutive und des Bundesverfassungsgerichts auszumachen sind. Gravierende Veränderungen hat es nur im Parteiensystem gegeben. Durch den Verlust der Bindungskraft der Volksparteien ist es zu einer Differenzierung im Parteienfeld gekommen, was zu einer Erhöhung der Fraktionen im Deutschen Bundestag geführt hat. Es bleibt abzuwarten, welche Auswirkungen die dadurch begründete Erschwerung bei der Bildung stabiler Regierungen auf das politische System der Bundesrepublik haben wird.

II. Grundprobleme und Tendenzen der Forschung

A. Zu Forschungssituation und Vorgeschichte

1. Die Ausgangslage

Die jahrzehntelange Kontroverse über die „verhinderte" oder „geglückte" Neuordnung Deutschlands nach dem Zweiten Weltkrieg hat auch in der verfassungsgeschichtlichen Diskussion der Bundesrepublik tiefe Spuren hinterlassen. Sie wirkt bis heute nach, obwohl im Gefolge der Wiedervereinigung neue Akzente gesetzt werden. Dabei ist der Kenntnisstand zur Verfassungs-, Parlaments- und Parteienforschung im Vergleich zu anderen zeitgeschichtlichen Disziplinen relativ weit entwickelt und durch die stetige Erschließung neuer Arbeitsfelder gekennzeichnet. Verfassungsgeschichte beschränkt sich nicht auf Politik- und Institutionengeschichte im engeren Sinne, vielmehr sind ihre Übergänge zur Wirtschafts-, Sozial- und Kulturgeschichte, aber auch zur Geschichte der Außenpolitik fließend. Die geringe zeitliche Distanz und die Unabgeschlossenheit gegenwartsnaher Entwicklungen sind erkennbare Nachteile, die die Erkenntnismöglichkeiten zeitgeschichtlicher Forschung einschränken. Doch wird dadurch die wissenschaftliche Berechtigung und Notwendigkeit der Zeitgeschichtsforschung nicht grundsätzlich in Frage gestellt. Bei quellenkritischer und methodischer Sorgfalt ist eine wissenschaftlich gesicherte „Rekonstruktion ereignisgeschichtlich strukturierter Zusammenhänge" durchaus möglich, und auch die Interpretation, die zweifellos Möglichkeiten für eine breitere Auslegung zuläßt, ist keineswegs beliebig [198: H. MÖLLER, Die Relativität, 1995, 3]. Gegenüber den älteren historischen Disziplinen besitzt die Zeitgeschichtsforschung wegen ihres vielfältigen Quel-

Verfassungs- und Zeitgeschichte

lenmaterials, das allerdings zugleich enorme Bewältigungsprobleme aufwirft, den Vorteil vertiefter Recherche. Sie hat auch den „Vorzug der Zeugenschaft", der nicht nur Befangenheit bewirkt, sondern auch heuristisch fruchtbar gemacht werden kann [168: H. G. HOCKERTS, Zeitgeschichte, 1993, 3–19].

Normative Grundlegung und historische Forschung

Wesen, Funktion und Wandel der Verfassung können nicht allein aus ihrer normativen Grundlegung gefolgert werden. Sie werden erst in den komplexen Prozessen der Verfassungswirklichkeit greifbar, für die der normative Rahmen, der ebenfalls Veränderungen unterworfen bleibt, eine unabdingbare Orientierung bietet. Parlamentarische Funktionsweisen, die Entwicklung der Parteienlandschaft und die Formen und Inhalte der politischen Willensbildung sind bei der Analyse von Entscheidungsprozessen ebenso zu berücksichtigen wie der wirtschaftliche, soziale und politische Hintergrund, in dessen Kontext sie erfolgen. Die Abgrenzungen können dabei nicht dogmatisch vollzogen werden [181: R. KOSELLECK, Verfassungsgeschichtsschreibung, 1983, 7–46]. Verfassungs- und verwaltungsrechtliche Arbeiten sind ebenso einzubeziehen wie politikwissenschaftliche und soziologische Untersuchungen. Doch bleibt das Erkenntnisinteresse des Historikers an der geschichtlichen Fragestellung orientiert und, anders als juristische und politikwissenschaftliche Analysen, nur indirekt auf die Lösung von Gegenwartsproblemen bezogen.

Juristische und publizistische Vorarbeiten

Erst seit den siebziger Jahren kann von einer verstärkten Erforschung der Verfassungsgeschichte der Bundesrepublik gesprochen werden. Zunächst hatte sich auch in diesem Bereich das Interesse ganz überwiegend auf die Weimarer Republik und das „Dritte Reich" konzentriert. Doch fanden verfassungsgeschichtliche Fragestellungen schon früh Eingang in die juristische, politikwissenschaftliche und publizistische Diskussion. Politische Literatur, aber auch die auf aktuelle Probleme gerichteten juristischen, soziologischen und politikwissenschaftlichen Beiträge prägen das „Vor-Urteil des Zeithistorikers" und geben als „Quelle und Darstellung" wichtige Anregungen [139: A. DOERING-MANTEUFFEL, Bundesrepublik, ²1988, 4]. Sie bilden dabei nicht selten den Ausgangspunkt für die weitere historisch-empirische Forschung, können diese aber nicht ersetzen.

Archivsituation

Zeitgeschichtsforschung steht und fällt mit der Zugänglichkeit und Erschließung des überlieferten Schrifttums. Der „Oral History" [vgl. dazu: 228: H. VORLÄNDER (Hrsg.), Oral History, 1990; 196: H. MÖLLER, Zeitgeschichte, 1988, 3–16], vor allem den Gesprächen mit Zeitzeugen, kommt dabei nur eine ergänzende Funktion zu. Die Erforschung der Verfassungs-, Parlaments- und Parteiengeschichte der Bun-

A. Zu Forschungssituation und Vorgeschichte 67

desrepublik wird immer erst dann in größerem Umfang möglich, wenn die Akten der Bundes- und Länderbehörden sowie die Parlaments- und Parteiarchive zugänglich sind [94: R. MORSEY, Wert und Masse, 1971, 17–28]. In der Regel ist das (mit der Ausnahme von Verschlußsachen) nach 30 Jahren der Fall. Das Bundesarchiv in Koblenz sammelt die Bestände der zentralen Bundesbehörden. Findbücher mit behördengeschichtlichen Einleitungen weisen den Weg zu den Materialien. Ähnliches gilt für die Landes- bzw. Hauptstaatsarchive der Länder [107: M. SCHUMACHER (Bearb.), Parlamentshandbücher, 1986], die das Schriftgut der Zentralverwaltungen der Länder verwahren. Neben den gedruckten Stenographischen Berichten und Materialien des Bundestages [41: Verhandlungen des Deutschen Bundestages, 1949 ff.] und der Länderparlamente sind die ungedruckten Akten der Ausschüsse (Archive des Bundestages und der Landtage) von Belang, die eine umfassende Dokumentation des Gesetzgebungsprozesses bieten. Für den Zeitraum von 1949 bis 1972 sind die Protokolle des Vermittlungsausschusses von Bundestag und Bundesrat auf Mikrofiche verfügbar. Auf die Archive der Parteien wird noch an anderer Stelle einzugehen sein. Die Nachlässe bedeutender politischer Persönlichkeiten werden bei den entsprechenden parteipolitischen Stiftungen bzw. im Bundesarchiv aufgehoben. Weitere Hinweise bietet R. MORSEY [201: Bundesrepublik, ^{3}1995, 125–129]. Durch die Förderung und Veröffentlichung zahlreicher Dokumentationen und Monographien haben besonders die Kommission für Geschichte des Parlamentarismus und der politischen Parteien (Bonn), das Institut für Zeitgeschichte (München) wie auch das Bundesarchiv erheblich dazu beigetragen, die Forschungen zur Verfassungs-, Parlaments- und Parteiengeschichte der Bundesrepublik voranzubringen.

Trotz einer schier unübersehbaren Fülle von Einzelstudien und Teiluntersuchungen fehlen noch immer fundierte verfassungsgeschichtliche Synthesen [201: R. MORSEY, Bundesrepublik, ^{3}1995, 174]. Die jüngste Einführung von K. KROEGER [258: Verfassungsgeschichte, 1993] ist an der „Fortentwicklung der Grundstrukturen des Bonner Grundgesetzes orientiert" und bleibt ganz überwiegend rechtsdogmatisch ausgerichtet. Hingegen finden Verfassung, Parlament und Parteien in den einschlägigen Überblicksdarstellungen zur deutschen Nachkriegsgeschichte und zur Geschichte der Bundesrepublik durchaus gebührende Berücksichtigung [141: T. ESCHENBURG, Jahre der Besatzung, 1983; 218: H.-P. SCHWARZ, Die Ära Adenauer, 2 Bde., 1981–1983; 166: K. HILDEBRAND, Von Erhard zur Großen Koalition, 1984; 178: C. KLESSMANN, Doppelte Staatsgründung, ^{5}1991; 179: DERS., Zwei Staa-

Fehlen einer Gesamtdarstellung

ten, 1988; 123: D. L. BARK/D. R. GRESS, A History of West Germany, 2 Bde., ²1993; 128: A. M. BIRKE, Nation ohne Haus, ²1994].

Westalliierte Quellen

Der größte Teil der bisherigen Untersuchungen gilt der unmittelbaren Nachkriegszeit und der Ära Adenauer, wobei zunehmend auch die sechziger Jahre ins Blickfeld geraten. Zunächst konzentrierte sich dabei das Interesse der Forschung vor allem auf die Ursachen und Folgen der deutschen Teilung und auf die Kriegszielplanung und Deutschlandpolitik der Alliierten. Inzwischen hat sich für die breite Erforschung der Besatzungsphase eine erheblich verbesserte Quellensituation ergeben. Unentbehrlich sind die amerikanischen und britischen Akteneditionen (Foreign Relations US und Documents on British Policy Overseas). Die Documents Diplomatiques Français beginnen erst mit dem Jahre 1954. Aufgrund eines Erschließungs- und Verfilmungsprojekts sind die Akten der amerikanischen Militärregierung auch in Deutschland, beim Institut für Zeitgeschichte und, sofern sie länderübergreifende Materialien enthalten, im Bundesarchiv, auf Microfiche versammelt. Mit dem von C. WEISZ im Auftrag des IfZ herausgegebenen OMGUS-Handbuch [96: 1993] steht nunmehr ein erstklassiges Hilfsmittel zur Verfügung, das mit detaillierten behördengeschichtlichen, systematischen und quellenbeschreibenden Beiträgen die Benutzung des riesigen Bestandes (ca. 20 Mio. Blatt) erleichtert. Auf dieser Grundlage ist u. a. die minutiöse Untersuchung von K.-D. HENKE über die amerikanische Besetzung Deutschlands [164: 1995] entstanden. Der vom Umfang her geringere Aktenbestand der britischen Militärregierung (ca. 30 000 Akteneinheiten) wurde auf andere Weise erschlossen. Ein ausführliches sachthematisches Inventar [82: A. M. BIRKE u.a. (Hrsg.), Britische Militärregierung, 11 Bde., 1993] ermöglicht mit computergestützten Indices eine direkte Aufschließung des weitgefächerten Aktenbestandes und erleichtert damit den Forschungszugang erheblich [129: A. M. BIRKE/E.A. MAYRING (Hrsg.), Britische Besatzung, 1992]. Die Bestände der französischen Besatzungsbehörden lagern in Colmar und Paris [113: E. WOLFRUM, Französisches Besatzungsarchiv Colmar, 1989, 84–90]. Die Akten der drei westlichen Militärregierungen belegen nicht nur den Prozeß der Meinungsbildung innerhalb der lokalen und zentralen Stellen der Besatzungsmacht selbst, sie sind auch unerläßlich, um die deutschalliierten Interaktionen zu erfassen. Zugleich dienen sie dort als Ergänzung und Ersatzüberlieferung, wo deutsche Quellen fehlen.

Akten der SMAD

Seit dem Zusammenbruch der sozialistischen Staaten ist der schrittweise Zugang zu den Akten der Sowjetischen Militäradministration (SMAD) möglich geworden, die auch neue und zusätzliche Einsichten für die deutsche Verfassungsentwicklung der frühen Nachkriegszeit bereithalten dürften. Die eigens eingerichtete Außenstelle Potsdam des Instituts für Zeitgeschichte (daneben bestehen der zeithistorische Forschungsschwerpunkt in Potsdam und das Hannah-Ahrendt-Institut in Dresden) konnte mit einem Inventar der SMAD-Befehle aufwarten [85: J. FOITZIK (Bearb.), 1995], mit dem belegt wird, „daß die Abhängigkeit der deutschen Verwaltungen und politischen Organisationen in der SBZ noch stärker war, als bislang von der Forschung angenommen" [so H. MÖLLER im Vorwort]. Es ist nicht zu übersehen, daß die Untersuchung der sowjetischen Besatzungsmacht und ihrer Einflußbereiche erst am Anfang steht.

2. Besatzung und vorstaatliche Anfänge

Die Bedeutung der alliierten Kriegszielplanungen und -entscheidungen für die staatliche Fortexistenz Deutschlands ist bereits früh in der zeitgeschichtlichen Diskussion erörtert worden. Während die Hauptschuld an der Teilung des Landes im Westen zunächst fast ausschließlich der Sowjetunion zugeschrieben wurde, schickte sich die von den USA ausgehende revisionistische Schule seit den siebziger Jahren an, vor allem die amerikanische Politik für die Spaltung verantwortlich zu machen [142: A. FISCHER u. a., Deutschlandfrage, 1984, 25–39]. Ein direkter Zusammenhang zwischen den Zerstückelungsplänen der Alliierten, wie sie bis zum Frühjahr 1945 erwogen, dann aber faktisch aufgegeben wurden, und der im beginnenden Kalten Krieg tatsächlich eintretenden Trennung kann aber nach den einschlägigen Untersuchungen zur Deutschlandplanung der Westmächte [174: L. KETTENACKER, Krieg zur Friedenssicherung, 1989] zumindest für die USA und Großbritannien nicht mehr aufrechterhalten werden. Die Teilung Deutschlands war vielmehr die unbeabsichtigte Folge der frühzeitigen Festlegung des Besatzungsstatus und gewann erst nach dem Zerfall der Siegerkoalition ihre Gestalt [14: Dokumente zur Deutschlandpolitik]. Dennoch schwelt die Kontroverse weiter, die durch vereinzelte, quellenkritisch problematische Funde in östlichen Archiven neue Nahrung erhielt. So glaubt sich W. LOTH durch die von ihm zusammen mit R. BADSTÜBNER edierten Gespräche Wilhelm Piecks mit Stalin [65: Aufzeichnungen zur Deutschlandpolitik 1945–1954, 1994] nach wie vor darin bestätigt, daß eine Mitverantwortung des Westens für die Gründung des östlichen Separatstaates bestand [190: Stalins ungeliebtes Kind, 1994].

Wer teilte Deutschland?

Zur Rolle Frankreichs

Anders als die Position der anglo-amerikanischen Mächte stellt sich in diesem Zusammenhang die Rolle Frankreichs dar, die lange Zeit als überwiegend „destruktiv" eingeschätzt wurde. T. ESCHENBURG [141: Jahre der Besatzung, 1983, 96] hatte die französische Zone sogar als „Ausbeutungskolonie" bezeichnet. Inzwischen ist der Versuch unternommen worden, dieses Bild durch eine Reihe neuerer Arbeiten, vor allem unter dem Einfluß R. HUDEMANNs [170: Frankreichs Besatzung, 1993, 237–253] zu relativieren und erheblich zu modifizieren. Deutlicher treten jetzt aufgrund einer Vielzahl von Detailuntersuchungen die Besonderheiten der französischen Position im Vergleich zu den alliierten Partnern [173: M. KESSEL, Westeuropa, 1989] und bezüglich der Besatzungspolitik in einzelnen Bereichen der Sozial- [169: R. HUDEMANN, Sozialpolitik, 1988], Kultur- [180: F. KNIPPING/J. LE RIDER (Hrsg.), 1987] und Entnazifizierungspolitik [R. MÖHLER, Entnazifizierung, in: 193: S. MARTENS (Hrsg.), Vom „Erbfeind" zum „Erneuerer", 1993, 157–173] hervor. In diesem Zusammenhang wird auch die Funktionsweise und Bedeutung des Alliierten Kontrollrats in Berlin neu diskutiert, der in seiner Gesamtzuständigkeit für das besetzte Deutschland durchaus eine umfassende Gesetzgebungsarbeit leistete [192: G. MAI, Der Alliierte Kontrollrat, 1995], jedoch, anders als geplant, keine zentralen deutschen Verwaltungsstellen errichtete [183: E. KRAUS, Ministerien, 1990]. M. KESSEL [173: Westeuropa, 1989] relativiert dabei auch, im Einklang mit den Einschätzungen von R. HUDEMANN [170: Frankreichs Besatzung, 1993, 237–253], die These von der französischen Obstruktionspolitik.

Amerikanische und britische Besatzungspolitik

Seit den Pionierarbeiten von J. GIMBEL [150: Amerikanische Besatzungspolitik, 1971] und C. F. LATOUR/T. VOGELSANG [188: Okkupation und Wiederaufbau, 1973] ist die Erforschung der amerikanischen Besatzungszone stets besonders intensiv vorangetrieben worden. Mit der Untersuchung von H.-J. RUPIEPER [211: Die Wurzeln der westdeutschen Nachkriegsdemokratie, 1993] liegt jetzt eine umfassende Darstellung zum amerikanischen Beitrag für die Demokratisierung in Westdeutschland vor. Dies gilt noch nicht in gleichem Maße für die britische Besatzungspolitik. Obwohl sie sich seit dem Beginn der achtziger Jahre eines zunehmenden Interesses erfreut, blieb ihre Erforschung bisher vorwiegend auf landes- und regionalgeschichtliche Untersuchungen bzw. auf Einzelaspekte beschränkt. Einen kurzen Überblick zum allgemeinen Forschungsstand für die britische Besatzungszone bietet A. KAISER-LAHME [Control Commission, in: 129: A. M. BIRKE/E. A. MAYRING (Hrsg.), Britische Besatzung, 1992, 149–165]; eine Gesamtdarstellung der britischen Besatzungspolitik in Deutschland steht noch aus.

A. Zu Forschungssituation und Vorgeschichte 71

Nach wie vor ist nicht eindeutig geklärt, ob die Alliierten nach der bedingungslosen Kapitulation Deutschlands zunächst vom Untergang des Deutschen Reiches ausgingen oder ob sie die bereits seit dem Jahre 1947 von den deutschen Staatsrechtslehrern mehrheitlich vertretene Auffassung vom Fortbestand des Deutschen Reiches teilten, „durch die das Nachkriegsdeutschland – wenn auch schließlich nur noch die Bundesrepublik – in der Kontinuität deutscher Staatlichkeit blieb" [242: B. DIESTELKAMP, Rechts- und verfassungsgeschichtliche Probleme, 1980, 485]. Während B. DIESTELKAMP den Standpunkt vertrat, daß sich die Kontinuitätsthese entgegen den ursprünglichen Intentionen der Siegermächte herausgebildet habe, konnte inzwischen nachgewiesen werden, daß zumindest die britische Seite zur Herausbildung und Festigung dieser für das Staatsrecht der Bundesrepublik zentralen Auffassung einen wesentlichen Beitrag geleistet hat [240: A. M. BIRKE, Integrität, 1992, 827–840]. Kontinuitätsthese

Der staatliche und verwaltungsmäßige Neuaufbau in den Westzonen hat gerade in der jüngeren Forschung ein starkes Interesse gefunden. Wichtige Hilfsmittel, wie das von H. POTTHOFF und R. WENZEL herausgegebene Handbuch Politischer Institutionen und Organisationen (1945–1949) [98: 1983] oder der von W. VOGEL beschriebene Aufbau von Verfassungs- und Verwaltungseinrichtungen in den Ländern der drei westlichen Zonen [109: 1956–1983] erleichtern den Einblick in das verwirrende Institutionengefüge der Nachkriegsjahre. Nach Übernahme der obersten Gewalt in Deutschland blieben die Besatzungsbehörden zunächst bestrebt, einen Zusammenbruch der regionalen und örtlichen deutschen Administration zu vermeiden [208: U. REUSCH, Britische Kontrollbehörden, 1992; 66: J. K. POLLOCK, Besatzung und Staatsaufbau, 1994; 114: E. WOLFRUM, Französische Besatzungspolitik, 1990, 50–62]. Diese Zielsetzung konfligierte von Beginn an mit den gleichzeitigen Entnazifizierungsbestrebungen. Bisher ist die Neuordnung der deutschen Kommunalverwaltung nur für die britische Besatzungszone näher untersucht worden [209: W. RUDZIO, Neuordnung des Kommunalwesens, 1968]. Ein erster Überblick, der auch auf die Situation in den anderen Zonen hinweist, findet sich bei A. VON MUTIUS im Band V der Deutschen Verwaltungsgeschichte [256: K.G.A. JESERICH u. a. (Hrsg.), 1987, 314–348]. Staatlicher Neuaufbau

Eingehender sind inzwischen die seit dem Herbst 1945 vollzogenen Ländergründungen behandelt, die die zweite Etappe des Neubeginns deutscher Staatlichkeit markieren. Diese Maßnahmen, die die spätere föderalistische Struktur der Bundesrepublik in entscheidender Weise vorprägten, sind durchweg von den Militärregierungen in ihren Föderative Neugliederung eigenen Zonen unabhängig voneinander vorgenommen worden. Nach dem Vorpreschen der Sowjetischen Militäradministration übernahm die amerikanische Militärregierung in den Westzonen eine Vorreiterrolle. Der Entstehung der Länder ist sowohl in Dokumentationen [66: J. K. POLLOCK, Besatzung und Staatsaufbau, 1994; 34: H.-D. KREIKAMP (Hrsg.), Staatliche Neuordnung, 1994] als auch in Monographien und Aufsätzen Aufmerksamkeit geschenkt worden. Dabei werden die Schwierigkeiten der föderativen Neugliederung, die sich in den einzelnen Besatzungszonen ergaben, ebenso deutlich wie die spezifischen Probleme, die aus der Auflösung Preußens und der Ruhrfrage resultierten. Daß die Alliierten bei ihren Maßnahmen regionale Besonderheiten und deutsche Meinungen und Interessen durchaus berücksichtigten, zeigen die Dokumentationen zur Entstehung des Landes Nordrhein-Westfalen [28: W. HÖLSCHER (Bearb.), Deutsche Quellen, 1988; 35: R. STEININGER (Bearb.), Ruhrfrage, 1988], wobei der von HÖLSCHER bearbeitete Band interessante Aufschlüsse über die frühe innerdeutsche Meinungsbildung und Mitsprache gibt. Andere Darstellungen und Aufsätze zur Ländergründung entspringen überwiegend landesgeschichtlichem Interesse oder sind durch Jubiläen angeregt worden. Eine gehaltvolle Dokumentation zur kontrovers geführten Diskussion über die Neugliederung des Bundesgebietes von der Entstehung der Bundesrepublik bis zum Prozeß der deutschen Einigung bietet R. SCHIFFERS [38: Weniger Länder, 1996].

Entstehung der Verfassungen der Länder

Mit der Gründung der Länder ist die Entstehung ihrer Verfassungen aufs engste verbunden, deren Bedeutung für den Prozeß der Verfassunggebung bis hin zum Grundgesetz erst spät in seiner ganzen Bedeutung erkannt und, wie in der Pionierarbeit von K. NICLAUSS [274: Demokratiegründung, 1974], zunächst vor allem als innerdeutsches Phänomen begriffen wurde. Die Bedeutung der Interaktion zwischen Besetzern und Besetzten und der Zusammenhang zwischen den Länderverfassungen und dem Grundgesetz (aber auch zur Verfassungsdiskussion der Weimarer Zeit) konnte zunächst an Einzelkomplexen nachgewiesen werden. [so 237: A. M. BIRKE, Konstruktives Mißtrauensvotum, 1977, 77–92]. Die These, daß die demokratischen Verfassungen in den Ländern der westlichen Besatzungszonen trotz einzelner Eingriffe und Interventionsversuche der Militärbehörden von den Westmächten nicht aufgezwungen wurden [238: DERS., Die aufgezwungene Demokratie, 1989, 151–164], ist u. a. auch durch die Arbeit von B. FAIT [247: Atmosphäre von Freiheit, 1985, 420–455] belegt worden. Erst in letzter Zeit hat die Entstehung der Länderverfassungen, vor allem in den materialreichen, ländervergleichenden Untersuchungen von F. R. PFETSCH

[276: Ursprünge der Zweiten Republik, 1990], stärkere Berücksichtigung gefunden, die allerdings dem Anspruch einer historischen Aufarbeitung nicht hinreichend genügen. Eine Gesamtdarstellung steht somit nach wie vor aus. Inzwischen liegt auch eine Reihe von Dokumentationen und Untersuchungen vor, die einzelnen Ländern gewidmet sind. Einen bereits wieder ergänzungsbedürftigen Einblick in die Forschungssituation gibt B. FAIT [84: Entstehung der Länderverfassungen, 1990]. B. DIESTELKAMP bietet einen rechtsgeschichtlichen Abriß [243: 1989]. Nach seiner wegweisenden Verfassungsgeschichte Baden-Württembergs [248: 1983] legte P. FEUCHTE eine achtbändige Quellensammlung zur Entstehung der dortigen Verfassung vor [33: 1986–92]. Für Rheinland-Pfalz existiert eine bereits im Jahre 1978 erschienene Dokumentation, die von H. KLAAS [15: Entstehung] bearbeitet wurde. Inzwischen gibt es für die Genese der Verfassungen fast aller Länder Untersuchungen und Skizzen, die allerdings von unterschiedlichem wissenschaftlichen Gewicht sind. Die Behandlung wichtiger übergreifender Einzelkomplexe, wie sie B. VAN SCHEWICK [279: 1980] zur Haltung der katholischen Kirche vorgelegt hat, ist bisher nicht in entsprechender Weise fortgesetzt worden.

Die Erforschung gesamtzonaler und zonenübergreifender deutscher Gremien, denen in der vorstaatlichen Phase nicht nur als Beratungs-, sondern auch als Kooperationseinrichtungen eine erhebliche Bedeutung zukam, hat durch die Veröffentlichung der „Akten zur Vorgeschichte der Bundesrepublik" [3], die als Gemeinschaftsprojekt des Bundesarchivs und des Instituts für Zeitgeschichte in den Jahren 1976 bis 1981 ediert wurden, wichtige Impulse erhalten. In ihnen sind u. a. die Protokolle der Tagungen des Hamburger Zonenbeirats, in dem namhafte deutsche Politiker der ersten Stunde (Adenauer, Schumacher u. a.) zusammentrafen, und des Stuttgarter Länderrats (dem Rat der Ministerpräsidenten der Länder in der amerikanischen Zone) zusammengefaßt. Fortgeführt und erweitert wurde diese Dokumentationsbasis durch die sorgfältig erschlossene Teiledition der Protokolle und Anlagen des Zonenbeirats von G. STÜBER [43: (Bearb.), Zonenbeirat, 1993–1994], die bisher den Zeitraum März 1946/April 1947 umfaßt. Die damit korrespondierenden Confidential Reports des britischen Verbindungsstabes sind von R. UHLIG [39: 1989] herausgegeben worden.

Zonenbeirat und Länderrat

Die wichtige Frage nach den Handlungs- und Entscheidungsspielräumen, die die deutsche Seite unter der alliierten Oberhoheit besaß, kann erst durch sorgfältige Analysen der Interaktion zwischen Besetzern und Besetzten in den verschiedenen Bereichen der Politik, Gesetzgebung und Verwaltung bestimmt werden. Erst dann wird sich auch bemessen lassen, wie stark tatsächlich der Einfluß der Besatzungsmächte auf die demokratische Neuordnung gewesen ist. R. MORSEY [201: Bundesrepublik, ³1995, 153] sieht hier eine fortbestehende „Aufgabe künftiger Forschung", während A. S. MILWARD [in: VfZG 40 (1992), 456] in der „fortdauernden fast obsessiven Fixierung auf die Besatzungszeit" den „betrüblichsten Aspekt" der gegenwärtigen deutschen Geschichtsschreibung erkennt.

Rolle der Ministerpräsidenten   Die Gefahr einer Überschätzung der deutschen Handlungsmöglichkeiten unter den Voraussetzungen der Besatzungsherrschaft hat zu einer Reihe von einseitigen Beurteilungen geführt, die von der Forschung inzwischen widerlegt bzw. relativiert wurden. Dies trifft z.B. für die Rolle der Ministerpräsidenten zu, denen in der vorstaatlichen Phase ein besonderes Gewicht zufiel. Als oberste gewählte Repräsentanten der Deutschen und Chefs der Länderregierungen waren sie gleichzeitig Beauftragte und Befehlsempfänger der Besatzungsmächte. Ihre Möglichkeiten, gesamtdeutsche oder gar außenpolitische Interessen wirkungsvoll zu artikulieren, waren daher, wenn überhaupt vorhanden, zumindest stark eingeschränkt. Die noch immer nachwirkende Einschätzung von W. GRÜNEWALD [156: 1971], der, wie wenig später R. STEININGER [222: 1975], in der Münchener Ministerpräsidentenkonferenz von 1947 die letzte bedeutende Chance sah, den Zerfall der deutschen Einheit aufzuhalten, und deshalb von einer „historischen Schuld" westdeutscher Politiker sprach, ist umgehend von R. MORSEY [199: Entscheidung für den Westen, 1974] zurückgewiesen worden.

Deutsche Handlungsspielräume   Dennoch entstanden nicht nur im Bereich der Kultur und der Wirtschaft, sondern auch auf den verschiedenen Ebenen der Politik und Verwaltung zunehmend Möglichkeiten selbstbestimmter Entscheidungen. Dies gilt in eingeschränkter Weise für die Länderparlamente und Länderregierungen [171: P. HÜTTENBERGER, Nordrhein-Westfalen, 1973], die Konferenzen der Ministerpräsidenten [199: R. MORSEY, Entscheidung für den Westen, 1974, 1–24], für Länderrat und Zonenbeirat [43: G. STÜBER (Bearb.), Zonenbeirat, 1993–1994; 125: W. BENZ, Gründung, ⁴1994] ebenso wie für die allmählich einsetzende interzonale Kommunikation deutscher Stellen, wobei die zunehmend herausragende Position des Wirtschaftsrates in Frankfurt [42: C. WEISZ/H. WOLLER (Bearb.), Wörtliche Berichte des Wirtschaftsrates, 1977] für die Entstehung des Regierungssystems der Bundesrepublik in besonderer Weise bedeutsam wurde. Es ist der deutschen Seite nicht nur gelungen, strukturelle Veränderungen, die von den Alliierten gewünscht wurden, hinauszuzögern; sie haben zugleich auch die Kontinuität der eigenen Verfassungs- und Verwaltungstradition zu wahren versucht und diese gegen die Übertragung fremder Modelle abgeschirmt. Dies gilt besonders für die umstrittene Wiederbelebung des Berufsbeamtentums [230: U. WENGST, Beamtentum, 1988; 207: U. REUSCH, Deutsches Berufsbeamtentum, 1985]. Daß dabei auch problematische Verbindungslinien zum „Dritten Reich" erhalten blieben, zeigte sich besonders im Bereich der Justiz [235: H. WROBEL, Verurteilt zur Demokratie, 1989]. Die Erweiterung der Handlungsspielräume deutscher Stellen konnte für die wichtigen frühen sozialpolitischen Gesetzgebungsvorhaben [212: R. SCHILLINGER, Lastenausgleich, 1985] nachgewiesen werden, die zugleich Grundlage und Voraussetzung für die ersten großen Reformen auf diesem Gebiet in der Bundesrepublik wurden [167: H. G. HOCKERTS, Sozialpolitische Entscheidungen, 1980].

Wiederbelebung des Berufsbeamtentums

Damit wird auch die Fragwürdigkeit der These deutlich, die von einer „verhinderten Neuordnung" in Westdeutschland ausging [213: E. SCHMIDT, Die verhinderte Neuordnung 1970, ^{8}1981; 158: H.-H. HARTWICH, Sozialstaatspostulat, 1970, ^{3}1980] und dafür vor allem die „expansiven Kräfte" des amerikanischen Kapitalismus und die „restaurativen Kräfte" im Nachkriegsdeutschland verantwortlich machte. Sie war schon in der DDR-Historiographie vorbereitet, bevor sie seit den späten sechziger Jahren im Zeichen der „neomarxistischen Renaissance" ins Rampenlicht rückte [201: R. MORSEY, Bundesrepublik, 145 f.]. Spätere Untersuchungen haben gezeigt, daß die „verpaßte Sozialisierung" der Schwerindustrie eben nicht auf einseitigen Maßnahmen der US-Militärregierung beruhte. Vielmehr gab es selbst bei den amerikanischen Umerziehungsexperten starke Sympathien für linksliberale und sozialistische Vorstellungen [233: D. WINKLER, Amerikanische Sozialisierungspolitik, 1979, 88–110]. Für den Mangel an Bereitschaft auf deutscher Seite, einen eindeutigen Sozialisierungskurs einzuschlagen, spricht auch die Zusammensetzung der Landtage und des Wirtschaftsrates, die nicht über linke parlamentarische Mehrheiten verfügten. Die Zurückhaltung der Westmächte bei der Bodenreform, die sie ursprünglich befürworteten, ist nicht zuletzt auf die Alltagswirklichkeit des Hungers zurückzuführen [224: G. J. TRITTEL, Hunger und Politik, 1990].

„verhinderte Neuordnung"

In der neueren Forschung wird die Gründung der Demokratie in Westdeutschland ganz überwiegend als „geglückte Neuordnung" (H.-P. SCHWARZ) anerkannt, für die der Übergang zur Marktwirtschaft und die dadurch bewirkte Aufnahme der Bundesrepublik in den Kreis der westlichen Industrienationen eine unerläßliche Voraussetzung war [203: K. NICLAUSS, „Restauration", 1982]. Die Bedeutung von Währungsreform, Marktwirtschaft und Marshall-Plan lag nach dieser Einschätzung

„geglückte Neuordnung"

in ihrer ökonomisch-politischen Doppelwirkung, die als eine der Hauptursachen sowohl für das „Wirtschaftswunder" als auch für die stabile Entwicklung der westdeutschen Demokratie gilt. Allerdings sah und sieht W. ABELSHAUSER [115: Wirtschaftsgeschichte, [7]1993, 54–63] darin eine „wirtschaftliche Gründungslegende". Nach seiner Auffassung hat es bereits vor der Währungsreform einen Produktionsanstieg gegeben, so daß nur die Fortsetzung eines bereits begonnenen Rekonstruktionsprozesses zu konstatieren sei. Dies wiederum stieß bei Ökonomen und Wirtschaftshistorikern [132: K. BORCHARDT, Wachstum, 1982; 137: C. BUCHHEIM, Währungsreform, 1988] auf entschiedene Ablehnung. Sie halten daran fest, daß der Währungsreform eine Schlüsselrolle zukam, und ziehen neben den empirischen Befunden vor allem die wirtschaftstheoretischen Voraussetzungen der Position ABELSHAUSERS in Zweifel.

3. Entstehung und Rahmen des Grundgesetzes

Abkehr von Potsdam

Die außenpolitischen Stationen, die zur Gründung des Weststaats führten, sind ebenso wie die Reaktionen und Entscheidungen auf deutscher Seite in zunehmendem Maße zum Gegenstand vergleichender Untersuchungen gemacht worden. Dabei hat sich das über lange Zeit vorherrschende Bild differenziert, das den USA die überragende Rolle, Großbritannien und Frankreich hingegen nur die Position von Juniorpartnern zubilligte [124: J. BECKER/F. KNIPPING (Hrsg.), Power in Europe, 1986]. Zugleich wird deutlich, daß das Konzept der „Abkehr von Potsdam" ebenso wie die Strategie der Eindämmung der sowjetischen Expansionspolitik in ihrer ersten Phase auf britische Entwürfe und Initiativen zurückgingen, bevor sie, in der Truman-Doktrin und im Marshall-Plan weiterentwickelt, zur Grundlage der amerikanischen Außenpolitik wurden [173: M. KESSEL, Westeuropa, 1989]. Obwohl der Zusammenschluß der Westzonen als Auftakt zur Wiederherstellung der deutschen Einheit (progressive unification) gerechtfertigt wurde, führte die Bildung der Bizone, wie dies von den anglo-amerikanischen Experten klar gesehen wurde, auch unvermeidlich zur Teilung Deutschlands [144: A. FROHN, Neutralisierung, 1985, 70]. Trotzdem wird man, anders als dies bei J. FOSCHEPOTH [143: British Interest, 1986] geschieht, eine primäre Teilungsabsicht nicht unterstellen können.

Westdeutsche Staatsgründung

Der Beschluß zur westdeutschen Staatsgründung kam nach einer schwierigen Einigung zwischen den Westalliierten erst auf der Londoner Sechsmächtekonferenz vom Frühjahr 1948 zustande [284: G. WEHNER, Die Westalliierten, 1994]. Er warf die Frage auf, die sich schon bei den Länderverfassungen gestellt hatte, ob nämlich die Grundentscheidung der Deutschen über ihren künftigen Staat und seine Verfassung selbstbestimmt erfolgte oder ob sie von außen verordnet wurde. Die Auseinandersetzungen über den Verfassungsauftrag der Militärgouverneure (Frankfurter Dokumente) an die Ministerpräsidenten der Westzonen sind von B. BLANK [130: Die westdeutschen Länder, 1995] vor dem Hintergrund der Motive und Interessen der Länderchefs untersucht worden, die trotz außen- und innenpolitischer Sachzwänge selbständig weitsichtige Entschlüsse trafen [246: K. DÜWELL, Rittersturz-Konferenz, 1988, 411–432]. Dabei wird auch deutlich, daß „der Zielkonflikt zwischen nationaler Einheit und Entscheidung für den Weststaat" durch die These vom „Kernstaat" und durch die „Magnettheorie" entschärft wurde [201: R. MORSEY, Bundesrepublik, ³1995, 154]. Der von den Ministerpräsidenten einberufene Verfassungskonvent von Herrenchiemsee, dessen Entwürfe für das Grundgesetz besondere Bedeutung erlangten, ist bisher intensiver nur von P. BUCHER [29: Bd. 2, 1981, VII–CXXXII] in einer längeren Einleitung behandelt worden. Einblicke in die Atmosphäre und Arbeitsweise dieses Gremiums gewährt das von R. GRIEPENBURG herausgegebene Herrenchiemseer Tagebuch H. L. Brills. [59: 1986].

Bisher hat die Arbeit des Parlamentarischen Rates keine zusammenfassende Darstellung erfahren. Der nützliche Überblick von E. H. M. LANGE [262: Die Würde des Menschen, 1993] kann diesen Mangel nicht beheben. Ein Grund mag in der schwierigen Quellenlage zu suchen sein, zumal sich die Veröffentlichung der vom Bundestag und dem Bundesarchiv gemeinsam edierten Akten und Protokolle [29] erheblich verzögerte. Inzwischen sind aber nach den Anfangsbänden (Bd. 1: Vorgeschichte, 1975; Bd. 2: Herrenchiemsee, 1981) die Materialien einer Reihe wichtiger Ausschüsse (Bd. 3: Zuständigkeitsausschuß; Bd. 4: Ausschuß für das Besatzungsstatut; Bd. 5: Ausschuß für Grundsatzfragen; Bd. 6: Ausschuß für Wahlrechtsfragen; Bd. 7: Entwürfe zum Grundgesetz; Bd. 8: Beziehungen des Parlamentarischen Rates zu den Militärregierungen; Bd. 9: Plenum) veröffentlicht worden.

Fehlen einer Gesamtdarstellung zum Parlamentarischen Rat

Zur Wahl des Ortes [277: R. POMMERIN, Von Berlin nach Bonn, 1989], zu Zusammensetzung und Organisation, über Teilaspekte der Verfassungsberatungen und der sie tragenden politischen Kräfte sind ebenso wie zur Ausgestaltung und zu den Inhalten des Grundgesetzes zahlreiche Einzeluntersuchungen erschienen [vgl. die Literaturauswahl bei 262: E. H. M. LANGE, Die Würde des Menschen, 174–182]. Den

Forschungsstand

Versuch einer epochenübergreifenden historischen Einordnung des Grundgesetzes hat K. REPGEN [278: Der historische Ort, 1989, 11–32] unternommen. Als Initialzündung für die Forschung erwies sich das bereits 1960 erschienene Standardwerk von F. K. FROMME [250: Von der Weimarer Verfassung zum Bonner Grundgesetz], das die „verfassungspolitischen Folgerungen" aus Weimarer Republik und nationalsozialistischer Diktatur ins Zentrum der Betrachtung rückte. Der „antitotalitäre Grundkonsens", der sich vor allem auch gegen die neue kommunistische Bedrohung richtete, sensibilisierte – wie u. a. K. D. BRACHER [133: Zeit der Ideologien, 1982, 280] herausgestellt hat – die Mitglieder des Parlamentarischen Rates, wie zuvor schon die Verfassunggeber in den Ländern, für die Strukturprobleme der modernen Demokratie. Der Arbeit von F. K. FROMME folgten die politikwissenschaftliche Untersuchung von W. SÖRGEL [283: Konsensus, 1969] über die Einflußnahme von Interessengruppen und das Buch von V. OTTO [275: Staatsverständnis des Parlamentarischen Rates, 1971]. Der direkte Zusammenhang zwischen den früheren Verfassungsverhandlungen der Länder und denen des Bundes ist zuerst von K. NICLAUSS [274: Demokratiegründung, 1974] thematisiert worden.

Genese der Verfassungsartikel

Die Genese einzelner Verfassungsartikel, die frühzeitig in der juristischen Fachliteratur untersucht wurde [244: K.-B. VON DOEMMING/ R. W. FÜSSLEIN/W. MATZ, Entstehungsgeschichte, 1951] und auch in späteren Kommentaren zum Grundgesetz eher skizzenhaft Berücksichtigung fand, ist erst in den letzten zwei Jahrzehnten durch die notwendige historische Erforschung einzelner Verfassungskomplexe ersetzt worden. Dazu gehören u. a. die Grundrechte [108: K. STERN, Staatsrecht, Bd. III/1, 1988, 128–169], die Wirtschaftsverfassung [282: V. SCHOCKENHOFF, 1986], die Verfassungsgerichtsbarkeit [264: H. LAUFER, Verfassungsgerichtsbarkeit, 1968], das Verhältnis von Staat und Kirche [255: A. HOLLERBACH, Entstehung der staatskirchenrechtlichen Artikel, 1976, 367–382; 279: B. VAN SCHEWICK, Katholische Kirche, 1980], die Wahlrechtsdiskussion [259: E. H. M. LANGE, Der Parlamentarische Rat, 1972, 280–318], die Stellung des Staatsoberhauptes [260: E. H. M. LANGE, Diskussion, 1978, 601–651], der Bundesrat [267: R. MORSEY, Entstehung, 1974, 63–77], das konstruktive Mißtrauensvotum [237: A. M. BIRKE, 1977, 77–92], die Finanzverfassung [249: H. J. FISCHER, 1971] und die kommunale Selbstverwaltung [253: F. HENNING, 1989, 368–371].

Föderalismus

Eine intensivere Durchleuchtung erfuhr die Stellung der einzelnen Länder zum Parlamentarischen Rat [261: E. H. M. LANGE, Die Länder, 1989/90]. Dabei wird erkennbar, daß der politische Einfluß der

A. Zu Forschungssituation und Vorgeschichte 79

Ministerpräsidenten auf die Bonner Verhandlungen hinter der neuen Machtstellung der Parteiführer deutlich zurücktrat, ohne jedoch – wie besonders im Falle Bayerns – gänzlich zu schwinden. R. MORSEY [271: Föderalismus im Bundesstaat 1988, 430–447; 269: DERS., Zwischen Bayern, 1981, 361–370] und D. DÜDING [245: Bayern, 1990, 350–377] haben auf die Tragweite des Kompromisses hingewiesen, der zwischen dem bayerischen Ministerpräsidenten H. Ehard (CSU) und dem nordrhein-westfälischen Innenminister und Verfassungsexperten W. Menzel zur Bundesratslösung angebahnt wurde und für den späteren Erfolg der Verhandlungen zwischen den Parteien grundlegend blieb.

Die Zusammensetzung des Parlamentarischen Rates [265: R. LEY, Mitglieder, 1973, 373–391] wurde ebenso wie die Bedeutung einzelner Mitglieder in biographischen Studien erörtert. Dabei ist außer dem Beitrag des Präsidenten Konrad Adenauer [268: R. MORSEY, Rolle Konrad Adenauers, 1975, 38–96; 270: DERS., Konrad Adenauer, 1986, 9–39] auch die Tätigkeit des Hauptausschußvorsitzenden Carlo Schmid [398: G. HIRSCHER, 1986], des Vorsitzenden der FDP-Fraktion Theodor Heuss [241: K. D. BRACHER, 1965; 430: H. MÖLLER, 1990], des SPD-Verfassungsexperten Walter Menzel [254: G. HIRSCHER, Sozialdemokratische Verfassungspolitik, 1989] und des CDU/CSU-Fraktionsvorsitzenden Anton Pfeiffer [437: C. REUTER, „Graue Eminenz", 1987] näher gewürdigt worden.

Zusammensetzung und Persönlichkeiten

Als nach wie vor unbefriedigend erweist sich der Forschungsstand zur Rolle der Parteien im Parlamentarischen Rat. Den bereits 1981 erschienenen Protokollen der CDU/CSU-Fraktion [9: R. SALZMANN (Bearb.)], die nicht zuletzt den hohen Anteil Adenauers an der Ausgestaltung des Grundgesetzes belegen, sind ähnlich bedeutsame Dokumentationen bisher nicht gefolgt. Die Verfassungsarbeit der SPD ist ausführlicher lediglich bei M. ANTONI behandelt worden [236: Sozialdemokratie und Grundgesetz, 1992], während für die FDP im wesentlichen nur auf einen Aufsatz von E. H. M. LANGE [417: Politischer Liberalismus, 1980, 48–91] zurückgegriffen werden kann.

Rolle der Parteien

Die neueren Forschungen zum äußeren Rahmen und zu den Entscheidungsprozessen des Parlamentarischen Rates lassen keinen Zweifel daran zu, daß trotz der Vorgaben der Alliierten [273: R. MORSEY, Verfassungsschöpfung, 1989, 471–482] und ihrer wiederholten Einmischungsversuche das Grundgesetz als ein selbständiges Werk der Deutschen gelten kann. Obwohl die Westmächte das Verfassungswerk zur Aufgabe der Besetzten erklärten, verzichteten sie nicht darauf, die Bonner Verhandlungen durch eigene Verbindungsbüros zu beobachten und sie beratend und kritisierend zu begleiten. Dabei ließen sie sich durch-

Deutsch-Alliierte Kontroversen

aus von eigenen Vorstellungen über die föderative Struktur des künftigen Staates leiten, auf die sie sich, ohne daß dies der deutschen Seite bekannt war, schon zuvor geeinigt hatten [„Letter of Advice", in: 17: FOREIGN RELATIONS US (1948), Bd. 2, 240f.] Diese (besonders in der Finanzverfassung) stärker auf die Autonomie der Länder abgestellte Orientierung war mit den deutschen Entwürfen, wenn überhaupt, nur schwer vereinbar [272: R. MORSEY, Die letzte Krise, 1989, 393–410]. Das hat zu wiederholten Interventionen der Militärregierungen und fast zum Scheitern der Verhandlungen geführt, da der Druck der Alliierten den Verfassungskompromiß der Parteien im Parlamentarischen Rat zu zerstören drohte. Die verbreitete Auffassung, nach der die britische Politik „eindeutig der SPD zugute" kam [251: H. J. GRABBE, Die deutsch-alliierte Kontroverse, 1978, 415] bedarf jedoch der Korrektur. Denn gerade Großbritannien hat bei den Verhandlungen ausgleichend gewirkt. Während der amerikanische Militärgouverneur L. D. Clay erheblich dazu beitrug, daß sich der Konflikt zwischen dem Parlamentarischen Rat und den Besatzungsmächten zuspitzte [184: W. KRIEGER, General Lucius D. Clay, ²1988, bes. 462–466], hat sein auf Ausgleich bedachter britischer Kollege B. Robertson darauf hingewirkt, daß der Verfassungsentwurf des Parlamentarischen Rates ohne wesentliche Modifikationen von den Westalliierten akzeptiert wurde. Das Grundgesetz blieb „frei vom Diktat" [239: A. M. BIRKE, Großbritannien und der Parlamentarische Rat, 1994, 359].

Interimszeit und erste Regierungsbildung

Die Interimszeit zwischen der Verabschiedung des Grundgesetzes und dem Zusammentritt des ersten Deutschen Bundestages hat als vorentscheidende und strukturprägende Phase früh das besondere Interesse der zeitgeschichtlichen Forschung erweckt. Dabei rückte die Koalitionsbildung ebenso ins Blickfeld wie die personelle Erstausstattung der Bonner Ministerien. Es wurde auch danach gefragt, warum es dem Frankfurter Wirtschaftsrat nicht gelang, seine Organisation und seinen gewachsenen Einfluß aus dem vorstaatlichen Zustand der Besatzungszeit in den vollstaatlichen Zustand der Bundesrepublik überzuleiten. Angeregt wurden diese Forschungen vor allem durch wegweisende Aufsätze von R. MORSEY [332: Erste Regierungskoalition, 1978, 418–438; 333: Rhöndorfer Weichenstellung, 1980, 508–542] und durch die Skizzierung der ersten Regierungsbildung im Handbuch von H.-P. SCHWARZ [218: Die Ära Adenauer. Gründerjahre, 1981, 27–42]. U. WENGST hat dann in einer grundlegenden Untersuchung [367: Staatsaufbau, 1984] die Entscheidungsabläufe, die zur Bildung der ersten Bundesregierung führten, einschließlich der umstrittenen Personalentscheidungen, auf breiter Quellenbasis dargestellt und durch eine Edi-

A. Zu Forschungssituation und Vorgeschichte   81

tion [5: Auftakt zur Ära Adenauer, 1985] ergänzt. Darüber hinaus wurde von ihm die Konstituierung der Verfassungsorgane und ihre Stellung im Regierungssystem beschrieben, wie sie sich in der Praxis der ersten Legislaturperiode herauskristallisierte.

Die Notwendigkeit, bei der personellen Erstausstattung der Ministerien pragmatische Lösungen zu finden, den Erfordernissen des Beamtenrechts Rechnung zu tragen und zugleich die historisch-moralische Dimension der NS-Belastung angemessen zu berücksichtigen, war eine Aufgabe, die nicht in einer allseits zufriedenstellenden Weise bewältigt wurde. Schon während der Besatzungszeit hatten die amerikanische, britische und schließlich auch die französische Militärregierung versucht, das Beamtenrecht nach dem Vorbild des Civil Service an einer strikten Trennung von Amt und Mandat zu orientieren [207: U. REUSCH, Deutsches Berufsbeamtentum, 1985]. Solche Versuche sind ebenso wie das entsprechende Militärregierungsgesetz Nr. 15 und die fortdauernden alliierten Vorstöße nach der Gründung der Bundesrepublik an den deutschen Stellen gescheitert [230: U. WENGST, Beamtentum, 1988]. Daß Meinungsverschiedenheiten zwischen den Alliierten in der Hohen Kommission den politischen Spielraum der ersten Bundesregierung vergrößerten, darauf verweist C. GARNER [148: Schlußfolgerungen, 1995, 607–674]. L. EDINGER [140: Post-totalitarian Leadership, 58–82] hat bereits 1960 errechnet, daß etwa die Hälfte der Führungspositionen in der Bundesrepublik mit ehemaligen Mitgliedern der NS-Partei besetzt war und daß den ca. 20 Prozent aktiver Gegner der NS-Diktatur ungefähr die gleiche Anzahl derer gegenüberstand, die das Hitler-Regime aktiv unterstützt hatten. Zweifellos ist die Wiedereinstellung von Beamten, wie sie dann im Gefolge des Artikels 131 GG auf der Basis eines Bundesgesetzes (Mai 1951) durchgeführt wurde, nicht überall mit der notwendigen Sorgfalt betrieben worden. Sie verwehrte nur Hauptschuldigen und Belasteten eine Wiedereinstellung und führte zur Rückkehr von nahezu 98 Prozent der Betroffenen. W. LANGHORST [263: Beamtentum und Artikel 131, 1994] verweist in diesem Zusammenhang darauf, daß personelle Netzwerke, die noch aus der Zeit vor 1945 herrührten, bei der Stellenbesetzung eine nicht unerhebliche Rolle spielten. Mit dem öffentlichen Dienst der fünfziger Jahre befaßt sich C. GARNER [147: 1993, 759–790].

Die „Rehabilitierung" der Beamtenschaft war aber keineswegs bruchlos erfolgt. Ihr ging der „Sühneakt" eines mehrjährigen Berufsverbots und die Konfrontation mit der individuellen NS-Vergangenheit in den Entnazifizierungsverfahren während der Besatzungszeit voraus. Dieses Verfahren ist jedoch in den einzelnen Zonen unterschiedlich ge-

personelle Erstausstattung der Ministerien

Art. 131

Entnazifizierung und Rehabilitierung

handhabt worden, wie aus dem vergleichenden Sammelband von C. VOLLNHALS [227: Hrsg., 1991] klar hervorgeht. Seit der ersten grundlegenden Studie von L. NIETHAMMER [204: Entnazifizierung in Bayern, 1972] ist vor allem für die französische Zone eine Reihe weiterer Arbeiten erschienen [163: K.-D. HENKE, 1981; 155: R. GROHNERT, 1991; 195: R. MÖHLER, 1992], während die britische Zone bis auf die Untersuchung von G. BESIER [127: „Selbstreinigung", 1986] bisher weitgehend ausgespart blieb. Tragweite und Auswirkung der Entnazifizierung sind in der Forschung nach wie vor umstritten. Dies gilt für die Bewertung der „negativen" Einstellung der Deutschen ebenso wie für den Rigorismus der Fragebogen- und Spruchkammerpraxis und für die Amnestierungswellen, die vor allem schwerer Belastete begünstigten. Dennoch wird die Entnazifizierung auch als eine unentbehrliche Voraussetzung für die schwierige demokratische Neuorientierung in Deutschland gewürdigt. Dem generellen Vorwurf, daß besonders in der Entstehungsphase der Bundesrepublik die politische Auseinandersetzung mit der NS-Vergangenheit völlig unzureichend gewesen [178: C. KLESSMANN, Die doppelte Staatsgründung, ^{5}1991, 17], ja sogar verhindert worden sei [u. a. 151: R. GIORDANO, Die zweite Schuld, 1987], ist M. KITTEL [176: Legende, 1993] entschieden entgegengetreten.

B. Das Regierungssystem im Wandel

1. Rechts- und politikwissenschaftliche Vorarbeiten

Verfassungs-
kommentare

Über Theorie und Praxis des parlamentarischen Systems der Bundesrepublik Deutschland informieren zahllose juristische und politikwissenschaftliche Beiträge, die auch für die quellenorientierte historische Forschung als Vorarbeiten unentbehrlich sind. Dazu gehören sowohl die einschlägigen Kommentare des Grundgesetzes [87: T. MAUNZ/G. DÜRIG/R. HERZOG/R. SCHOLZ, 1958 ff. u. a.] und die Standardwerke des Staatsrechts als auch die Handbücher zum Regierungssystem [311: J. J. HESSE/T. ELLWEIN, Regierungssystem, ^{7}1992; 288: K. v. BEYME, Das politische System, ^{7}1993; 101: H.-H. RÖHRING/K. SONTHEIMER, Handbuch, 1977; 360: K. SONTHEIMER, Grundzüge, ^{12}1995]. Der Literaturführer von E. JESSE [92: Parlamentarische Demokratie, 1981] und die

Hamburger Bibliographie zum Parlamentarischen System [88: U. BERMBACH/F. ESCHE, ^{6}1993] verdienen ebenso wie die bibliographischen Hinweise und Artikel der seit 1969 erscheinenden ZEITSCHRIFT FÜR PARLAMENTSFRAGEN [368] Beachtung. Mit dem Datenhandbuch zur Geschichte des Deutschen Bundestages, das inzwischen in drei Bänden erschienen ist und die Zeit von 1949 bis 1991 erfaßt [103, 104, 105: P. SCHINDLER, zuletzt 1994], steht ein unentbehrliches Hilfsmittel zur Verfügung, das mit einer Fülle von Daten und Fakten Auskunft über die Arbeitsweise des Bundestages seit seiner Entstehung gibt. Über Parlamentsrecht und Parlamentspraxis informiert mit instruktiven Beiträgen das von H.-P. SCHNEIDER/W. ZEH herausgegebene Handbuch [355: 1989] ebenso wie RITZEL/BÜCKER [99, 100: Parlamentarische Praxis, 1970 ff.] und H. TROSSMANN [365: 1977] bzw. DERS./H. A. ROLL [366: 1981]. Für die Organisation und Verwaltung des Bundes kann neben der Arbeit von A. DITTMANN [297: Bundesverwaltung, 1983] auf den fünften Band der Deutschen Verwaltungsgeschichte [256: 1987, 154–192] mit den Beiträgen von W. WEMMER (Bundespräsidialamt), W. ZEH (Bundestagsverwaltung), G. ZILLER (Sekretariat des Bundesrates) und J. KÖLBLE (Bundesministerien) verwiesen werden.

<small>Datenhandbuch des Bundestages</small>

<small>Parlamentsrecht und Parlamentspraxis</small>

Analog zum Zeitgeschehen sind die parlamentarischen Zuständigkeiten und Verfahrensweisen in ihrem Bezug zur politischen Praxis in rechts- und politikwissenschaftlichen Untersuchungen analysiert worden. Dies gilt, um aus der Fülle der Literatur nur einige Beispiele anzuführen, für die Kandidatur zum Parlament [323: K. KREMER, Der Weg ins Parlament, 1982], seine personelle Struktur [317: H. KAACK, 1981, 165–203], die Stellung der Opposition [308: M. HERETH, 1969] und für die Bedeutung der Fraktionen [324: G. KRETSCHMER, 1984] einschließlich der Fraktionswechsel [316: H. KAACK, 1972, 131–139]. Einsichten in die Arbeitsweise des Parlaments vermittelt F. SCHÄFER [351: Der Bundestag, ^{4}1982].

<small>Rechts- und politikwissenschaftliche Untersuchungen</small>

Die eigentlichen Träger der parlamentarischen Arbeit sind die Fraktionen als Vereinigungen von Abgeordneten, die der gleichen Partei angehören, oder Fraktionsgemeinschaften wie die der CDU/CSU, die ununterbrochen seit 1949 besteht. Sie bleiben für die parlamentarische Arbeit unersetzlich, da nur sie eine klare Meinungsbildung im breiten Spektrum parlamentarischer Entscheidungen ermöglichen. Ohne den Zusammenhalt durch die Fraktionsdisziplin, die nur scheinbar im Gegensatz zur Gewissensfreiheit des Abgeordneten nach Art. 38 GG steht, wäre das parlamentarische Regierungssystem nicht arbeitsfähig. Dies setzt allerdings Diskussion und Kooperation voraus, die sich in den jeweiligen Parlaments- und Parteienkonstellationen unterschied-

<small>Arbeit der Fraktionen</small>

lich darstellen [324: G. KRETSCHMER, Fraktionen, 1984]. Zur Unterstützung wie zur Kritik ist die Fraktionsdisziplin sowohl bei der Integration von Regierung und Regierungsmehrheit als auch für die wirkungsvolle Kontrolle der Regierung durch die Opposition unentbehrlich [316: H. KAACK, Fraktionswechsel, 1972]. Die jeweilige Stärke der Fraktionen ist zugleich ausschlaggebend für die Zusammensetzung der Parlamentsausschüsse und die Verteilung der Ausschußvorsitze. In den Fraktionen selbst besteht wiederum die Notwendigkeit zur weiteren Untergliederung in Arbeitskreise oder Interessengruppierungen.

Parlaments-
ausschüsse

Die Hauptarbeit der Abgeordneten findet somit nicht in den Plenardebatten, die nicht selten als „Reden zum Fenster hinaus" auf die öffentliche Meinungsbildung zielen, sondern in den Fachausschüssen des Bundestages statt, von denen die meisten den Aufgabenbereichen der Ministerien entsprechen [356: F. SCHRAMM/B. DOBIEY, Ausschüsse, 1977]. Daneben existieren Sonderausschüsse zur Beratung spezieller Materien, Untersuchungsausschüsse und seit der 6. Wahlperiode (1969–72) Enquetekommissionen [299: D. ENGELS, Parlamentarische Untersuchungsausschüsse, 1989.] Im Grundgesetz wurden im Jahre 1956 die Ausschüsse für Auswärtige Angelegenheiten und für Verteidigung (Art. 45a) und später (1992) für Angelegenheiten der Europäischen Union (Art. 45) normiert. Die Organisation, Gliederung und Zusammensetzung der Ausschüsse und Unterausschüsse im Bundestag blieb starken Veränderungen unterworfen. Als „verkleinertes Abbild des Plenums" [90: K. HESSE, Grundzüge, 235] dienen sie der fachlichen Vorklärung und Vorbereitung sowohl für die parlamentarische Kontrolle als auch für die speziellen Aufgaben der Gesetzgebungsarbeit. Sobald eine Gesetzesvorlage beim Bundestag eingebracht ist, wird sie nach einer Aussprache im Plenum regelmäßig an einen oder mehrere Ausschüsse überwiesen, deren Sitzungen vertraulich stattfinden. Hier kann, ohne die in öffentlicher Diskussion entstehenden Prestigefragen, in stärker sachbezogener Atmosphäre beraten werden, wobei Referenten der zuständigen Ministerien und des Bundesrats an den Sitzungen teilnehmen. In öffentlichen Anhörungen werden darüber hinaus Sachverständige, Interessenvertreter oder andere Auskunftspersonen zur Beratungsmaterie befragt [362: R. TENHAEF, Öffentliche Anhörungen der Fachausschüsse, 1992]. Damit ist ebenso wie bereits im Vorstadium einer Gesetzesinitiative die Möglichkeit zur Beeinflussung der Entscheidungen durch Verbandsvertreter gegeben, die in der politischen Wirklichkeit ohnehin in engem Kontakt sowohl zu den Ministerien als auch zu den Abgeordneten der jeweiligen Ausschüsse und Fraktionen stehen (Lobby), die häufig selbst Verbandsinteressen wahrnehmen.

Als traditionell wichtigstes Instrument der Opposition im parlamentarischen System hat die Haushalts- und Finanzkontrolle, die sowohl bei der Verabschiedung des Haushaltsplanes, als auch bei der laufenden Überwachung und der Entlastung eine entscheidende Rolle spielt, in der staatsrechtlichen und politikwissenschaftlichen Literatur Beachtung gefunden [312: S. HOFFMANN, Die Kontrolle der Regierung, 1970]. Der vom Finanzminister nach intensiven Verhandlungen mit den einzelnen Ministerien in der Form eines Gesetzentwurfs aufgestellte und vom Kabinett verabschiedete Haushalt wird vom Haushaltsausschuß des Parlaments eingehend geprüft, wobei die Experten der Parteien eine wesentliche Rolle spielen [361: R. STURM, Haushaltspolitik, 1985, 247–269]. Angesichts der hohen Verpflichtungen durch laufende Ausgaben (vor allem im Personal- und Sachbereich) ist häufig nur ein geringer Entscheidungsspielraum gegeben. Die Haushaltsdebatte dient der Generalabrechnung mit den in den Zahlen zum Ausdruck kommenden politischen Schwerpunktsetzungen der Regierung und mit ihrem Wirtschafts- und Finanzgebaren [349: A. RÜTTGER, Haushaltsberatungen, 1982, 165–192; 348: H.-A. ROLL, Plenarsitzungen, 1982]. Zudem werden im Rahmen der parlamentarischen Haushaltskontrolle fortlaufend ausgabenrelevante Gesetzesentwürfe und Maßnahmen auf ihre Vereinbarkeit mit dem Haushaltsplan und der Haushaltslage geprüft.

Haushalts- und Finanzkontrolle

Da aber eine umfassende und detaillierte Kontrolle des Haushaltsgebarens die Möglichkeiten eines Parlaments weit übersteigt, stößt der mit richterlicher Unabhängigkeit ausgestattete Bundesrechnungshof mit seiner Kritik unvermeidbar auch in verwaltungsorganisatorische und sachpolitische Bereiche vor. Dessen „verkannte Macht" ist in einer Studie von F.-O. GILLES [305: 1986] behandelt worden. Die Gefahr unsolider Finanzpolitik droht aber nicht nur von seiten der Regierung. Sie kann auch von einem ausgabenfreudigen Parlament ausgehen. Nach Art. 113 GG besitzt deshalb mit umgekehrter Stoßrichtung auch die Bundesregierung fiskalische Kontrollbremsen gegenüber der Volksvertretung [319: H. KAREHNKE, Die Einschränkung des parlamentarischen Budgetrechts, 1972, 811–817]. Sie kann Gesetzesinitiativen aus Bundestag und Bundesrat ihre Zustimmung verweigern, wenn sie den Haushalt zusätzlich belasten. Obwohl diese Regelung selten praktiziert wird, stellt sie potentiell ein wichtiges Korrektiv in den Händen einer entschlossen führenden Regierung dar. Informationen zum Kontrollrecht bietet U. THAYSEN [363: Zur Praxis, 1974, 459–469], zur parlamentarischen Rechnungsprüfung S. HOFFMANN [312: Die Kontrolle der Regierung, 1970]. Mit dem Ausschußwesen generell befassen sich F. SCHRAMM/E. DOBIEY [356: 1977]; mit dem Haushaltsausschuß R.

Bundesrechnungshof

Art. 113

"Parlamentskultur" und Öffentlichkeitsarbeit

STURM [361: 1985, 247–269]. Die öffentlichen Anhörungen der Fachausschüsse bis zur 10. Wahlperiode behandelt R. TENHAEF [362: 1992]. Neuerdings finden auch die „Parlamentskultur" [331: R. MAYNTZ/F. NEIDHARDT, 1989, 370–387] und die Öffentlichkeitsarbeit [330: R. MAYNTZ, Zwischen Volk, 1992] stärkere Beachtung. Über die Wissenschaftlichen Dienste informiert H. QUARITSCH [343: 1972, 303–324], über Politikberatung T. PETERMANN (Hrsg.) [341: 1990]. Eine wichtige Synthese der Funktionen, der Willensbildung und der Reformansätze des Bonner Parlaments bietet W. ISMAYR [313: Der Deutsche Bundestag, 1992].

Mitwirkung des Bundesrates

Auch die föderative Komponente der bundesrepublikanischen Verfassung, die neue Formen der Mitwirkung und Zuständigkeitsverteilung zwischen Bund und Ländern hervorgebracht hat, findet bisher überwiegend nur in der staatsrechtlichen und politikwissenschaftlichen Diskussion Beachtung. Da neben der Bundesregierung und dem Bundestag auch der Bundesrat als Ländervertretung an der Gesetzgebung mitwirkt, sind neben seinem Recht zur Gesetzgebungsinitiative (Art. 77 GG) vor allem dessen Möglichkeiten zur Kontrolle und Korrektur gegenüber dem Parlament von besonderer Bedeutung. Die Stellung des Bundesrates [320: P. GRAF KIELMANSEGG, Vom Bundestag zum Bundesrat, 1989] ist allerdings bisher bei den Zeithistorikern nur auf geringes Interesse gestoßen.

Vermittlungsausschuß

Für den Vermittlungsausschuß von Bundestag und Bundesrat, der in der späteren Gesetzgebungspraxis eine erhebliche Rolle spielen und das parlamentarische Gegenüber von Regierungsmehrheit und Opposition um ein wesentliches Instrument der Kompromißbildung und Schlichtung bereichern sollte [352: H. SCHÄFER, Der Vermittlungsausschuß, 1974, 277–297], gilt ähnliches. Zwischen 1949 und 1990 sind von ihm 494 Gesetzesvorhaben behandelt und schließlich 441 verkündet worden. Die Bedeutung dieses nicht öffentlich tagenden Gremiums nimmt vor allem dann zu, wenn, wie dies zwischen 1973 bis 1982 (und wieder seit 1990) der Fall war, im Bundesrat eine andere Mehrheit als im Bundestag bestand. Eine erste historische Fallstudie zur Mitwirkung des Bundesrates an arbeitsrechtlichen und sozialen Bundesgesetzen während der ersten Legislaturperiode bietet K. POLLMANN [342: Sozialpolitik, 1994, 429–445].

Gesetzgebungsverfahren

Für den Prozeß der Gesetzgebung hat das Grundgesetz lediglich den Rahmen vorgegeben, der die Befugnisse, die Aufgaben und das Zusammenwirken der beteiligten Organe umreißt. Im Detail ist das Verfahren (Stadien der Gesetzgebung im Parlament, Überweisung an Ausschüsse, Anhörungen etc.) erst später durch die Geschäftsordnungen von Bundestag, Bundesrat und Bundesregierung (einschließlich der Gemeinsamen Geschäftsordnung von Bundestag und Bundesrat) geregelt worden [293: B.-O. BRYDE, Stationen, Entscheidungen und Beteiligte im Gesetzgebungsverfahren, 1989, 859–881]. Sie wurden ihrerseits wiederholt den Erfordernissen der parlamentarischen Praxis angepaßt und spiegeln damit wichtige Momente des Verfassungswandels wider, die für den Historiker von besonderem Interesse sind. Die Regelungen des Grundgesetzes beziehen sich im wesentlichen auf das Endstadium eines komplexen Prozesses der politischen Willensbildung, dem in den meisten Fällen schon im engen Zusammenspiel von Regierung, Ministerialbürokratie und Mehrheitsfraktion(en) die Auseinandersetzung mit den vorwiegend in Verbänden organisierten Gruppeninteressen vorgeschaltet ist [285: B. BENZNER, Ministerialbürokratie und Interessengruppen, 1989]. Für den erfolgreichen Abschluß eines Gesetzgebungsverfahrens ist der richtunggebende und mehrheitsfähige politische Wille der Regierung ebenso unentbehrlich wie die Fähigkeit der Opposition zur Kontrolle der Regierung und die administrative Sachkompetenz der Ministerialbürokratie [357: H. SCHULZE-FIELITZ, Theorie und Praxis parlamentarischer Gesetzgebung, 1988].

Die starke Stellung von Regierung und Ministerialbürokratie wird im Art. 80 GG unterstrichen, der Bundesregierung, Bundesminister und Länderregierungen ermächtigt, unterhalb der Ebene der Gesetze Rechtsverordnungen zu erlassen, um eine Entlastung der Gesetzgebung von Detailregelungen zu erreichen [314: J. JEKEWITZ, Die Mitwirkung des Deutschen Bundestages an Rechtsverordnungen, 1982, 111–143]. Allerdings bleibt diese Vollmacht an die Voraussetzung gebunden, daß „Inhalt, Zweck und Ausmaß" im Gesetz bestimmt werden. Damit sollen sowohl die Rechtsstaatlichkeit und Kontrolle, als auch die gewaltenteilige Zuordnung der Funktionen der Exekutive und Legislative gewährleistet bleiben. Rechtsverordnungen

Die föderative Struktur der Verfassungsordnung wird im Grundgesetz nicht nur durch die Einbindung des Bundesrates in den legislativen Prozeß, sondern gerade auch durch die Verteilung und die Verwaltung der Finanzquellen zwischen Bund und Ländern vorgegeben, die sicherstellen sollen, daß jeder der Partner in die Lage versetzt wird, die ihm zustehenden oder übertragenen Aufgaben durch die Erträge aus eigenen oder gemeinsamen Steuern finanzieren zu können [346: W. RENZSCH, Finanzverfassung und Finanzausgleich, 1991]. Für den Bund waren dabei zunächst die Zölle, der Ertrag der Finanzmonopole und die Verbrauchssteuern (mit Ausnahme der Biersteuer) vorgesehen (Art. 106,1). Der Anteil des Bundes an der Einkommen- und Körperschafts- Finanzaufteilung zwischen Bund und Ländern steuer (zunächst ein Drittel), an der neben den Ländern auch die Kommunen partizipieren, stand unter dem Vorbehalt späterer Änderungen (Art. 106,2). Finanzzuweisungen des Bundes waren für den Fall vorgesehen, daß den Ländern Mehrbelastungen durch Bundesgesetz entstanden (Art. 106,5). Ein horizontaler Finanzausgleich sollte ein angemessenes Gleichgewicht zwischen leistungsfähigen und leistungsschwachen Ländern sicherstellen (Art. 107,2). Entsprechend differenziert stellen sich die Aufgaben- und Zuständigkeitsverteilungen zwischen den Finanzbehörden von Bund und Ländern dar. Während die Bundesfinanzverwaltung sich nur auf die bundeseigenen Einnahmequellen erstreckt, sind die Finanzbehörden der Länder, soweit sie nicht ländereigene Steuern verwalten, im Auftrag des Bundes tätig und dem Bundesfinanzminister rechenschaftspflichtig. Obwohl das GG die Einheitlichkeit der Finanzverfassung durch zentralistische Eingriffsmöglichkeiten zu wahren suchte, zeigte sich bald, daß die relativ weit gezogene finanzielle Selbständigkeit von Bund und Ländern mit ihren problematischen Abschätzungen von Steueraufkommen und Belastungen in immer stärkeren Widerspruch zu den Erfordernissen einer modernen staatlichen Fiskal- und Kreditpolitik geriet. Allein in diesem Bereich wurde das GG zwischen 1953 und 1963 fünfmal geändert. Erst im Jahre 1969 konnten die bereits während der Großen Koalition entwickelten Pläne über eine tiefgreifende Finanzreform verwirklicht werden [166: K. HILDEBRAND, Von Erhard zur Großen Koalition, 1984, 294–300], mit der es gelang, offensichtliche Mängel einzuschränken. Die erkennbaren Probleme des Föderalismus aber löste auch sie nicht.

Verfassungsgerichtsbarkeit

Neben den Veränderungen des parlamentarischen Regierungssystems gegenüber der Weimarer Republik und der Neuanlage föderalistischer Strukturen gehört die Einführung einer Verfassungsgerichtsbarkeit zu den wichtigsten Innovationen des Grundgesetzes. Das Bundesverfassungsgericht, dessen Mitglieder je zur Hälfte vom Bundestag und Bundesrat gewählt werden, ist den anderen obersten Bundesorganen ebenbürtig. Es trat aber, anders als diese, erst nach dem Erlaß des Bundesverfassungsgerichtsgesetzes, das seine Funktionen näher bestimmt, im Jahre 1951 ins Leben [20: R. SCHIFFERS (Bearb.), Grundlegung der Verfassungsgerichtsbarkeit, 1984]. Das Gericht entscheidet über die Verwirkung von Grundrechten und über die Verfassungswidrigkeit von Parteien ebenso wie über Verfassungsbeschwerden, die dann erhoben werden können, wenn jemand sich in einem seiner Grundrechte verletzt sieht. In der gewaltenteiligen Ordnung ist dem Bundesverfassungsgericht mit der rechtlichen Kontrolle der gesetzgebenden und rechtsprechenden Gewalt die Funktion eines „Hüters der

Verfassung" zugedacht. Es entscheidet nicht nur bei Streitigkeiten zwischen Bund und Ländern, sondern auch über die Auslegung des Grundgesetzes bei Differenzen der obersten Bundesorgane (Organstreitigkeiten). Auf dem Wege der Normenkontrolle hat es die Möglichkeit, die förmliche und sachliche Vereinbarkeit von Bundesrecht oder Landesrecht mit dem Grundgesetz zu überprüfen. Dies gilt für Vertragsgesetze (z. B. völkerrechtliche Verträge) ebenso wie für Haushaltsgesetze, Landesgesetze und Rechtsverordnungen. Gelangt das Gericht dabei zu der Überzeugung, daß eine Norm mit höherrangigem Recht unvereinbar ist, so hat seine Entscheidung Gesetzeskraft. Mit der Entscheidungskompetenz bei Organstreitigkeiten und Normenkontrollverfahren überantwortet das GG dem Bundesverfassungsgericht beträchtliche rechtliche und auf indirekte Weise auch politische Gestaltungsmöglichkeiten [350: H. SÄCKER, Das Bundesverfassungsgericht, ³1981]. Es kann sogar eine politische Ersatzfunktion gewinnen, wenn die anderen Verfassungsorgane nicht bereit oder imstande sind, ihre Kompetenzen voll auszuschöpfen. Bereits im Jahre 1951 geriet das Bundesverfassungsgericht mit seinen Stellungnahmen zum parlamentarischen Verfahren bei den EVG-Verträgen ins Kreuzfeuer der Kritik. Der seither periodisch wiederkehrende Vorwurf einer „Politisierung" des Gerichts fand in den siebziger Jahren einen Höhepunkt, als höchstrichterliche Entscheidungen die Reformpolitik der sozial-liberalen Koalition korrigierten.

Kritik am Bundesverfassungsgericht

2. Zeithistorische Parlamentarismusforschung

Bei der Erfassung der Rolle des Bundespräsidenten in der Kanzlerdemokratie ist die zeithistorische Forschung bisher noch nicht über Anfänge hinausgediehen [335: R. MORSEY, Der Bundespräsident, 1990, 5–25]. Inzwischen hat aber R. MORSEY eine umfassende Biographie über den Bundespräsidenten Heinrich Lübke vorgelegt [336: 1996]. Aufschlußreiche Innenansichten des höchsten Staatsamtes bietet auch die Autobiographie von K. CARSTENS [51: Erinnerungen, 1993, 521–718]. Eine wissenschaftliche Gesamtdarstellung aber fehlt, zumal das Buch von G. SCHOLZ [216: Die Bundespräsidenten, ²1992] diese Lücke nicht zu füllen vermag. Hingegen sind bei der historischen Erforschung des parlamentarischen Systems der Bundesrepublik vor allem für die Ära Adenauer, aber auch schon für die sechziger Jahre, beachtliche Ergebnisse erzielt worden. Ständig werden neue Arbeitsfelder erschlossen. Doch sucht man auch hier bisher die großen Synthesen vergebens. Das

Bundespräsident

Fehlen einer Gesamtdarstellung zum Parlamentarismus	frühe, zeitgeschichtlich orientierte Standardwerk zum Parlamentarismus im politischen System der Bundesrepublik von G. LOEWENBERG [328: deutsch 1969], das zuerst in englischer Sprache erschien [1967], hat bisher keine Fortsetzung gefunden. Eine erste umfassende Darstellung wird jetzt von M.-L. RECKER vorbereitet.
	Der Wandel im Verhältnis von Parlament und Regierung hat schon in der „monumentalen Gesamtdarstellung" (R. MORSEY) der Geschichte der Bundesrepublik Deutschland [218: H.-P. SCHWARZ, 1981/83; 166: K. HILDEBRAND, 1984; 135: K. D. BRACHER/W. JÄGER/W. LINK, 1986 und 172: W. JÄGER/W. LINK, 1987] gebührende Beachtung
Frühphase des Bonner Regierungssystems	gefunden. Eine Besonderheit der frühen Phase des bundesrepublikanischen Regierungssystems bestand darin, daß die im Besatzungsstatut festgelegten Kompetenzen und Kontrollmöglichkeiten der Alliierten den deutschen Entscheidungsspielraum zunächst noch erheblich einschränkten. Die Rolle der Hohen Kommission als „alliierter Oberregierung" ist bisher nicht umfassend gewürdigt worden, obwohl wichtige Vorarbeiten geleistet sind. So hat H.-J. RUPIEPER [210: Der besetzte Verbündete, 1991] die amerikanische Deutschlandpolitik bis 1955 analysiert, während die ersten zwei Bände der Akten zur Auswärtigen Politik [1: F.-L. KROLL/M. NEBELIN (Bearb.), 1989/90] Aufschluß über die Verhandlungen Adenauers mit den Hohen Kommissaren geben. Aus ihnen wird deutlich, daß es dem Bundeskanzler gelang, sich selbst und sein Amt als zuständig für den Verkehr mit dem Petersberg zu erklären und damit indirekt seine Stellung auch gegenüber den Ministerien erheblich aufzuwerten. Die Edition der Kabinettsprotokolle der Bundesregierung, die bisher die Jahre 1949–1955 erfaßt [23: 1982–1993], gibt Hinweise auf die im Kabinett behandelten Sachkomplexe und die Arbeitsweise der Regierung. Sie führt auch in die Sachakten der einzelnen Ressorts ein, die im Bundesarchiv in Koblenz verwahrt sind. Zur Ebene der Länderregierungen sind inzwischen die „Kabinettsprotokolle der Landesregierung von Nordrhein-Westfalen" ab 1946 [24: M. KANTHER (Bearb.), 2 Bde., 1992] bzw. die „Protokolle des bayerischen Ministerrats 1945–1954" [18: K. U. GELBERG (Bearb.), Bd 1: Das Kabinett Schäffer 1945, 1995] erschienen.
Adenauers Kanzlerdemokratie	Für die beginnende Kanzlerdemokratie Adenauers war nicht nur die Tatsache entscheidend, daß dieser die Richtlinienkompetenz des Bundeskanzlers extensiv auslegte, sondern daß er aus dem Besatzungsstatut, das der Bundesregierung die Zuständigkeit für auswärtige Belange vorenthielt, taktische Vorteile zu ziehen vermochte [139: A. DOERING-MANTEUFFEL, Bundesrepublik, 27]. Bis 1955 blieb sowohl die Außen- als auch die Wehrpolitik ressortmäßig im Kanzleramt verankert

[121: A. BARING, Außenpolitik, 1969]. Die Machtkonzentration bei der Exekutive ist schon früh als „Sieg der Regierung über das Parlament", als „Regime Adenauer" [118: R. ALTMANN, Das Erbe Adenauers, 1963] angeprangert worden, das auch die politische Mentalität in der Bundesrepublik geprägt habe. Nach K. NICLAUSS ist „der Regierungstyp der Kanzlerdemokratie keineswegs als ein Resultat des vieldiskutierten ‚deutschen Sonderwegs'" zu interpretieren. Er sieht darin vielmehr eine Annäherung an die englische Verfassungspraxis [338: Kanzlerdemokratie, 1988, 267; 290: K. D. BRACHER, Kanzlerdemokratie, ^{3}1980]. H.-P. SCHWARZ läßt die eigentliche Phase der Kanzlerdemokratie nach 1953 beginnen [358: Adenauers Regierungsstil, 1991]. Mit den Änderungen des Regierungsstils in der Ära Adenauer befaßte sich auch J. KÜPPER [325: Kanzlerdemokratie, 1985], während sich P. HAUNGS [307: 1986, 44–66] und später A. DOERING-MANTEUFFEL [298: 1991, 1–18] in aufschlußreichen Artikeln mit den Strukturmerkmalen der „Kanzlerdemokratie" auseinandersetzten. M.-L. RECKER [344: 1993, 287–307] bestätigt mit ihrer Skizze zum politischen System der Bundesrepublik in der Ära Adenauer die alte These, daß Bonn nicht Weimar wurde [117: F. R. ALLEMANN, Bonn ist nicht Weimar, 1956].

Das Verhältnis von Parlament und Regierung ist bei der Erforschung der Ära Adenauer zu sehr im Schatten des Interesses an der „Kanzlerdemokratie" geblieben. Wie hier neue Einsichten gewonnen werden können, dazu geben der von H. BUCHHEIM herausgegebene Band über „Konrad Adenauer und der Deutsche Bundestag" [295: 1986] und hier besonders der von R. MORSEY verfaßte Beitrag [334: Adenauer, 14–40] nützliche Hinweise. Zweifellos besaß der Bundestag während der sechziger Jahre eine größere Bedeutung als zuvor. Die Kanzlerwechsel von Adenauer bis Kiesinger sind zunächst von K. GÜNTHER [306: 1970] einer politikwissenschaftlichen Analyse unterzogen worden, während D. KOERFER [322: Schwierige Geburten, 1989, 156–192] die veränderte Rolle der FDP bei den komplikationsreichen Regierungsbildungen von 1961–1965 aufgriff. W. F. DEXHEIMER [296: Koalitionsverhandlungen, 1973] hat die Willensbildung der Parteien und Fraktionen bei den Koalitionsverhandlungen der sechziger Jahre untersucht. Das Zusammenspiel von Unionspolitikern mit Herbert Wehner für die Vorbereitung der Großen Koalition schildert R. MORSEY [337: 1994, 462–478], während K. BOHNSACK [289: Regierungskoalitionen, 1976, 400–425] das Zustandekommen der sozial-liberalen Koalition behandelt hat. Spätere Stationen der Regierungs- und Oppositionsbildung bis 1980 sind von U. BERMBACH [286: 1977, 159–182; 287: 1981, 58–83] vorgestellt worden.

Kanzlerwechsel

II. Grundprobleme und Tendenzen der Forschung

Koalitionen

Koalitionen haben keineswegs immer dazu geführt, die Regierung zu schwächen oder die Rolle des Kanzlers durch Beschneidung seiner führenden Stellung entscheidend herabzumindern. Sie haben vielmehr zur Disziplinierung der die Regierung tragenden parlamentarischen Mehrheitsfraktionen beigetragen und bewirkt, daß die Schwerpunkte des Entscheidungszentrums sich verlagerten. Die Vereinbarungen zwischen den Koalitionspartnern wirkten stets in entscheidender Weise sowohl auf das Regierungsprogramm als auch auf die Regierungspraxis ein. Neben den grundgesetzlichen Festlegungen des Art. 65 GG (Richtlinienkompetenz des Kanzlers) waren sie – durchaus nicht immer spannungsfrei – für die tatsächliche Verteilung der Gewichte innerhalb der Regierung von entscheidender Bedeutung. Absprachen zwischen den Koalitionspartnern besaßen zunächst eher informellen Charakter. In der

Koalitionsabkommen

späten Ära Adenauer kam es zum ersten, schriftlich fixierten Koalitionsabkommen (20. Oktober 1961), dem seit 1969 regelmäßige detaillierte Koalitionsvereinbarungen folgten. Koalitionsausschüsse, die die Einhaltung der Absprachen überwachen und garantieren sollten, sind ebenfalls seit jener Zeit ausdrücklich vorgesehen. Der „Kreßbronner Kreis", der seit August 1967 die Arbeit der Großen Koalition Kiesinger/Brandt unter Beteiligung der Fraktionsvorsitzenden Barzel und Schmidt, wie weiterer ad hoc hinzugezogener Persönlichkeiten, integrierte, wurde zu einem Koalitionsgremium institutionalisiert, „das die Arbeitsfähigkeit der Koalition und die Stabilität der Regierung sichern sollte" [321: H. KNORR, Der parlamentarische Entscheidungsprozeß, 1975, 224]. Doch gab es bereits seit den Zeiten der ersten Bundesregierung regelmäßige Koalitionsgespräche, ohne daß offiziell ein Koalitionsausschuß bestanden hätte.

Auch Adenauer vermochte nicht ohne ein abgestuftes System der Konsultationen mit den politisch entscheidenden Kräften der Koalition zu regieren. „Das erste Koalitionskabinett besaß – im Unterschied zu späteren Regierungen – gegenüber dem Kanzler durchaus Eigengewicht" [201: R. MORSEY, Bundesrepublik, 55f.]. Wirtschaftsminister Ludwig Erhard und Finanzminister Fritz Schäffer (CSU) entwickelten ein starkes Eigenprofil. Dennoch verstand es Adenauer, die ohnehin herausragende verfassungsrechtliche Stellung des Kanzlers dadurch zu stärken, daß er in Personalunion seine Position als unbestrittener Parteiführer der CDU (seit 1950 auch als Bundesvorsitzender) ausbaute und zugleich sowohl die Unionsfraktion als auch das Parlament in seiner Gesamtheit daran hinderte, sich zu „konkurrierenden Machtzentren" zu entwickeln [201: R. MORSEY, Bundesrepublik, 55]. Nach Art. 65 GG ist der Kanzler zwar gehalten, nicht direkt in den Geschäftsbereich eines

Ministers zu intervenieren, aber er kann „generelle Weisungen erteilen, durch sie Einzelmaßnahmen an bestimmte Grundsätze binden und deren Einhaltung überwachen" [311: J. J. HESSE/T. ELLWEIN, Regierungssystem, 279].

Diese Vorrangstellung im Kabinett verstand Adenauer durch das von ihm schon im Jahre 1949 geschaffene Kanzleramt institutionell abzusichern, dessen Geschichte und Funktion es im wesentlichen noch zu entschlüsseln gilt. Dem Kanzler gelang es, ein Informations-, Organisations- und Entscheidungszentrum aufzubauen und – nicht ohne Pannen – seinen Wünschen entsprechend zu besetzen. Ihm wurden auch das Presse- und Informationsamt und später (seit 1955) der Bundesnachrichtendienst zugeordnet [101: H.-H. RÖHRING/K. SONTHEIMER, Handbuch des deutschen Parlamentarismus, 1970, 62–64]. Damit verfügte die Regierung über eine umfassende Informationsbasis für den gesamten Nachrichtensektor. Sie besaß zugleich ein Instrument, das geeignet war, die Öffentlichkeit über die Regierungsarbeit zu unterrichten und auf die öffentliche Meinung einzuwirken. Die einzelnen Referate des Kanzleramtes entsprachen den Strukturen der Ministerien und Bundesbehörden. Durch regelmäßige Kontakte zwischen Amt und Ministerien auf der Referatsebene konnten Information und Einfluß des Regierungschefs gesichert werden, ohne daß die Formvorschrift verletzt wurde, die den Kanzler trotz seiner Organisationsfreiheit daran hindert, unter Umgehung des Ministers Weisungen an die Ressorts zu geben. Die Grenze des faktischen Hineinregierens ist letztlich nicht durch die bestehenden Verfahrensregelungen allein zu definieren. Sie wird erst durch die empirische Aufhellung des jeweiligen Entscheidungsvorgangs zu erkennen sein.

Kanzleramt

Trotz seiner (im Vergleich zur späteren Entwicklung) geringen Größe hat das Kanzleramt unter Adenauer hervorragend funktioniert. Zwischen 1949 und 1955 bestand es als Kanzlersekretariat unter der souveränen Leitung von Hans Globke, und es nahm zugleich gewisse ministerielle Aufgaben im Bereich der erst in den Anfängen stehenden und nicht durch selbständige Ministerien geleiteten Außen- und Verteidigungspolitik wahr [121: A. BARING, Außenpolitik, 1969]. Seine Bedeutung wurde später durch die Ausgliederung dieser Bereiche (Juni 1955), aber mehr noch durch den beginnenden Autoritätsverlust Adenauers seit der dritten Legislaturperiode reduziert. Von da an gewannen Koordinations- und Integrationsaufgaben zunehmend den Vorrang gegenüber den eigentlichen Lenkungsfunktionen. An der Aufgabenstellung und Organisation des Kanzleramts aber änderte sich wenig. In der Zeit der Großen Koalition und ihrer schwer durchschaubaren Entschei-

Veränderungen seiner Bedeutung

dungsstrukturen blieb sein Einfluß wohl im wesentlichen auf die von der CDU/CSU geführten Ministerien beschränkt. Größere Veränderungen ergaben sich erst mit der Übernahme der Regierung durch SPD und FDP. Die im Jahre 1969 eingeleiteten Reformen des Kanzleramts waren nicht nur darauf gerichtet, seine Informations- und Lenkungsfunktionen zu verbessern, sondern auch der zunehmend als notwendig erkannten Regierungsplanung eine zentrale Bedeutung einzuräumen. Die Leitung des Amtes, die bis dahin in den Händen eines Staatssekretärs lag, wurde nunmehr durch einen Kanzleramtsminister (zuerst Horst Ehmke) wahrgenommen. Die damals geschaffene Planungsabteilung ist allerdings 1982 nach der Amtsübernahme durch Helmut Kohl wieder abgeschafft und anderen Abteilungen zugeordnet worden. Grundsätzlich waren und blieben Stärke und Einfluß des Bundeskanzleramts als dem zentralen Nervensystem des Regierungsapparates stets eng mit dem politischen Gewicht des jeweiligen Regierungschefs verbunden und von dem Spielraum abhängig, den dieser im Rahmen der Koalitions- und Kabinettskonstellationen zu gewinnen vermochte.

Große Koalition und parlamentarisches System

Die Führungsschwäche des liberalen „Volkskanzlers" Ludwig Erhard wird als institutionelles Ordnungsproblem von H. OBERREUTER [340: 1990, 214-234] behandelt. K. HILDEBRAND hat bereits sehr viel früher eine grundlegende Beschreibung des Parlamentarischen Systems während der Kanzlerschaft Erhards [166: Von Erhard zur Großen Koalition, 1984, 50-82] vorgelegt und dabei die Schlüsselrolle der FDP mit ihren Chancen und Risiken hervorgehoben. Die Große Koalition zwischen CDU/CSU und SPD war schon in der zeitgenössischen Diskussion heftig umstritten, da sie das für den Parlamentarismus unentbehrliche Wechselspiel von Regierungsmehrheit und Opposition zeitweise außer Kraft zu setzen schien [321: H. KNORR, Der parlamentarische Entscheidungsprozeß, 1975]. Gegen die These, der Bonner Parlamentarismus sei während der Kanzlerschaft Kiesingers zur reinen Proporzdemokratie degeneriert, hat K. HILDEBRAND überzeugend geltend gemacht, daß die „Regierung unter Rivalen" zu einem veränderten System der „checks and balances" zwischen den Regierungsparteien führte, wobei die Rolle des Kanzlers vor allem in einer integrierenden Funktion bestand. Zugleich weist er den weitverbreiteten Vorwurf als vereinfachend zurück, die Existenz der Großen Koalition „habe die Entstehung des politischen Rechts- und Linksextremismus ebenso wie das Aufkommen der studentischen Unruhen und der APO maßgeblich verursacht" [166: Von Erhard zur Großen Koalition, 1984, 241]. Dabei werden allzu leicht die Leistungen der Großen Koalition für die Modernisierung des politischen Systems der Bundesrepublik übersehen. Es gelang ihr, überfällige und bedeutsame Reformgesetze (Finanzverfassung, Parteiengesetz, Notstandsgesetze) auf den Weg zu bringen. Mit Öffnung der Archive bieten sich in diesem Bereich neue Arbeitsfelder an.

Obwohl für die Verfassungsgeschichte der Ära Brandt/Scheel eine auf archivalischen Quellen basierende Forschung noch nicht in umfassender Weise möglich ist, sind in Überblicksdarstellungen und Spezialstudien bereits erste Fundamente für die künftige Forschung gelegt [122: A. BARING, Machtwechsel, ^{4}1993]. Dies gilt vor allem auch für den fünften Band der Geschichte der Bundesrepublik, in dem W. JÄGER [135: K. D. BRACHER/W. JÄGER/W. LINK, Republik im Wandel, 2 Bde. 1986–1987] unter Einbeziehung wichtiger Archivbestände der politischen Parteien und der Bundestagsfraktionen und durch die Auswertung von Dokumenten und Aufzeichnungen führender Politiker die Innenpolitik der Ära Brandt/Schmidt dokumentarisch nachzeichnet; dabei läßt er vor allem auch die Spannungen und Veränderungen im Regierungs- und Parteiensystem sichtbar werden. Im reibungslosen Verlauf der Regierungswechsel von 1969 und 1982, die jeweils eine Umkehrung der politischen Machtverhältnisse brachten, bestätigte sich, wie K. D. BRACHER betont, „die Funktionsfähigkeit der Bundesrepublik Deutschland" [in: 135: K. D. BRACHER u. a., Republik im Wandel, 1986, 12].

Erste Forschungen zur sozial-liberalen Ära

3. Fundamentalgesetzgebung

Zu den Komplexen, die schon früh das besondere Interesse der zeitgeschichtlichen Forschung fanden, gehörte neben der Regierungs- und Oppositionsbildung in den ersten Legislaturperioden [332: R. MORSEY, Die Bildung der ersten Regierungskoalition, 1978, 418–438; 367: U. WENGST, Staatsaufbau, 1984] die innenpolitische Fundamentalgesetzgebung der frühen Ära Adenauer [105: P. SCHINDLER, Datenhandbuch, 1994, 894–901]. Die Stabilisierung der parlamentarischen Demokratie in der Ära Adenauer ist durch die sozial-integrative Wirkung einer Gesetzgebung begünstigt worden, die mit Notprogrammen und Maßnahmen zur Behebung kriegsbedingter sozialer Mißstände begann. Diese Ansätze wurden zu einer Politik des sozialen Ausgleichs weiterentwickelt und eröffneten schließlich im Zeichen des Wirtschaftswunders eine neue Dimension staatlichen Handelns. Seit der zweiten Hälfte der fünfziger Jahre ging der Gesetzgeber dazu über, zunehmend auch die Ver-

Sozialpolitische Entscheidungen der fünfziger Jahre

teilungsmöglichkeiten einer industriellen Wachstumsgesellschaft zu nutzen und damit den Weg zum „Wohlfahrts- bzw. Gefälligkeitsstaat" [201: R. MORSEY, Bundesrepublik, 68] zu beschreiten. Die „sozialpolitischen Entscheidungen im Nachkriegsdeutschland" sollten, wie aus der von H. G. HOCKERTS bereits 1980 veröffentlichten grundlegenden Darstellung hervorgeht, zur umfassenden Bewährungsprobe des parlamentarischen Gesetzgebungsprozesses werden [167: Sozialpolitische Entscheidungen, 1980]. Dabei wird auch die Kontinuität zur frühen Gesetzgebung der Länder und des Wirtschaftsrates erkennbar.

Sozialpolitik und Marktwirtschaft

Schon die erste Regierung Adenauer war, anders als die SPD, entschlossen, ihr sozialpolitisches Programm im Rahmen marktwirtschaftlicher Konzepte zu gestalten und von einer durchgreifenden Umverteilung durch Veränderung der privaten Eigentumsstrukturen abzusehen. Als vordringliche Bereiche der Forschung bieten sich dabei die großen sozialen Probleme an, die der Krieg hinterlassen hatte (Wohnungsbau, Lastenausgleich, Hilfe für Kriegsbeschädigte, einheitliche Versorgungsgesetzgebung, Neugestaltung der Rechtsbeziehungen zwischen Arbeitgebern und Arbeitnehmern) und die ohne eine durchgreifende Verbesserung der wirtschaftlichen Lage nicht gelöst werden konnten. Es wird in beeindruckender Weise deutlich, daß dem Aufschwung anfänglich enorme Schwierigkeiten entgegenstanden. Trotz erster Erfolge der Währungsreform geriet die junge Bundesrepublik in eine „Gründungskrise", aus der sie erst nach dem Korea-Boom herausfand. So mußte sich der Gesetzgeber zunächst auf dringend erforderliche Einzelmaßnahmen beschränken (Heimkehrergesetz, Regelungen für die Umsiedlung von Vertriebenen in der Bundesrepublik und Aufnahme von Flüchtlingen aus der DDR etc.). Erst danach folgte ein systematischeres Vorgehen. Die Selbstverwaltung der Sozialversicherungsträger wurde wiederhergestellt und die Wiedereinstellung ehemaliger Beamter bei großzügiger Regelung für ehemalige Nationalsozialisten und unter Berücksichtigung der Versorgungsansprüche (Gesetz zu Art. 131 GG) durchgesetzt.

Zu bedeutenden Bereichen der Sozialgesetzgebung während der Ära Adenauer liegen inzwischen gewichtige Einzelfallstudien und Dokumentationen vor, die zugleich einen Einblick in die komplexe Wirklichkeit parlamentarischer Entscheidungsprozesse geben: in das Zusammenspiel von Bundesregierung, Ministerialbürokratie, Bundestag und Bundesrat und in das Verhältnis von Regierungsmehrheit und Opposition. Bei der Verabschiedung zentraler Sozialreformen bestanden erhebliche Meinungsunterschiede nicht nur im Bundestag, sondern auch zwischen den beteiligten Ministerien und den Koalitionspartnern.

Das Gesetz über den Lastenausgleich [232: L. WIEGAND, Lastenausgleich, 1992] konnte erst nach langem parlamentarischem Hin und Her im Mai 1952 gegen die Stimmen der SPD und KPD verabschiedet werden. Während die Sozialdemokraten jede Orientierung an früheren Eigentumsverhältnissen strikt ablehnten und auf einer Umverteilung der Privatvermögen bestanden, hielten die Regierungsparteien am Grundsatz der individuell zu ermittelnden Schadenersatzleistung fest. Im Ergebnis kam es schließlich zu einer Vermischung sozialer und eigentumsrechtlicher Elemente. Neben den Verlusten aus Flucht und Vertreibung wurden auch Kriegssachschäden einbezogen. Das Programm erstreckte sich über 30 Jahre. Der Hauptanteil (bis zum Jahre 1983 etwa 126 Mrd. DM) wurde in den sechziger Jahren ausgezahlt. 67 Prozent der Entschädigung entfielen auf die Heimatlosen, 23 Prozent auf Kriegssachgeschädigte. Zweifellos hat der Lastenausgleich erheblich zur Integration der Flüchtlinge und Vertriebenen und damit auch zur Stabilisierung des sozialen Friedens beigetragen.

Lastenausgleich

Dies gilt in ähnlicher Weise auch für den Wohnungsbau. In seinem Standardwerk zur Wohnungspolitik [217: Wiederaufbau, 1994] berücksichtigt G. SCHULZ auch eingehend den komplizierten Gesetzgebungsprozeß. Um das enorme Gesamtdefizit von etwa fünf Millionen Wohnungen zu mindern, sah das Erste Wohnungsbaugesetz von 1950 den Bau von 1,8 Mio. Wohnungen innerhalb der nächsten sechs Jahre vor, ein Volumen, das später sogar übertroffen wurde. Regierung und Koalitionsparteien gingen bei der intensiven staatlichen Förderung von einer zeitlich begrenzten Notmaßnahme aus. Anders als die Sozialdemokraten wollten sie auch in diesem Sektor langfristig die Bewirtschaftung zurückgedrängt und private Investitionsanreize gestärkt sehen. Deshalb erhielt später (im Zweiten Wohnungsbaugesetz von 1956) der Bau von Eigenheimen den Vorrang, um die Eigentumsbildung für breite Schichten zu fördern.

Wohnungsbau

Allerdings reichten Notprogramme und sozialpolitische Gesetze nicht aus, um die Spannungspotentiale der westdeutschen Demokratie abzubauen. Sie mußten von einer Politik des sozialen Ausgleichs begleitet sein. Besonders dringlich war eine Neuordnung der Rechtsbeziehungen zwischen Arbeitgebern und Arbeitnehmern, weil mit der Aufhebung der alliierten Treuhandverwaltungen die privaten Eigentums-, Organisations- und Rechtsstrukturen wiederbelebt wurden. Dadurch schien vor allem die an der Ruhr durch die britische Besatzungsmacht eingeführte paritätische Mitbestimmung in den Betrieben gefährdet zu sein. Die grundlegende Dokumentation von G. MÜLLER-LIST über die Gesetzgebung zur Mitbestimmung im Montanbereich [26:

Mitbestimmung

1984] zeigt in eindrucksvoller Weise, daß die Gewerkschaften, die durch ihre Lohndisziplin wesentlich zur beginnenden Erholung der Wirtschaft beigetragen hatten, nicht bereit waren, sich auf die Rolle von Tarifpartnern zurückdrängen zu lassen und auf ihre weiter gesteckten wirtschaftsdemokratischen Ziele zu verzichten. Sie forderten über den Montanbereich hinaus eine paritätische Besetzung der Aufsichtsräte und stießen damit auf den entschiedenen Widerstand der Unternehmer, die ihre Dispositionsfreiheit durch außerbetriebliche Einflüsse gefährdet sahen. Schließlich wurde das „Gesetz über die Mitbestimmung der Arbeitnehmer in den Aufsichtsräten und Vorständen der Unternehmen des Bergbaus und der Eisen und Stahl erzeugenden Industrie" im Mai 1951 mit einer Mehrheit aus CDU/CSU und SPD gegen die Stimmen der FDP und DP verabschiedet. Es durfte als Erfolg der Gewerkschaften gelten, obwohl es die paritätische Mitbestimmung auf den Montanbereich beschränkte und den Unternehmern faktisch eine (äußerst knappe) Mehrheit in den Aufsichtsräten beließ. Der komplizierte Entscheidungsprozeß läßt auch eine Veränderung der parlamentarischen Konstellation erkennen, die den sonst üblichen Antagonismus von Regierungsmehrheit und Opposition durchbrach. Das Gesetz war unter dem Druck der Sozialausschüsse innerhalb der Unionsfraktion und durch Kompromisse zwischen den Unionsparteien und der SPD zustande gekommen, wobei der Kanzler auch zwischen Unternehmern und Gewerkschaften vermittelt hatte. Als Lotse und Mehrheitbeschaffer setzte er die entscheidenden Akzente und nahm schließlich die Ablehnung der kleineren Koalitionspartner FDP und DP als geringeres Übel in Kauf. Dabei zeigte sich, daß für Adenauer die innen- und außenpolitischen Lebensfragen der Bundesrepublik aufs engste miteinander verwoben waren. Für seine Politik der Westintegration und des Wehrbeitrags bedurfte er breiter Unterstützung. Angesichts der ablehnenden Haltung der SPD in diesen Bereichen galt es für ihn, ein Abgleiten der Gewerkschaften in das Lager der Gegner seiner Außen- und Verteidigungspolitik tunlichst zu verhindern. Dies ist ihm im indirekten Einvernehmen mit dem DGB-Vorsitzenden Hans Böckler schließlich gelungen.

„Sozialer Gründungskompromiß"

Das „Mitbestimmungsgesetz" kann zusammen mit dem im Juli 1952 verabschiedeten „Betriebsverfassungsgesetz" [294: D. BUCHHAAS, Gesetzgebung im Wiederaufbau, 1985] und dem „Personalvertretungsgesetz" vom Herbst 1955 als „sozialer Gründungskompromiß der Bundesrepublik" bezeichnet werden. Dabei wird auch deutlich, daß die Gewerkschaften und die SPD es nicht vermocht haben, die am Markt orientierte Wirtschafts- und Sozialordnung über den Umweg

B. Das Regierungssystem im Wandel 99

wirtschaftsdemokratischer Konzepte zu revidieren. Bei der Einführung der dynamischen Rente im Jahre 1957, die als umfassendste und folgenreichste Sozialreform der Nachkriegszeit gelten darf [167: H. G. HOCKERTS, Sozialpolitische Entscheidungen, 1980, 320–435], wiederholte sich das Zusammenspiel zwischen den christdemokratischen Sozialausschüssen und der SPD. Die systematische Neuordnung des gesamten Sozialversicherungsrechts gehörte seit langem zu den Desiderata der Sozialpolitik. Mit dem wirtschaftlichen Aufschwung verbesserten sich die finanziellen Voraussetzungen für eine solche Reform. Adenauers Vorstoß orientierte sich, wie HOCKERTS herausarbeitet, an Vorschlägen, die auf den Bonner Privatdozenten Wilfried Schreiber zurückgingen. Die bisherige Beitragsrente sollte durch eine Arbeitswertrente ersetzt werden, bei der das jährliche Beitragsaufkommen in einem Umlageverfahren direkt an die Leistungsempfänger weitergeleitet und somit an die Entwicklung des Lebensstandards „dynamisch" angeglichen werden sollte. Der Sparvertrag alten Musters wurde durch einen Solidarvertrag zwischen den Generationen ersetzt. Wiederum gelang es dem Kanzler gegen erheblichen Widerstand aus den eigenen Reihen (neben FDP/DP und Unternehmerverbänden auch der Bundesfinanzminister, die Bundesbank und die Versicherungswirtschaft), die dynamische Rente durchzusetzen und zugleich die Leistungen spektakulär (um durchschnittlich 65 Prozent) anzuheben.

Dynamische Rente

Die SPD ist dabei für ihr konstruktives Verhalten letztlich nicht belohnt worden, vielmehr hat dieses Wahlgeschenk den großen Erfolg Adenauers bei den Bundestagswahlen von 1957 begünstigt. In den Folgejahren haben weitere wichtige Einzelgesetze (Bundessozialhilfegesetz von 1961, Neuregelung der Unfallversicherung von 1963 u. a.), die bisher erst zögernd von der zeitgeschichtlichen Forschung ins Blickfeld genommen werden, erheblich dazu beigetragen, die wohlfahrtsstaatlichen Absicherungen zu ergänzen und damit einen wichtigen Beitrag zur „Entproletarisierung" der bundesrepublikanischen Gesellschaft zu leisten. Sie haben jedoch gleichzeitig das Anspruchsdenken intensiviert, den Sektor der staatlichen Leistungen vergrößert und die öffentlichen Haushalte zusätzlichen Belastungen ausgesetzt, die bald auch die Grenzen des überforderten „Verteilerstaates" deutlich machten [201: R. MORSEY, Die Bundesrepublik, ^{3}1995, 93].

Wohlfahrtsstaatliche Absicherung

Auch in anderen Bereichen hat die frühe Gesetzgebung das Interesse der zeithistorischen Forschung geweckt. Dies trifft für die Problematik der Flüchtlinge aus der SBZ/DDR zu, die von H. HEIDEMEYER [161: Flucht, 1994] bis zum Bau der Mauer untersucht worden ist. R. SCHIFFERS [20: Grundlegung, 1984; 280: DERS., „Ein mächtiger Pfei-

Weitere Forschungen zur frühen Gesetzgebung

ler", 1984, 66–102] verdanken wir die kritische Edition der Quellen zur Entstehung des Gesetzes über das Bundesverfassungsgericht (1951). Derselbe Autor hat auch die Neufassung des politischen Strafrechts [281: Zwischen Bürgerfreiheit, 1989] behandelt. G. MÜLLER-LIST hat eine aufschlußreiche Dokumentation zur Entstehung des Gleichberechtigungsgesetzes vom 18. Juni 1957 vorgelegt [19: 1996]. Auf die Problematik der Bundesverfassungsgerichts-Prozesse für die Zeitgeschichtsschreibung hat K. REPGEN [206: 1992, 863–881] hingewiesen. Fallstudien zur Mitwirkung des Bundesrats und zum parlamentarischen Entscheidungsprozeß stammen von K. E. POLLMANN [342: Sozialpolitik, 1994, 429–445] bzw. M.-L. RECKER [345: Das Personalvertretungsgesetz, 1994, 446–461].

Einfluß von Interessengruppen

Der Einfluß von Interessengruppen, die in der pluralistischen Gesellschaft als legitime Teilhaber am politischen Willensbildungsprozeß gelten, ist nicht nur im Bereich der frühen Fundamentalgesetzgebung untersucht worden. Vielmehr gibt es vielversprechende Ansätze einer eigenständigen zeithistorischen Verbandsforschung. In einem kurzen und präzisen Überblick verweist R. MORSEY [201: Bundesrepublik, ³1995, 184] darauf, daß zunächst der „erfolgreiche Lobbyismus" der

Gewerkschaften

Gewerkschaften [162: H.-O. HEMMER/K. T. SCHMITZ (Hrsg.), Geschichte der Gewerkschaften, 1990], des Deutschen Bauernverbandes [116: B. ACKERMANN, 1970] und der Vertriebenenverbände das Interesse der Zeithistoriker fanden [225: H.-P. ULLMANN, Interessenverbände, 1988]. Hingegen wurden „Stellung und Einfluß der organisierten Unternehmerschaft" erst spät gewürdigt [126: V. BERGHAHN, Unternehmer und Politik, 1985] und der Deutsche Beamtenbund [191: C. A. LÜCKERATH (Hrsg.), Berufsbeamtentum, 1987] bisher nur in Vorarbeiten behandelt. Das Verhältnis von Ministerialbürokratie und Interessengruppen hat B. BENZNER [285: 1989] untersucht. Die interne Geschichte einzelner Verbände zählt bisher ebenso wie die Gesamtdarstellung der Geschichte des Verbandswesens zu den Desideraten der Forschung.

Kirchen

Besonderes Interesse hat schon früh die politische Rolle der beiden Kirchen gefunden, wobei die erste Überblicksdarstellung von F. SPOTTS [221: Kirchen und Politik, 1976] enttäuscht. Einen zeitgeschichtlichen Überblick zur Katholizismus-Forschung nach 1945 bietet U. VON HEHL [89: Der deutsche Katholizismus nach 1945, 1990]. Informativ ist die Arbeit von T. M. GAULY [149: Kirche und Politik, 1990], die den Zeitraum von 1945 bis 1990 umfaßt. Die Entwicklung der Rechtsbeziehungen zwischen Staat und Kirchen ist in ihren verschiedenen Aspekten im Handbuch des Staatskirchenrechts der Bundesrepublik Deutschland [86: E. FRIESENHAHN u. a., (Hrsg.), 2 Bde. 1974/75, 1. Bd. ²1994] dargelegt. Die anfänglich intensive kirchliche Einflußnahme, die – besonders beim Katholizismus – der aufgewerteten Stellung in den ersten Nachkriegsjahren entsprach [160: U. VON HEHL/K. REPGEN (Hrsg.), Katholizismus, 1988], nahm seit dem Ende der fünfziger Jahre rapide ab. Im wirtschaftlichen Aufschwung verloren die Konfessionsgemeinschaften zunehmend ihre Bedeutung als Medien gesellschaftlicher Integration [214: G. SCHMIDTCHEN, Protestanten und Katholiken, ²1979]. Dies schlug sich auch im Wahlverhalten nieder [354: K. SCHMITT, Konfession, 1989]. Die fortschreitende Auflösung eines spezifisch katholischen Milieus [145: K. GABRIEL, Die Katholiken, 1993, 418–430] führte zur Einschmelzung des Katholizismus in die „allgemeine Erwerbs-, Konsum- und Freizeitkultur" [H. G. HOCKERTS, in: 160: U. VON HEHL/K. REPGEN (Hrsg.), Katholizismus, 1988, 94].

4. Historische Wahlforschung

„Wahlen geben Auskunft über die politische Haltung der Bevölkerung und bestimmen in einer Demokratie die Zusammensetzung von Repräsentativvertretungen und damit die Richtung der zukünftigen Politik und die Auswahl der politischen Führungskräfte" [347: G. A. RITTER/ M. NIEHUSS, Wahlen, 13]. Dem Wahlrecht selbst kommt für das Zustandekommen der Ergebnisse eine nicht unerhebliche Bedeutung zu. Obwohl es in der Geschichte der Bundesrepublik wiederholt verändert und immer wieder einer fundamentalen Kritik unterzogen wurde, ist es in seiner Grundstruktur erhalten geblieben. Neben einer allmählichen Erhöhung der Zahl der Mandate (von 400 im Jahre 1949 über 496 plus 22 Berliner Abgeordnete im Jahre 1990 auf 656 nach der Wiedervereinigung) ist vor allem auf die Einführung der Briefwahl (1956), die Senkung des Alters für das aktive und passive Wahlrecht (1972), sowie auf die wiederholten Änderungen der Wahlkreise zu verweisen, die aufgrund der Bevölkerungsverschiebungen vorgenommen wurden. Zu einer umwälzenden Veränderung des Wahlsystems mit gravierenden Konsequenzen für die Mehrheitsbildung im parlamentarischen System auf Kosten der kleineren Parteien hätte die Diskussion um die Stärkung des Mehrheitswahlrechts (Grabensystem oder absolutes Mehrheitswahlrecht nach britischem Muster) geführt, die zur Zeit der Großen Koalition von CDU/CSU und SPD am intensivsten erwogen wurde

Wahlrecht und Mehrheitsbildung

[315: E. JESSE, Wahlrecht, 1985]. Erst als es der FDP gelang, zum unentbehrlichen Faktor für Regierungsbildungen zu werden, verebbten Bestrebungen dieser Art.

<small>Dominanz der sozialwissenschaftlichen Wahlforschung</small>

Mit den zahllosen Untersuchungen zur Wahlforschung, die sich in der Politikwissenschaft und Soziologie geradezu als selbständige Disziplin etabliert hat und die „mit ihren ungewöhnlich ausdifferenzierten und kompliziert formulierten Erkenntnissen und Ergebnissen" „nur noch Experten" erreicht [201: R. MORSEY, Bundesrepublik, [3]1995, 177], vermochte die historische Wahlforschung zur Geschichte der Bundesrepublik zunächst nicht Schritt zu halten. Seit der Arbeit von E. JESSE [315: Wahlrecht, 1985] und vor allem dem späteren grundlegenden Handbuch von G. A. RITTER/M. NIEHUSS [347: Wahlen, 1991, mit umfassendem Quellen- und Literaturverzeichnis], das auch die „Wahlen" auf dem Gebiet der ehemaligen DDR mit einbezieht, sind wichtige Anregungen aus der systemtheoretisch-sozialwissenschaftlichen Diskussion in die historisch ausgerichtete Forschung eingeflossen [93: T. KÜHNE, Wahlrecht, 1993, 481–547]. Ihr besonderes Interesse richtet sich auf die Veränderung des Wählerverhaltens in seiner Bedeutung für die Kontinuität und den Wandel des Parteien- und Regierungssystems, wobei aufgrund der föderalen Struktur und der regionalen Traditionen Deutschlands auch die Länder in ihrer Wechselwirkung zum Bund Berücksichtigung finden [302: G. FABRITIUS, Landtagswahlen, 1979, 29–33].

<small>Verhältnis- oder Mehrheitswahlrecht</small>

Zunächst hatte sich die historische Wahlforschung vor allem der geschichtlichen Entwicklung der Wahlsystem- und Wahlreformdiskussion zugewandt, deren Bedeutung für die Stabilität des Regierungssystems nach den Weimarer Erfahrungen schon von den zeitgenössischen Politikern besonders hoch eingeschätzt wurde. Die Frage, ob das Mehrheitswahlrecht eindeutige parlamentarische Mehrheiten schaffe, während das Verhältniswahlrecht ein Vielparteiensystem und damit unsichere Regierungskonstellationen begünstige, hatte schon in der Weimarer Zeit die Gemüter bewegt. Sie flammte nach dem Zweiten Weltkrieg erneut auf und durchzog die Reformdiskussion der fünfziger und sechziger Jahre, wobei besonders die von F. A. HERMENS inspirierte „Kölner Schule" mit Nachdruck die These vertrat, das Proportionalwahlsystem habe zum Untergang der Weimarer Republik geführt [309: F. A. HERMENS, Demokratie und Wahlrecht, 1933] und behindere nunmehr die Stabilität der Bonner Republik [310: F. A. HERMENS, Der Proporz als Verhängnis, 1952, 193–200]. Gegen einen kausalen Zusammenhang zwischen Wahlrecht und Regierungsstabilität hat K. D. BRACHER frühzeitig berechtigte Einwände erhoben [291: Deutschland zwischen Demokratie und Diktatur, 1964, bes. 50–82], während H. FENSKE [304: Wahlrecht und Parteiensystem, 1972] sehr viel weiter ging und geradezu die Gegenposition: „Destabilisierung durch Mehrheitswahl" bezog. Dagegen schreibt E. JESSE [315: Wahlrecht, 1985, 90] dem „(Glaubens-)Streit um das Weimarer Wahlrecht" nur begrenzte wissenschaftliche Relevanz zu.

Politisch aber gehörte die Auseinandersetzung über Mehrheits- bzw. Verhältniswahl zweifellos zum Bereich der „klassischen" Kontroversen zwischen CDU/CSU einerseits und der SPD und den kleineren Parteien (Liberale-Zentrum) andererseits. Ihr lagen nicht nur prinzipielle Erwägungen, sondern vor allem auch wahltaktische Überlegungen zugrunde, von denen die zeitgleich verlaufende politikwissenschaftliche Diskussion ebenfalls nicht frei blieb. Schon vor den Beratungen zum Grundgesetz waren die Gegensätze in den Ländern aufgebrochen. Sie sind bisher ebenso wie die Einflußnahme der Besatzungsmächte bei der Gestaltung des Wahlrechts erst ansatzweise erforscht. Zwar ist bekannt, daß die Amerikaner keine ernsthaften Einwände gegen das Verhältniswahlrecht erhoben, daß es auch von den Franzosen akzeptiert wurde, während die britische Seite aufgrund der eigenen Parlamentstradition eher dem Mehrheitswahlrecht zuneigte [326: E. H. M. LANGE, Wahlrecht und Innenpolitik, 1975; 327: DERS., Mehrheitsbildung oder Proporz, 1975, 351–363]. Welchen Stellenwert die Wahlrechtsvorstellungen für die Erneuerung der Demokratie in Deutschland besaßen und welcher Entscheidungsspielraum dabei den Besetzten eingeräumt wurde, ist keineswegs hinlänglich geklärt. Dagegen wurde die Entstehung des ersten Bundestagswahlgesetzes von 1949, das auf einem Kompromiß zwischen dem relativen Mehrheitswahlrecht und der Verhältniswahl beruhte, schon relativ früh von E. H. M. LANGE [258: Der Parlamentarische Rat, 1972, 280–318] behandelt.

Kontroversen zwischen den Parteien

Die bisher umfassendste Untersuchung des Verlaufs der Wahlsystemdiskussion und der Wahlrechtsänderungen in der Geschichte der Bundesrepublik bis zum Beginn der Kanzlerschaft Kohls (einschließlich Sperrklausel, Zweitstimmensystem, Briefwahl und Herabsetzung des Wahlalters) stammt von E. JESSE [315: Wahlrecht, 1985]. Sie befaßt sich auch mit den Reformversuchen der fünfziger und sechziger Jahre, die in dem gescheiterten Vorstoß der CDU/CSU zur Einführung des Mehrheitswahlrechts während der Großen Koalition einen Höhepunkt fanden. Daß in der damaligen Kontroverse nicht nur taktische Überlegungen eine Rolle spielten, zeigt der Rücktritt des Innenministers Paul Lücke (CDU), der die Wahlrechtsfrage als eine „Schicksalsfrage" der Demokratie betrachtete [337: R. MORSEY, Die Vorgeschichte der Gro-

Verlauf der Wahlrechtsdiskussion

ßen Koalition, 1994, 462–478]. Die Bedeutung der Wahlrechts-Reformvorhaben für die Politik und das Koalitionsverhalten der FDP würde eine eigene Untersuchung verdienen, die zugleich einen wesentlichen Beitrag zur Geschichte von Regierungsbildung und Regierungswechsel in der Bundesrepublik leisten könnte.

Wählerverhalten

Die einzelnen Bundestagswahlen sind ebenso wie das Wählerverhalten regelmäßig zum Gegenstand wahlsoziologisch-politikwissenschaftlicher, aber auch wahlhistorischer Untersuchungen gemacht worden [303: J. W. FALTER/H. RATTINGER/K. G. TROITZSCH (Hrsg.), Wahlen und politische Einstellungen, 1989; weitere Literaturangaben bei 347: G. A. RITTER/M. NIEHUSS, Wahlen, 1991, 284–289]. Den Folgen des wirtschaftlichen, religiösen und wertebezogenen Wandels für das politische Verhalten in der Bundesrepublik sind D. OBERNDÖRFER/H. RATTINGER/K. SCHMITT [339: Wirtschaftlicher Wandel, 1985] nachgegangen. Dabei rücken die Mentalitätsveränderungen, die mit der „Entproletarisierung" des Arbeitslebens und der allmählichen Auflösung traditioneller (einschließlich kirchlich orientierter) Sozialmilieus einhergehen, zunehmend ins Blickfeld historischer Forschung. RITTER/NIEHUSS gelingt es, durch die Einbeziehung wichtiger wirtschaftlicher und sozialstruktureller Merkmale in die quantitative Analyse der Bundestags- und Landtagswahlen erhärtete Aussagen über das Wahlverhalten verschiedener Altersgruppen, Konfessionen, Berufe und sozialer Schichten zu gewinnen.

C. Stand der Parteiengeschichte

1. Allgemeine Entwicklung

Sozialwissenschaftliche Parteienforschung

Wie die Wahlforschung, so gehört auch die Untersuchung der Parteienlandschaft in der Bundesrepublik seit langem zu den Domänen der Politikwissenschaft und der Organisationssoziologie. Diese Disziplinen haben eine nahezu unübersehbare Literatur von unterschiedlichem Niveau hervorgebracht, bei der neben den innerparteilichen Problem- und Strukturanalysen die Verbindung mit dem politischen System im Vordergrund der Betrachtung steht. Allerdings wird die historische Perspektive, ohne die es nicht gelingen kann, ein der Wirklichkeit adäquates Bild der Parteienentwicklung zu zeichnen, häufig nur unzulänglich berücksichtigt oder gänzlich ausgespart. Dennoch können die theoretischen Ansätze und die methodischen Instrumentarien der Politik- und Sozialwissenschaft, ebenso wie die Informationsfülle, die sie bereithalten, auch für die historische Parteienforschung fruchtbar sein.

Eine erste Orientierung zum Stand und zu den Perspektiven der Parteienforschung in Deutschland bieten die Bestandsaufnahmen von O. NIEDERMAYER/R. STÖSS [95: (Hrsg.), Parteienforschung, 1993] und A. MINTZEL/H. OBERREUTER [428: (Hrsg.), Parteien in der Bundesrepublik, ²1992]. Beide Werke sind mit umfangreichen Literaturverzeichnissen versehen. Das zweibändige, immer noch unentbehrliche Parteienhandbuch von R. STÖSS [451: 2 Bde., 1983/1984], das in Einzelbeiträgen nicht nur die großen, sondern auch die Vielzahl kleiner Parteien berücksichtigt, schließt historische Überblicke mit ein und ermöglicht eine vergleichende Betrachtungsweise. Als Vorinformation und Überblick zur Geschichte und zur Entwicklung des Parteiensystems der Bundesrepublik bis zum Beginn der sozial-liberalen Koalition ist noch immer das Handbuch von H. KAACK [401: Geschichte und Struktur, 1971; 392: P. HAUNGS, Parteiendemokratie, ²1981; 402: W. KALTEFLEITER, Parteien, 1984] von Nutzen, das bisher leider nicht neu bearbeitet wurde. Aus der Fülle anglo-amerikanischer Veröffentlichungen sei das Standardwerk von G. SMITH [449: Democracy in Western Germany, ³1986] hervorgehoben, das eine ausgewogene und nuancierte Betrachtung „von außen" anbietet.

Parteienhandbücher

Die genuin historische Parteienforschung zur Bundesrepublik setzte erst seit dem Ende der siebziger Jahre verstärkt ein. Sie hat sich inzwischen zu einem zentralen Gebiet der Zeitgeschichte entwickelt. Zunächst standen Untersuchungen zum Kaiserreich und zur Weimarer Republik im Vordergrund, bis die Zugänglichkeit der amtlichen Akten das zeithistorische Forschungsinteresse in zunehmendem Maße auch auf die jüngste Vergangenheit lenkte. Ein zusätzlicher und wichtiger Anreiz entstand, als die Archive der CDU, SPD und FDP den parteinahen Stiftungen übergeben und dort gesichtet, aufbereitet, vervollständigt und der Forschung zur Verfügung gestellt wurden. Die Friedrich-Naumann-Stiftung machte mit dem „Politischen Archiv" (seit 1968) den Anfang, das 1983 von Bonn nach Gummersbach verlagert und in „Archiv des Deutschen Liberalismus" umbenannt wurde. Es folgten die Friedrich-Ebert-Stiftung (Bonn) mit dem „Archiv der sozialen Demokratie", die Konrad-Adenauer-Stiftung mit dem „Archiv für Christlich-Demokratische Politik" in St. Augustin (1976) und schließlich das „Archiv für Christlich-Soziale Politik" der Hanns-Seidel-Stiftung (München).

Später Beginn der historischen Parteienforschung

Archive der parteinahen Stiftungen

Neben den Akten der Parteiführungen und der Parteivorstände werden in den Stiftungsarchiven Materialien der Parlamentsfraktionen (einschließlich der Länderparlamente) wie auch der Parteigliederungen bzw. der Landes-, Bezirks- und Kreisverbände u.a.m. aufgehoben. Wenn man berücksichtigt, daß zu diesen stets wachsenden Beständen – allein das Archiv in St. Augustin verfügt inzwischen über mehr als 10000 laufende Meter Akten, davon über 500 Nachlässe [83: G. BUCHSTAB, ^{3}1992] – noch die Sammlungen des Bundesarchivs, der Staatsarchive der Länder, das Archiv des IfZ, wie auch der sonstigen Privat-, Verbands- und Stiftungsarchive kommen (z.B. zentrale Nachlässe, die nicht von den Parteistiftungen verwahrt werden: K. Adenauer im Bundeskanzler-Adenauer-Haus, Rhöndorf; L. Erhard bei der Ludwig-Erhard-Stiftung, Bonn etc.), so kann mit Recht festgestellt werden, „daß Quellenmaterial für die historische Parteienforschung in einem Umfang vorliegt, wie das in früheren Zeiten niemals der Fall war" [110: U. WENGST, Deutsche Parteien, 1989, 168]. Darin liegen große Chancen, aber auch enorme quellenkritische Probleme, die eine methodisch auf bloße Rekonstruktion ausgerichtete Zeitgeschichtsschreibung ad absurdum führen würden. Es ist daher notwendig, die Relevanz zeithistorischer Fragestellungen für die Forschung zu reflektieren und in Beziehung dazu die Methoden zu entwickeln, die für die Erschließung und Auswertung der Quellenmassen erforderlich sind. Ohne diese „Konstitutionsleistung des Forschers" [159: W. HARDTWIG, Geschichtsreligion, 1991, 23] ist historische Erkenntnis nicht möglich.

Kritische Editionen

Wichtige Vorarbeiten und Hilfsmittel für die historische Parteienforschung sind inzwischen durch die kritische Edition geschlossener Quellenbestände verfügbar geworden, um die sich neben den Parteistiftungen vor allem die „Kommission für Parlamentarismus und Politische Parteien" (Bonn), das Bundesarchiv (Koblenz) und das Institut für Zeitgeschichte (München) verdient gemacht haben. Bereits 1975 er-

CDU/CSU

schien eine Dokumentation zur Gründungsgeschichte der CDU [32: H. PÜTZ (Bearb.), Konrad Adenauer, 1975], die aber noch nicht dem Standard der Editionstechnik entsprach, die spätere Quellenbände aufweisen. Die bisherigen Editionen zur Parteiengeschichte beziehen sich vorwiegend auf die Vorgeschichte der Bundesrepublik und die Ära Adenauer, wobei diese zeitliche Grenze zunehmend überschritten wird. Differenzierte Einsichten in das innere Gefüge der jungen Unionsparteien vermitteln die „Protokolle der Arbeitsgemeinschaft der CDU/ CSU Deutschlands und der Konferenzen der Landesvorsitzenden" [40: B. KAFF (Bearb.), Die Unionsparteien 1946–1950, 1991]. Sie werden auf wünschenswerte Weise ergänzt durch die „Protokolle und Materialien zur Frühgeschichte der Christlich-Sozialen Union" [10: B. FAIT/A. MINTZEL (Hrsg.), Die CSU 1945–1948, 1993]. Zu den Auseinandersetzungen zwischen den großen Parteien und ihren frühen Weichenstellungen sind inzwischen sowohl für die Union [8: R. SALZMANN (Bearb.), Die CDU/CSU im Frankfurter Wirtschaftsrat, 1988] als auch für die SPD-Fraktion [37: C. STAMM (Bearb.), Die SPD-Fraktion, 1993] Dokumentationen verfügbar. Zum Parlamentarischen Rat konnten bisher jedoch nur die Sitzungsprotokolle der Unionsfraktion [9: R. SALZMANN (Bearb.), Die CDU/CSU, 1981] vorgelegt werden.

Die Protokolle des CDU-Bundesvorstandes, der unter dem dominierenden Vorsitz Adenauers zwar nicht als selbständiges Entscheidungsgremium, aber doch als ein bedeutendes Forum der Meinungsbildung in Erscheinung trat und der in seinen nicht allzu häufigen Sitzungen immerhin ein breites Spektrum allgemein- und parteipolitischer Sachfragen erörterte, sind bisher in drei Bänden verfügbar [7: G. BUCHSTAB (Bearb.), 1986–1994]. Für die liberale Partei liegt ein vergleichbarer Quellenbestand vor. U. WENGST hat die Sitzungsprotokolle des FDP-Bundesvorstandes, die ein lebendiges Bild sowohl der innerparteilichen Auseinandersetzungen als auch der politischen Entscheidungsfindung bieten, in zwei Halbbänden für den Zeitraum von 1949 bis 1960 bearbeitet [16: 1990], während R. SCHIFFERS [16: 1993] in einem weiteren Band die Zeit bis 1967 erfaßt, in der Erich Mende den Parteivorsitz einnahm.

FDP

Die dokumentarische Aufarbeitung sozialdemokratischer Quellen ist durch eine mustergültige Edition der Sitzungsprotokolle der SPD-Fraktion im Deutschen Bundestag einen großen Schritt vorangekommen. [36: P. WEBER (Bearb.), 1949–1957, 1993; W. HÖLSCHER (Bearb.), 1957–1961, 1993; H. POTTHOFF (Bearb.), 1961–1966, 1993]. Wie dies auch bei den bereits oben genannten Bänden der Fall ist, sind sie instruktiv eingeleitet, umsichtig kommentiert und optimal erschlossen. Sie geben Aufschluß über das sich wandelnde Sozialprofil der SPD und über den organisatorischen Aufbau der Fraktion, die seit Mitte der fünfziger Jahre vom „persönlichen Regiment" Kurt Schumachers auf kollektive Führung umstellte. Aus ihnen wird erkennbar, daß die Fraktion für die große Wende (Godesberger Programm) der Partei eine durchaus eigenständige Rolle spielte. Weniger traditionsorientiert als diese, ging sie bei den Kurserneuerungen in der Wirtschafts- und Sozialpolitik voran, während die Weichenstellung in der Außen- und Deutschlandpolitik von den großen Führungspersönlichkeiten (Wehner, Erler, Brandt) stammt. Mit dieser beeindruckenden Edition zur Fraktionsarbeit der SPD, die die gesamte Oppositionszeit bis zur Großen Koalition

SPD

Mitte der sechziger Jahre umfaßt, ist „die Quellenbasis für die Geschichte der zweiten deutschen Republik erheblich erweitert worden" [H. GREBING, Rez. in: HZ 261 (1995) 310].

Publikationen von Zeugnissen führender Politiker

Als weitere zentrale Gattung primärer Quellen sind neben den Aktenpublikationen die persönlichen Zeugnisse führender Politiker zu nennen, die ebenfalls in kritischen Editionen zur Verfügung stehen. Dies gilt vor allem für Briefe, Reden und Interviews. Die von R. MORSEY und H.-P. SCHWARZ herausgegebene „Rhöndorfer Ausgabe" der Briefe Konrad Adenauers ist inzwischen auf fünf Bände angewachsen [46: H. P. MENSING (Bearb.), 1983–1995]. Bereits früher war sein Briefwechsel mit Heinrich von Brentano [48: A. BARING (Hrsg.), Sehr verehrter Herr Bundeskanzler!, 1974] ediert worden. Die „Teegespräche", zu denen der erste Bundeskanzler führende Journalisten einzuladen pflegte, um in „vertraulicher" Atmosphäre und nicht frei von taktischen Absichten Hintergrundinformationen zu geben, liegen für seine gesamte Amtszeit vor [47: H. J. KÜSTERS (Bearb.), 1950–1961, 3 Bde. u. H. P. MENSING (Bearb.), 1961–1963, 1984–1992]. Bereits erheblich früher erschien die von H.-P. SCHWARZ [45: 1975] herausgegebene Auswahl der Reden Adenauers (1917–1967). In weit geringerem Maße, als dies für den ersten Bundeskanzler der Fall ist, liegen auch Sammlungen von Reden, Schriften und Korrespondenzen anderer bedeutender Politiker vor. Dies gilt u. a. für Kurt Schumacher [74: W. ALBRECHT (Hrsg.), 1985], Theodor Heuss [61], Willy Brandt [49], Thomas Dehler [52, 53], Ludwig Erhard [54, 55], Eugen Gerstenmaier [56], W. G. Grewe [58], Gustav Heinemann [60], Jakob Kaiser [62], Kurt Georg Kiesinger [64], Ernst Reuter [69], Walter Scheel [70, 71], Franz Josef Strauß [75] und Herbert Wehner [77]. Detaillierte Angaben zu den vorhandenen Biographien finden sich bei R. MORSEY [201: Bundesrepublik, 263–267].

Memoiren

Von anderem, durchaus unterschiedlichem Quellenwert sind die autobiographischen Einlassungen von Persönlichkeiten des öffentlichen Lebens, die inzwischen in größerer Zahl erschienen sind. Bei kritischer Lektüre bieten sie zusätzliche Informationen und Einschätzungsmöglichkeiten, die sonst kaum zur Verfügung stünden. Sie geben nicht nur Auskunft über die schreibende Person, über ihr Umfeld, ihre Einstellungen, Ziele und Rechtfertigungsstrategien; sie vermitteln auch Zeitkolorit, hellen historische Zusammenhänge auf und stellen Verbindungen zwischen verschiedenen Informationsbeständen her. Für den Historiker sind sie dann besonders ergiebig, wenn ihre Aussagen sachbezogen und überprüfbar bleiben. Dies gilt ganz besonders für die Memoiren Konrad Adenauers [44: Erinnerungen, 4 Bde.], die zwischen

1965 und 1968 in rascher Folge erschienen. In ihnen wurde z.T. ausführlich höchst bedeutsames Aktenmaterial ausgebreitet, das bis dahin der Forschung noch nicht zugänglich war. Ein außergewöhnlich differenziertes, sachliches und überprüfbares Bild vermittelt der frühere Bundespräsident Karl Carstens in seinen „Erinnerungen und Erfahrungen" [51: K. VON JENA/R. SCHMOECKEL (Hrsg.), 1993], der in höchsten Positionen der Ministerialbürokratie (Auswärtiges Amt, Bundesverteidigungsministerium, Kanzleramt), als gestaltender Parlamentarier (Fraktionsvorsitzender der CDU/CSU im Bundestag) und Bundestagspräsident das institutionelle Innenleben der Bundesrepublik wie kaum ein zweiter aus eigener Anschauung kannte. Hingegen ist der Quellenwert der packend geschriebenen „Erinnerungen" von Franz Josef Strauß [76: 1989], die, von ihm diktiert, erst postum erschienen und unvollendet blieben, trotz der aufschlußreichen Behandlung höchst umstrittener politischer Komplexe (Spiegel-Affäre, Nuklearstrategie, Milliardenkredit u.a.m.) in ihrem historischen Aussagewert geringer zu veranschlagen.

Unter den Genres historischer Darstellung hat die Biographie stets eine bedeutsame Stellung eingenommen. Im anglo-amerikanischen Bereich gehört sie seit jeher zu den am meisten geschätzten literarischen Erzeugnissen. Hingegen galt sie in Deutschland während der späten sechziger und der siebziger Jahre, als die sozialwissenschaftlich dominierte Theoriedebatte das Feld der geschichtswissenschaftlichen Auseinandersetzung beherrschte, eher als verpönt. Nach den erneuten großen Erfolgen biographischer Darstellung (LOTHAR GALLS „Bismarck", 1980, JOACHIM C. FESTS „Hitler", 1973, CHRISTIAN MEIERS „Cäsar", 1982, und HAGEN SCHULZES „Otto Braun", 1977) ist auch im Bereich der Zeitgeschichte das Interesse an wissenschaftlich fundierten Lebensbeschreibungen gewachsen. Neben einschlägigen Sammelbänden [bes.: 146: L. GALL (Hrsg.), Die Großen Deutschen, 1985, ergänzt um die seitdem Verstorbenen, 1995], die in Kurzbiographien das Leben bedeutender Persönlichkeiten skizzieren und gewichten [202: R. MORSEY (Hrsg.), Zeitgeschichte in Lebensbildern, 7 Bde., 1973–1994], ist hier an erster Stelle die kenntnis- und detailreiche Standardbiographie von H.-P. SCHWARZ [445, 446: Adenauer, 2 Bde., 1986–1991] zu nennen, der die kritischer gestimmte Darstellung von H. KÖHLER [407: Adenauer, 1994] folgte, die allerdings die Lebensleistung und die herausragende Bedeutung des ersten Bundeskanzlers für die deutsche Nachkriegsgeschichte nicht grundsätzlich in Zweifel zieht. Von Sympathie getragene, aufschlußreiche Eindrücke aus den letzten fünf Jahren der Kanzlerschaft vermittelt die frühere Kanzleramtssekretärin A.

Biographien

Adenauer

POPPINGA [67: Meine Erinnerungen an Konrad Adenauer, ²1983; 68: „Das Wichtigste ist der Mut", 1994].

Einzelne Politiker   Ein vergleichbar starkes biographisches Interesse ist anderen deutschen Politikern der Nachkriegszeit bisher nicht zuteil geworden. Unter den vorhandenen Lebensbeschreibungen verdienen die von W. BRANDT/R. LÖWENTHAL über Ernst Reuter [375: 1957] , H. SOELL über Fritz Erler [450: 2 Bde., 1976], K. J. MATZ über Reinhold Maier [422: 1989] und D. KOERFER zu Ludwig Erhard [408: Kampf ums Kanzleramt, 1987; 416: V. LAITENBERGER, Ludwig Erhard, 1986] besondere Erwähnung. Weitere Monographien gibt es u. a. zu Adolf Arndt [388: D. GOSEWINKEL, 1991], Thomas Dehler [435: G. OTT, 1985; 438: D. RILLING, 1988], Hermann Ehlers [424: A. MEIER, 1991], Wilhelm Hoegner [412: P. KRITZER, 1979], Jakob Kaiser [433: E. NEBGEN, ²1970; 381: W. CONZE, 1969; 410: E. KOSTHORST (1972), 1985], Josef Müller [397: F. H. HETTLER, 1991], Anton Pfeiffer [437: C. REUTER, 1987], Erich Ollenhauer [447: B. SEEBACHER-BRANDT, 1984], Fritz Schäffer [396: C. HENZLER, 1994], Carlo Schmid [398: G. HIRSCHER, 1986], Hanns Seidel [389: H. F. GROSS, 1992] und nicht zuletzt auch zu Kurt Schumacher [443: G. SCHOLZ, 1988]. Die jüngste Biographie zu Willy Brandt stammt von B. MARSHALL [421: 1993]. Mit Spannung erwartet werden die in Arbeit befindlichen Untersuchungen zu Herbert Wehner und Franz Josef Strauß. Zu Strauß ist inzwischen eine kleinere Biographie von W. KRIEGER [411: Franz-Josef Strauß, 1995] erschienen. Hingegen fehlt, trotz eindrucksvoller Porträts [430: H. MÖLLER, Theodor Heuss, 1990], noch immer eine grundlegende Untersuchung über den ersten Bundespräsidenten.

2. Einzelne Parteien

„In der Parteiendemokratie dominieren die Parteien die Wahlen und besetzen die demokratischen Gremien in Bund, Ländern, Kreisen und Gemeinden." [311: J. J. HESSE/T. ELLWEIN, Regierungssystem, 162]. Als soziale Gebilde sind sie zwar einerseits dem Bereich der gesellschaftlichen Kräfte zuzuordnen, andererseits aber übernehmen sie im Staat politische Verantwortung. Die zeithistorische Erforschung einzelner Parteien ist bisher mit unterschiedlicher Intensität betrieben worden. Das zunehmende Engagement der parteinahen Stiftungen hat der Forschung in diesem Bereich, vor allem durch die bereits erwähnten Editionen zentraler Quellenbestände, entscheidende Impulse gegeben, ohne dabei der stets lauernden Gefahr einer hauseigenen „Hofgeschichtsschreibung" zu erliegen. Die meisten der zahlreichen Untersuchungen beziehen sich auf Einzelaspekte, während fundierte Gesamtdarstellungen bisher eher selten sind. Eine Ausnahme bildet das schon Anfang der achtziger Jahre erschienene Werk von K. KLOTZBACH über die Geschichte der SPD von 1945 bis 1965 [405: Der Weg zur Staatspartei, 1982], das in „dieser Qualität für keine der sonstigen bundesrepublikanischen Parteien vorliegt" [110: U. WENGST, Deutsche Parteien, 1989, 178]. Es bietet auf der Grundlage eines umfangreichen und zu einem erheblichen Teil neu erschlossenen Quellenmaterials eine detaillierte und zusammenfassende Darstellung sowohl der politischen Geschichte der SPD als auch der Entwicklung ihres Programms und ihrer Organisation. Das Problem des Wandels von der Oppositions- zur Regierungspartei steckt dabei den Rahmen der Untersuchung ab. KLOTZBACH versteht es, Verlaufs- und Strukturgeschichte zu integrieren und ein plastisches Bild der Parteiwirklichkeit zu zeichnen. Angesichts dieser historiographischen Leistung wirken nach dem Urteil von R. MORSEY [201: Bundesrepublik, ^{3}1995, 180] die meisten früheren Darstellungen zur SPD „wie Bausteine des überwölbenden Werkes von K. KLOTZBACH". S. MILLER [in: Die neue Gesellschaft 11 (1982) 1127f.] kritisiert allerdings, daß der Autor die SPD-Politik zu sehr danach bewerte, ob sie geeignet gewesen sei, die Partei aus der Oppositionsrolle herauszuführen. Aber auch sie lobt „die Gründlichkeit und Materialdichte" seines Buches, die von nachfolgenden Darstellungen zur SPD nur schwer zu erreichen sei. Seither ist ein weiterer äußerst bemerkenswerter Überblick erschienen [419: P. LÖSCHE/F. WALTER, Die SPD, 1992], der ganz dem internen Strukturwandel der SPD gilt und andere Bereiche politischer Entwicklung ausschließt.

Klotzbachs Geschichte der SPD

In den Spezialstudien zur Geschichte der Sozialdemokratie nach dem Zweiten Weltkrieg tritt die organisatorische und programmatische Kontinuität der Partei facettenreich hervor. Dies gilt sowohl für die Bedeutung der Exilgruppen [6: M. BUCHHOLZ/B. ROTHER (Bearb.), Parteivorstand im Exil, 1995] als auch für die Integration linker Sozialisten [57: H. GREBING (Hrsg.), Entscheidung, 1984]. Die Auseinandersetzungen zwischen den beiden anfänglichen Zentren der Partei in Hannover (Kurt Schumacher) und Berlin (Otto Grotewohl), wie auch der Zusammenschluß der ostzonalen SPD und KPD zur SED, der inzwischen nicht mehr nur als „Zwangsvereinigung" gesehen wird, haben immer wieder zu Kontroversen geführt [432: F. MORAW, Die Parole „Einheit", (1973) ^{2}1990; 25: A. MALYCHA (Hrsg.), Auf dem Weg zur SED, 1995].

Spezialstudien zur Sozialdemokratie

Sozialismus-Diskussion — Einen breiten Raum in der SPD-Forschung besetzt noch immer die Sozialismus-Diskussion vor und nach Godesberg [442: K. SCHÖNHOVEN/D. STARITZ, (Hrsg.), Sozialismus und Kommunismus, 1993].

Kirchen — Der schwierige Umgang mit den Kirchen [376: T. BREHM, SPD und Katholizismus, 1989; 431: M. MÖLLER, Evangelische Kirche und Sozialdemokratische Partei, 1984] ist ebenfalls wiederholt zum Gegenstand von Untersuchungen gemacht worden. Dies gilt auch für das Verhältnis

Wehr- und Außenpolitik — der SPD zur Wehr- und Außenpolitik [384: T. ENDERS, Die SPD und die äußere Sicherheit, 1987; 456: L. WILKER, Die Sicherheitspolitik der SPD, 1977]. Deutschlandpolitik und Westintegration hat R. HRBEK [399: Die SPD – Deutschland und Europa, 1972] bereits Anfang der siebziger Jahre behandelt, während der Erler-Biograph H. SOELL [450:

Ostpolitik — 1976, 35–53] sich schon früh der Ostpolitik der SPD bis zum Beginn der Großen Koalition zuwandte. Beide Bereiche verdienen eine Vertiefung und Erweiterung. Auch regionale Untersuchungen sind bisher nur vereinzelt durchgeführt worden. Sie beziehen sich auf den Prozeß der

Regionale Untersuchungen — Wiedergründung [415: K. KUSCH, Rheinland-Pfalz, 1989; 455: E. WERNER, Bayerische Sozialdemokratie, 1982], auf die Landtagsfraktionen [383: D. DÜDING, Zwischen Tradition und Innovation, 1995] und auf die Geschichte von Landesverbänden [440: J. SCHADT/W. SCHMIERER (Hrsg.), Die SPD in Baden-Württemberg, 1979].

Forschungsstand zur CDU/CSU — Noch stärker als bei der SPD liegen für die CDU (in geringerem Maße für die CSU), wie bereits aufgeführt, umfangreiche Quelleneditionen vor, die über die Parteienforschung im engeren Sinne hinausweisen und bisher noch weitgehend der wissenschaftlichen Auswertung harren [111: U. WENGST, Die Partei Adenauers, 1992; 112: DERS., Die CDU aus der Nähe betrachtet, 1994]. Obwohl die als Hilfsmittel unentbehrliche „Bibliographie zur Geschichte der CDU/CSU" [80: G. HAHN (Bearb.), 1945–1980, 1982; B. KRAHE/M. SEIBEL (Bearb.), 1981–1986 mit Nachträgen 1945–1980, 1990] über 19.000 Titel aufweist, von denen sich allerdings ein beträchtlicher Teil nur am Rande auf die Unionsparteien bezieht, kann noch nicht von einer umfassenden Erforschung der Geschichte der CDU und CSU gesprochen werden.

Geschichte der CSU — Die älteren, organisationssoziologisch orientierten Studien zur Geschichte der CSU von A. MINTZEL [426: Die CSU, ^{2}1978; 427: Geschichte, 1977], der eine Reihe weiterer Spezialstudien desselben Autors folgten, beherrschten lange Zeit die Forschung zur bayerischen Unionspartei, da ihre politikwissenschaftlich-soziologischen Standards als vorbildlich gelten. Inzwischen hat MINTZEL selbst auf die Notwendigkeit einer „aktuellen Gesamtdarstellung" hingewiesen, die den neuesten Forschungsstand berücksichtigt [Die CSU als Forschungsob-

C. Stand der Parteiengeschichte 113

jekt, in: 95: NIEDERMAYER/STÖSS, 1993, 117]. Zu den historisch relativ gut erfaßten Phasen zählt er mit Recht die Gründungs- und Aufbauzeit. Hier sind vor allem durch die Edition von K.-D. HENKE/H. WOLLER [21: (Hrsg.), Lehrjahre der CSU, 1984], die vertrauliche Berichte der amerikanischen Militärregierung enthält und durch die Einleitung von B. FAIT zu den von ihr mitherausgegebenen „Protokollen und Materialien zur Frühgeschichte der Christlich-Sozialen Union" [10: B. FAIT u. a. (Hrsg.), Die CSU 1945–1948, 1993] neue Einsichten möglich geworden. Größer sind die Lücken und Desiderate für die fünfziger und sechziger Jahre. Von den zeitgeschichtlich ausgerichteten Arbeiten verdienen vor allem die Untersuchungen von K. WOLF [457: CSU und Bayernpartei, 1982] und K. MÖCKL [429: Die Struktur der Christlichsozialen Union in Bayern, 1973, 719–753] Erwähnung. Auf die Biographien über Spitzenpolitiker der CSU ist bereits hingewiesen worden. Einen informativen Überblick zur Programm-, Organisations- und Entwicklungsgeschichte beider Unionsparteien bietet P. HAUNGS [393: Die Christlich-Demokratische Union, 1983, 9–194, 269–308].

Die wichtigsten Anstöße für die zeitgeschichtliche Erforschung der CDU kommen gegenwärtig stärker aus dem editorischen als aus dem monographischen Bereich. Zugleich wird deutlich, daß die früher zu beobachtende Fixierung auf die Person Adenauers zugunsten einer breiteren Erfassung der komplexen Parteientwicklung relativiert wird. Das trifft in besonderer Weise für die Gründungs- und Frühphase der CDU zu. In diesem Bereich stehen nunmehr nach dem älteren Band von G. BUCHSTAB/K. GOTTO [379: (Hrsg.), Die Gründung der Union, 1981, ²1990] mit dem Buch von H. HEITZER [395: Die CDU in der britischen Zone, 1988] und der grundlegenden Arbeit von W. BECKER [370: CDU und CSU, 1987] zwei stärker quellenbezogene Untersuchungen zur Verfügung. BECKER arbeitet eindringlich die Bedeutung der bis dahin nur ungenügend berücksichtigten regionalen Ursprünge der CDU und ihrer Landesverbände (incl. der CSU) bis zum Entstehen der Bundespartei (1950) heraus. A. MARTIN [420: 1995] hat in einer wegweisenden Darstellung – parallel zur bereits erwähnten Arbeit von K. KUSCH über die SPD – die Entstehung der CDU in Rheinland-Pfalz untersucht. Bereits früher ist die programmatische Entwicklung der Union in den fünfziger und sechziger Jahren von D. BUCHHAAS [377: Die Volkspartei, 1981] analysiert worden, während W. SCHÖNBOHM [441: Die CDU wird moderne Volkspartei, 1985] eine Organisationsgeschichte präsentierte, die den Weg der CDU als Wandlungsprozeß vom „Kanzlerwahlverein" zur „pluralistischen Volkspartei" begreift. Dem geistigen und politischen Beitrag der Unionsparteien zum europäischen

Geschichte der CDU

Einigungsprozeß haben W. BECKER [371: Europäische Einigung, 1994, 135–154] und H. HÜRTEN [400: Der Beitrag Christlicher Demokraten, 1988, 213–223] Beachtung geschenkt. Regionalgeschichtliche Überblicke sind bisher noch die Ausnahme [für Baden-Württemberg: 454: P. L. WEINACHT (Hrsg.), 1978; für Nordrhein-Westfalen: 413: H. KÜHR, 1985, 91–120; für Hessen: 458: W. WOLF (Hrsg.), 1986; für Oldenburg: 414: J. KUROPKA, 1987].

Die „lange vermißte Gesamtdarstellung" [112: U. WENGST, Die CDU, 238] der Christlich-Demokratischen Union von der Gründung bis zur Kanzlerwahl Kohls, die H.-O. KLEINMANN [403: Geschichte der CDU, 1993] vorgelegt hat, ist trotz erkennbarer Mängel – der Verzicht auf einen Anmerkungsapparat schränkt den wissenschaftlichen Wert erheblich ein – als ein die neueste Forschung berücksichtigender Überblick und als Nachschlagewerk unentbehrlich. Ein der Untersuchung von KLOTZBACH vergleichbarer Wurf steht für die Geschichte der Union aber nach wie vor aus.

Geschichte der FDP

Dies gilt in noch stärkerem Maße für die Untersuchung des deutschen Liberalismus. Wie bei den großen Parteien, so stehen auch hier die konstitutive Phase nach dem Zweiten Weltkrieg und die Entwicklung während der fünfziger Jahre im Brennpunkt der Forschung. Ansonsten läßt sich jedoch für die Zeitgeschichtsschreibung zur FDP generell feststellen, daß sie trotz einer „spürbaren Intensivierung" „immer noch am Anfang steht" [97: G. PAPKE, Zum Stand der Forschung, 1991, 36]. Zu diesem erkennbaren Defizit hat gewiß die „Unsicherheit über die Grundlagen und die (wechselnde) Rolle der Liberalen im Parteiensystem" [201: R. MORSEY, Bundesrepublik, ³1995, 182] beigetragen. Einen instruktiven Überblick über den neueren Forschungsstand bietet T. SCHILLER [102: Stand, Defizite und Perspektiven, 1993, 119–146]. Dem frühen, inzwischen als überholt anzusehenden Versuch einer Gesamtdarstellung von J. M. GUTSCHER [391: Entwicklung der FDP, 1967, ²1984], der erstmals einige parteiinterne Akten heranziehen konnte, folgten außer der breiter angelegten Arbeit von J. DITTBERNER [382: FDP – Partei der zweiten Wahl, 1987] bisher eher informative Überblicke [452: H. VORLÄNDER, Die Freie Demokratische Partei, ²1992, 266–318].

Frühe Phase

Grundlegend für die Konstituierungs- und Konsolidierungsperiode der Partei sind noch immer die fast gleichzeitig erschienenen Studien von D. HEIN [394: Zwischen liberaler Milieupartei und nationaler Sammlungsbewegung, 1985] und K. SCHRÖDER [444: Die FDP in der britischen Besatzungszone, 1985]. HEIN hat auf breiter Quellenbasis und ausgehend von den parteipolitischen Traditionen die lokalen Gründungskreise erfaßt, typologisiert und ihre Weiterentwicklung in den einzelnen Ländern (mit kurzen Ausblicken auf die SBZ) ebenso wie die überregionale Kooperation bis hin zur Gründung der Bundespartei analysiert und dabei auch die Politik der Liberalen im Frankfurter Wirtschaftsrat einbezogen. Es ist ihm gelungen, die in den Hansestädten und in Südwestdeutschland erkennbaren Kontinuitäten eines bürgerlich-protestantischen Milieus für die liberalen Nachkriegsgründungen sichtbar werden zu lassen und sie mit jenen Landesverbänden (Hessen, Nordrhein-Westfalen, Niedersachsen) zu kontrastieren, deren politische Neuorientierung im Zeichen einer nationalen und antisozialistischen Sammlungsbewegung erfolgte. Der Konflikt zwischen den beiden Strömungen belastete die liberale Parteigründung und führte zu erheblichen Spannungen, die erst während der fünfziger Jahre abklangen, ohne jedoch völlig zu verschwinden. Während HEIN die großen Unterschiede in der Organisationsentwicklung zwischen den verschiedenen Besatzungszonen scharf herausarbeitet, werden diese bei SCHRÖDER eher relativiert. Er beschränkt seine Untersuchung allerdings auf die organisatorischen, finanziellen und publizistisch-programmatischen Aspekte der britischen Zonenpartei, die er als Vorstufe der späteren Bundespartei beschreibt. Die Protokolle des Zonenvorstandes und des Zentralausschusses der FDP in der britischen Zone, die in einer sorgfältig gearbeiteten Edition vorliegen [4: L. ALBERTIN/H. F. W. GRINGMUTH (Bearb.), Politischer Liberalismus, 1995], geben weitere Einblicke in die Formierung und die Rolle des Zonenverbandes auf dem schwierigen Weg zur Bundespartei.

Die lokalen und regionalen Organisationsformen des Liberalismus während der Gründungsphase werden auch in den wenigen Regionaluntersuchungen behandelt, die nicht unerwähnt bleiben sollten. Dazu gehört die frühe Dissertation von B. MAUCH über die bayerische FDP [423: Diss. 1965, 1981]. Dieser ganz in der Tradition der Weimarer DVP stehende Landesverband besaß vor allem im protestantisch-mittelständischen Bereich Frankens seine stärkste Wählerbasis. Ergänzende Einblicke in die Bildungs- und Kulturpolitik der bayerischen FDP gewährt die Arbeit von F. GLASHAUSER [386: 1988]. Den Neubeginn der Demokratischen Volkspartei in Württemberg-Baden hat G. SERFAS [448: „Lieber Freiheit", 1986] behandelt.

Regionaluntersuchungen

Ähnlich ausschnitthaft wie bei den regionalen Untersuchungen ist auch der Forschungsstand zur Programmentwicklung und Entscheidungspraxis der Partei. Eine Ausnahme bietet die bemerkenswerte Untersuchung von T. RÜTTEN [439: Der deutsche Liberalismus, 1984] zur Deutschland- und Gesellschaftspolitik der FDP, die auch die Entwick-

Zur Politik der FDP

lung der ostzonalen LDPD (bis 1955) mit einbezieht und die frühzeitige Westorientierung des bundesrepublikanischen Liberalismus aus seiner entschieden marktwirtschaftlichen Einstellung herleitet. Inzwischen hat B. BODE [374: Liberal-Demokratische Partei Deutschlands, 1996] in seiner Dissertation über die Deutschlandpolitik und die deutsche Frage im Urteil der LDPD die Position des Leiters der „Berliner Reichsstelle", W. KÜLZ, untersucht. Dem Feld der liberalen Deutschland- und Außenpolitik während der Ära Adenauer ist die Untersuchung von S. GLATZEDER [387: 1980] gewidmet. Sie hebt die Bedeutung der Überlegungen K. G. Pfleiderers für die am Kurs der deutschen Einheit festhaltende Partei hervor. Die Gedanken des früheren Diplomaten über einen Bündnisausgleich zwischen Ost und West, die auf der Prämisse einer nach wie vor gegebenen strategischen Mittellage Deutschlands beruhten, sollten seit dem Ende der fünfziger Jahre an Gewicht gewinnen und auf die spätere „neue Ostpolitik" einwirken. Die außenpolitische Weichenstellung der fünfziger Jahre wird auch in der Arbeit von F. KLINGL [404: „Das ganze Deutschland", 1987] behandelt. Die Einstellung der FDP zur Wiederbewaffnung hat D. WAGNER [453: 1978] untersucht. Neue Einblicke in die Entstehung der liberalen Ost- und Deutschlandpolitik während der ersten Hälfte der sechziger Jahre gewähren die Aufzeichnungen von W. SCHOLLWER [72: FDP im Wandel, 1994], einem ihrer geistigen Urheber.

Kleine Parteien   Erstaunlich frühe Gesamtdarstellungen sind einigen jener Parteien zuteil geworden, die im politischen System der Bundesrepublik keinen dauerhaften Platz gefunden haben. Dies gilt zunächst für die politische Vertretung der Vertriebenen, den BHE, der bis zu seiner Auflösung im Jahre 1960 in sechs Landtagen und fünf Landesregierungen und zwischen 1953 und 1957 auch in der Bundesregierung vertreten war. Er wurde in einer ausgezeichneten Studie von F. NEUMANN [434:
BHE   Der Block der Heimatvertriebenen], die bereits 1968 erschien, umfassend gewürdigt. Ähnliches gilt für die Darstellung der rechtsextremistischen
SRP   schen Sozialistischen Reichspartei, die vor ihrem Verbot im Jahre 1952 vor allem in Norddeutschland (Bremen, Niedersachsen) bedrückende Erfolge erringen konnte [380: O. BÜSCH/P. FURTH (Hrsg.), Rechtsradikalismus im Nachkriegsdeutschland, 1967]. Einen Überblick zum organisierten Rechtsextremismus geben U. BACKES/E. JESSE [369: Politischer Extremismus, ^{3}1993] und W. BENZ [372: (Hrsg.), Rechtsextre-
WAV   mismus, ^{4}1994]. Die Wirtschaftliche Aufbau-Vereinigung (WAV) des Rechtsanwalts Alfred Loritz, jene Interessenvertretung bayerisch-mittelständischer Gruppierungen, die zwischen 1945 und 1955 existierte und sogar im ersten Bundestag vertreten war, ist von H. WOLLER in vor-

bildlicher Weise untersucht worden [459: Die Loritz-Partei, 1982].
Hingegen steht für die Entwicklung und Organisation der KPD außer   KPD
der frühen Untersuchung von H. KLUTH [406: 1959] bisher keine einschlägige neuere Arbeit zur Verfügung. Die kommunistische Partei
Westdeutschlands geriet nach anfänglichen Erfolgen mit Gründung der
SED zunehmend in eine Außenseiterstellung und entwickelte sich
ebenso wie diese zu einer marxistisch-leninistischen Kaderpartei, die
das Bundesverfassungsgericht im Jahre 1956 verbot [436: G. PFEIFFER/
H.-G. STRICKERT (Hrsg.), KPD-Prozeß, 1955–1956]. Ein Wandel des
Parteiensystems wurde seit dem Ende der 70er Jahre mit dem Aufbau
der „Grünen" erkennbar, die sich 1980 als Partei konstituierten und die   Die Grünen
seit 1983 im Bundestag vertreten waren [418: M. LANGNER (Hrsg.), Die
Grünen, 1987]. Es gelang ihnen zunehmend, ökologische Bürgerinitiativen und linke außerparlamentarische Kräfte zu einer politischen Bewegung zu integrieren.

D. Entwicklung der Forschung seit den 1990er Jahren

1. Einführungen, Überblicksdarstellungen, Standortbestimmungen

Für die erste Orientierung zum Forschungsstand über die Geschichte   Einführungen
der Bundesrepublik Deutschland sei auf die beiden Bände in der Reihe
„Grundriss der Geschichte" des Oldenbourg Verlags von R. MORSEY
[531: Bundesrepublik] und A. RÖDDER [536: Bundesrepublik] verwiesen. Während der im zuerst genannten Band behandelte Zeitraum von
1945 bis 1969 bereits intensiv erforscht wurde, steht für die Jahre danach die historische Forschung noch eher am Anfang. Gleichwohl gibt
es bereits eine ganze Reihe sowohl knapp resümierender Beiträge wie
umfangreicher historischer Monographien, die die Gesamtgeschichte
der Bundesrepublik oder zentrale Perioden ihrer Entwicklung in den
Blick nehmen. Dabei erstrecken sich einige Untersuchungen bis in die
Gegenwart. Ihre Verfasser beherzigen die Aufforderung von H.-P.
SCHWARZ [514: Zeitgeschichte], auch Themen der jüngsten Zeitgeschichte aufzugreifen.

Im Jahr 2002 erschienen gleich zwei „kleine Geschichten" der Bundesrepublik. M.-L RECKER [532: Geschichte der Bundesrepublik] bietet dem Leser eine chronologische Darstellung, die sie mit abwägenden Interpretationen zentraler Aspekte verbindet. Anders geht B. STÖVER [544: Bundesrepublik] vor. Er setzt sich mit ausgewählten Forschungsproblemen auseinander, mit deren Hilfe er die zentralen Fragen der Geschichte der Bundesrepublik veranschaulichen will. Zur Ergänzung bietet sich die „Deutsche Geschichte im 20. Jahrhundert" von A. WIRSCHING [552] an, die auf wenigen Seiten einen ersten Einstieg in die Thematik bietet.

Gesamt-darstellungen Die erste große Gesamtdarstellung in der hier zu behandelnden Berichtszeit erschien 1999. Darin stellte M. GÖRTEMAKER [522: Geschichte der Bundesrepublik] die wirkungsmächtige These auf, dass Ende der 1960er/Anfang der 1970er Jahre eine „Umgründung" der Republik erfolgt sei. In der drei Jahre später erschienenen „Kleinen Geschichte der Bundesrepublik Deutschland" vertritt der Verfasser diese These jedoch nicht mehr so prononciert. [523: M. GÖRTEMAKER]. Von jeweils eigenem Charakter sind zwei im Jahr 2000 erschienene Gesamtdarstellungen. H. A. WINKLER [550: Weg nach Westen] behandelt in seiner Darstellung von Anfang des 19. Jahrhunderts bis zur Wiedervereinigung die Geschichte Deutschlands in Form einer „Meistererzählung", P. GRAF KIELMANSEGG [528: Katastrophe] im Rahmen einer problemorientierten, systematisch gegliederten Abhandlung. WINKLER hat seiner Darstellung als durchgehenden Interpretationsansatz Deutschlands „langen Weg nach Westen" zugrunde gelegt, KIELMANSEGGs „Nachdenken über Deutschland" ist dagegen in seiner Zielrichtung offen: Eine generelle These zu Geschichte der Bundsrepublik vertritt er nicht. Ganz anders sind dagegen die Darstellungen von E. WOLFRUM [553: Geglückte Demokratie] und E. CONZE [518: Suche nach Sicherheit; zur Konzeption dieses Werkes 506: DERS., Sicherheit als Kultur] angelegt. Beide lassen in ihren Titeln bereits ihre Wertungen erkennen. So beschreibt ersterer mit „kritischer Sympathie" die Geschichte einer „geglückten Demokratie" [zu diesem Ansatz auch 512: A. RÖDDER, Modell Deutschland], während letzterer als den zentralen Focus seiner Darstellung die „Suche nach Sicherheit" benennt. H.-U. WEHLER [548: Bundesrepublik] ist in dem letzten Band seiner Gesellschaftsgeschichte seinem Interpretationsansatz treu geblieben, so dass in seinen Ausführungen die politische Geschichte etwas zurück tritt. Eine Übersicht der politischen Geschichte der Bundesrepublik – verbunden mit zentralen sozialpolitischen Aspekten – bieten die Einleitungskapitel der Bände 3 bis 7 und 11 der „Geschichte der Sozialpolitik in Deutschland seit 1945" [507].

D. Entwicklung der Forschung seit den 1990er Jahren 119

Sehr unterschiedlich fällt die Berücksichtigung der DDR in den genannten Darstellungen aus. Das zuletzt genannte Werk behandelt die Entwicklung separat in den Bänden 8 bis 10. M. GÖRTEMAKER und H. A. WINKLER versuchen die DDR in ihre Betrachtungen einzubeziehen, und zwar mit der Begründung, dass „nahezu alles, was in der Bundesrepublik nach 1949 geschah, [...] direkt oder indirekt auf die DDR" bezogen war. WEHLER und KIELMANSEGG sehen das anders. In ihren Darstellungen geraten die Entwicklungen im zweiten deutschen Staat kaum in den Blick, weil diese für irrelevant gehalten werden.

Einbeziehung der DDR

Ob so verfahren werden kann, steht dahin. Auch wenn die These abgelehnt werden muss, dass die Bundesrepublik eine durch die Staatssicherheit der DDR „unterwanderte Republik" gewesen sei [529: H. KNABE, Unterwanderte Republik], ist es doch notwendig, die Entwicklungen der DDR einzubeziehen, wenn die Geschichte der Bundesrepublik betrachtet wird. Hierzu ist auf die essayistischen Studien von P. BENDER [516: Deutschlands Wiederkehr] und K. H. JARAUSCH [526: Umkehr] zu verweisen. Aber auch auf wissenschaftlicher Ebene ist die 40 Jahre dauernde „Systemkonkurrenz" als Thema bereits aufgegriffen worden [549: U. WENGST/H. WENTKER, Das doppelte Deutschland].

Umfassende Informationen über die Geschichte der Bundesrepublik sind den Sammelbänden zu entnehmen, die zu den runden Jubiläen dieses Staates erschienen sind [Beispiele: 517: E. CONZE, 50 Jahre, und 527: M. KAASE/G. SCHMID, Lernende Demokratie; 541: H.-P. SCHWARZ, Bundesrepublik Deutschland]. Nicht zu vergessen sind auch die Studien zu Teilabschnitten der Geschichte der Bundesrepublik. Hinzuweisen ist auf einen kleinen Band von D. GEPPERT [521] über die Ära Adenauer, aber auch auf so gewichtige Werke wie die von K. SCHÖNHOVEN [675: Wendejahre] über die erste Große Koalition, von A. WIRSCHING [551: Abschied vom Provisorium] über die ersten acht Jahre der Regierung Kohl und von K. SCHROEDER [540: Veränderte Republik] über die Zeit nach der Wiedervereinigung. So gelingt es SCHÖNHOVEN, die erste Große Koalition als „eine eigene Periode zu konturieren", als eine „Scharnierzeit" in der Geschichte der Bundesrepublik. Die Ära Kohl stellt sich für WIRSCHING als ein „Epochenwechsel" dar, und SCHROEDER versteht sein Werk als einen Beitrag zur „deutschen Standortbestimmung" in einer „veränderten Republik".

Sammelbände

Sehr gut erforscht ist auch der Prozess der Wiedervereinigung. Das ist vor allem darauf zurückzuführen, dass die Bundesregierung für ein großes Forschungsprojekt vorzeitig Akteneinsicht gewährt hat. Als Ergebnis liegen eine dickleibige Edition von Dokumenten aus dem

Wiedervereinigung

Bundeskanzleramt [465: H. J. KÜSTERS/D. HOFFMANN, Deutsche Einheit] und vier umfangreiche Monographien vor, von denen zwei dem inneren Vereinigungsprozess gewidmet sind [566: D. GROSSER, Wagnis, 569: W. JÄGER, Überwindung der Teilung]. Zur Aufhellung der damaligen Ereignisse tragen aber auch die persönlichen Zeugnisse führender deutscher Akteure wie H. KOHL [499: Erinnerungen, 500: Deutschlands Einheit], H.-D. GENSCHER [495: Erinnerungen] und deren enger Mitarbeiter H. TELTSCHIK [502: 329 Tage] und F. ELBE/R. KIESSLER [493: Runder Tisch] sowie die Darstellungen der beiden Präsidenten M. GORBATSCHOW [496: Deutsche Wiedervereinigung] und G. BUSH/B. SCOWCROFT [492: Neue Welt] bei. Die erste Gesamtdarstellung des Vereinigungsprozesses war sehr stark aus der Perspektive der DDR-Bevölkerung geschrieben [570: K. H. JARAUSCH, Unverhoffte Einheit]. Wesentlich abgerundeter präsentieren sich die Studien von G. A. RITTER [585: Preis der deutschen Einheit] und von A. RÖDDER [586: Deutschland]. Ersterer behandelt die Wiedervereinigung im Zeitraum von 1989 bis 1994 unter sozialpolitischer Fragestellung, letzterer spannt einen „thematischen Bogen von der Bürgerbewegung auf den Straßen der DDR bis zu den Verhandlungen auf dem Parkett der internationalen Diplomatie und von den internationalen Rahmenbedingungen bis zur inneren Ausgestaltung der deutschen Einheit" [12].

Ort der Bundesrepublik in der deutsche Geschichte

Nach der erfolgten Wiedervereinigung sahen sich mehrere namhafte Historiker veranlasst, essayistische Betrachtungen über den „Ort der Bundesrepublik in der deutsche Geschichte" anzustellen. Neben H.-P. SCHWARZ [542: Ort der Bundesrepublik] griffen G. A. RITTER [535: Über Deutschland], K. SONTHEIMER [543: So war Deutschland nie] und A. SCHILDT [537: Ankunft] zur Feder. In allen diesen Beiträgen überwogen die positiven Urteile über die Geschichte und die Zukunftsaussichten des wiedervereinigten deutschen Staates, dem A. SCHILDT in Übereinstimmung mit H. A. WINKLER [550: Weg nach Westen] bescheinigte, im „Westen" angekommen zu sein. Als Zeitpunkt für diese Ankunft hat K. SCHÖNHOVEN die 1960er Jahre definiert, in denen sich das Gesellschafts-, Politik- und Institutionenverständnis gewandelt und dies zur „intellektuellen Selbstanerkennung der Bundesrepublik als westliche Demokratie" geführt habe [539: Aufbruch, 144]. Die Verwestlichungsthese korrespondiert mit dem Forschungskonzept von A. DOERING-MANTEUFFEL [519: Wie westlich sind die Deutschen], der den Begriff der „Westernisierung" eingeführt hat, der deutlich weiter gefasst ist als der Begriff der „Amerikanisierung" und als Schlüssel zur Erklärung der geschichtlichen Entwicklung Deutschlands im gesamten 20. Jahrhundert dienen soll.

D. Entwicklung der Forschung seit den 1990er Jahren

Im Unterschied zu dem ideengeschichtlichen Ansatz DOERING-MANTEUFFELs sind die großen Forschungsprojekte, die in den letzten Jahren die Wandlungsprozesse in der Bundesrepublik erforscht haben, methodisch anders orientiert. An verschiedenen Orten in der Bundesrepublik sind Forschungsvorhaben begonnen worden, die mit den Methoden der Politikgeschichte, der politischen Sozialgeschichte, der Wirtschafts-, Gesellschafts- und Mentalitätsgeschichte den gesellschaftlichen Veränderungen nachgegangen sind, die vor allem in den 1960er Jahren zu beobachten waren. Hinzuweisen ist auf zwei Projekte des Instituts für Zeitgeschichte: zum einen „Reform und Revolte" [534], zum anderen „Bayern im Bund" [555]. In Freiburg arbeitet eine Forschergruppe unter Leitung von U. HERBERT [525: Wandlungsprozesse] an einem Projekt, das die Veränderungsprozesse der 1960er Jahre in einen größeren zeitlichen Rahmen einzuordnen versucht. Weitere Forschungsprojekte waren bzw. sind an der Forschungsstelle für Zeitgeschichte in Hamburg und am Westfälischen Institut für Regionalgeschichte in Münster angesiedelt, deren (Zwischen)ergebnisse in den von A. SCHILDT u. a. [538: Dynamische Zeiten] sowie M. FRESE u. a. [520: Demokratisierung] herausgegebenen Bänden nachzulesen sind. Während letztere die 1960er Jahre als „Wendezeit" in der Geschichte der Bundesrepublik begreifen oder – etwas zurückgenommen und auf beide deutsche Staaten bezogen – von „dynamischen Zeiten" sprechen, fällt das Urteil HERBERTs differenzierter aus, indem er die Liberalisierungsprozesse der 1960er und 1970er Jahre als Teil eines zu Beginn des 20. Jahrhunderts einsetzenden „Lern-, Anpassungs- und Optimierungsprozesses" begreift. Die Längerfristigkeit des gesellschaftlichen Modernisierungsprozesses, der bereits für die ausgehenden 1950er Jahre nachgewiesen werden kann, ist auch eines der Ergebnisse von „Bayern im Bund", das wie „Reform und Revolte" die Veränderungen am Handeln von staatlichen und gesellschaftlichen Institutionen und Organisationen untersucht. Im Unterschied zu HERBERTs These von der „Fundamentalliberalisierung der deutschen Gesellschaft" wird in den Arbeiten des Projekts „Reform und Revolte" aber herausgearbeitet, dass die Reichweite der Liberalisierungsprozesse für 1970er Jahre zu relativieren ist.

Forschungsprojekte zum gesellschaftlichen Wandel

2. Besatzungsjahre, föderativer Staat und Grundgesetz

Besatzungszeit Die Besatzungszeit ist eine sehr gut erforschte Phase der deutschen Nachkriegsgeschichte. Anzuzeigen sind zunächst Beiträge, die handbuchartig die vorliegenden Forschungsergebnisse zusammenfassen. „Deutschland unter alliierter Besatzung" ist ein Handbuch betitelt, das W. BENZ [504: Deutschland] herausgegeben hat und das umfassend über die Politik, Institutionen und Organisationen sowie Begriffe und Ereignisse informiert. Eine Zusammenfassung der zentralen Strukturen und Entwicklungen ist auch in den Einleitungskapiteln von Band 2 der „Geschichte der Sozialpolitik in Deutschland seit 1945" [507] enthalten. S. REICHARDTs [533: Nach dem Krieg] Darstellung versucht Alltags-, Politik- und Wirtschaftsgeschichte jener Jahre zu verbinden, behandelt aber nur einige Ausschnitte aus der Gesamtgeschichte, wobei der Blick von unten im Vordergrund steht. Eine ganz andere Perspektive hat H. VOGT [546: Wächter] gewählt, der die Einwirkungen der Hohen Kommissare auf die Bonner Politik untersucht. Zeitlich ist diese Studie zwar nicht mehr der Besatzungszeit zuzurechnen, wohl aber inhaltlich. Die Kontrollfunktion, die die Besatzungsmächte bis über 1949 hinaus ausübten, ist auch dem Werk von B. FAIT [564: Demokratische Erneuerung] über die Verfassungsgebung in Bayern zu entnehmen, die auch E. SCHMIDT [587: Staatsgründung] dokumentiert. Die amerikanische Besatzungsmacht griff in die Beratungen nur zurückhaltend ein, tat aber alles, um über die Verfassungsberatungen in Bayern die „Errichtung einer funktionsfähigen deutschen Zentralregierung zu beschleunigen" [564: B. FAIT, 573]. Die alliierte Einflussnahme, dieses Mal von Seiten der Franzosen, auf die deutsche Politik ist auch der Untersuchungsgegenstand von J. KLÖCKLER [573: Abendland], der die Neugliederungsdiskussion im deutschen Südwesten untersucht. Dagegen beschäftigt sich A. MOHR [580: Hessen] mit dem Länderrat der Bizone allein unter innenpolitischen Gesichtspunkten, wenn sie die Politik der hessischen Landesregierung gegenüber dieser Institution nachzeichnet und dabei die besondere Rolle des Ministerpräsidenten herausarbeitet.

Föderative Struktur Die föderative Struktur der Bundesrepublik ist Gegenstand zahlreicher Veröffentlichungen. Dabei gilt das Interesse sowohl der Entwicklung in den einzelnen Ländern als auch der föderativen Einflussnahme auf die Politik des Gesamtstaates. In Bezug auf die Geschichte der einzelnen Länder ist zunächst auf die Editionen über die Entstehung

D. Entwicklung der Forschung seit den 1990er Jahren 123

der einzelnen Landesverfassungen [479: Baden; 467: Hessische Verfassung; 480: Württemberg-Baden; 481: Württemberg-Hohenzollern] und von Ministerratsprotokollen [477: Baden; 476: Bayerischer Ministerrat; 472: Hessische Landesregierung; 473: Landesregierung von Nordrhein-Westfalen; 478: Regierung von Württemberg-Hohenzollern] hinzuweisen. Daneben gibt es Übersichtsdarstellungen [z.B. 592: H. G. WEHLING, Deutsche Länder, 557: J. BRAUTMEIER, Mythen und 571: M. KISSENER, Kleine Geschichte] oder quellengesättigte Studien zur Geschichte einiger Bundesländer [575: M. LANZINNER, Sternenbanner und 568: A. HEINEN, Saarjahre] sowie über die Verfassungen der neuen Bundesländer [576: H. VON MANGOLDT, Verfassungen]. Sehr eingehend ist der Landtag von Nordrhein-Westfalen [562: D. DÜDING, Parlamentarismus; 563: DERS., Volkspartei, 567: L. GRUBER, CDU-Landtagsfraktion, 582: G. PAPKE, Liberale Ordnungskraft] untersucht worden. Zur Vervollständigung unserer Kenntnisse über die Geschichte der Länder haben die Biographien über Ernst Reuter [554: D.-E. BARCLAY], Wilhelm Kaisen [588: K. L. SOMMER], Werner Hilpert [583: S. PAPPERT], Franz Meyers [577: S. MARX] und Heinz Kühn [561: D. DÜDING] genauso beigetragen wie die Untersuchung über die Neugliederungsdiskussion der Bundesländer in den 1950er Jahren [591: K. TEPPE, Politik]. Erwähnung verdienen auch die beiden Bände über das Wirken Hessens [593: E. WUNDER, Hessen] und der SPD [684: H. TRÄGER, Oppositionspartei SPD] in den 1950er Jahren im Bundesrat.

Biographien von Politikern haben in den letzten Jahren einen großen Stellenwert für die Geschichtsschreibung über die Bundesrepublik erlangt [515: U. WENGST, Männer]. Dies gilt auch für die Entstehung des Grundgesetzes. So liegen über drei bedeutende Mitglieder des Parlamentarischen Rates neue größere Biographien vor. Dabei handelt es sich um Carlo Schmid [688: P. WEBER], Thomas Dehler [689: U. WENGST] und Hermann Höpker Aschoff [589: F. SPIEKER]. Persönliche Zeugnisse von Theodor Heuss und Thomas Dehler während ihrer Zugehörigkeit im Parlamentarischen Rat finden sich in Bd. 3 der Stuttgarter Ausgabe [497: E. W. BECKER, Erzieher zur Demokratie] und der Veröffentlichung „Streiten um ein Staatsfragment" [485], Porträts der Mitglieder der CDU und CSU im Parlamentarischen Rat enthält ein von G. BUCHSTAB und H.-O. KLEINMANN [560: Verantwortung vor Gott] herausgegebener Band. Weiter vorangeschritten ist die Dokumentation der Entstehung des Grundgesetzes [470: H.-P. SCHNEIDER, Grundgesetz], abgeschlossen ist die Edition der „Akten und Protokolle des Parlamentarischen Rates" [475: Der Parlamentarische Rat]. Eine knappe Einführung in „wichtige Aspekte" und „große Entwicklungsli-

Entstehung des Grundgesetzes

nien" der Beratungen über das Grundgesetz bietet die handliche Dokumentation von M. F. FELDKAMP [466: Entstehung des Grundgesetzes]. Bis heute fehlt jedoch immer noch eine große aus den Quellen gearbeitete Monographe über die Entstehungsgeschichte des Grundgesetzes. Nach wie vor kann man nur auf zwei kleinere Werke zurückgreifen, die eher den Charakter von Einführungen haben. M. F. FELDKAMPs Studie [565: Der Parlamentarische Rat] handelt das Thema chronologisch ab, K. NICLAUSS [581: Weg zum Grundgesetz] hat einen systematischen Zugriff gewählt, der von den vorhandenen unterschiedlichen Demokratiekonzepten zu Beginn der Beratungen ausgeht und die Demokratiediskussion im Parlamentarischen Rat in den Mittelpunkt stellt. In einem größeren Zusammenhang behandeln zwei weitere Bücher das Thema. Ein von C.-D. KROHN und M. SCHUMACHER [574: Exil und Neuordnung] herausgegebener Sammelband erörtert die Beiträge des Exils zur verfassungspolitischen Neuordnung nach 1945, und die Dissertation von S. ULLRICH [547: Weimar-Komplex] untersucht auf breiter Grundlage den „Weimar-Komplex" , der nicht nur die Beratungen des Parlamentarischen Rates, sondern auch noch den politischen Diskurs der 1950er Jahre in der Bundesrepublik weitgehend bestimmt hat. Bei den Büchern von CH. MÖLLERS [579: Grundgesetz], CH. BROMMARIUS [558: Grundgesetz] und M. STEINBEISS/M. DETJEN/ST DETJEN [590: Die Deutschen] handelt es sich mehr oder weniger um essayistische Betrachtungen über das Grundgesetz aus Anlass von dessen 60jährigem Bestehen.

Diskussion über Verfassungsfragen um 1990

Entgegen den anfänglichen Erwartungen hat sich das Grundgesetz als eine über Jahrzehnte hinweg stabile Verfassung erwiesen. Deshalb ist auch die Wiedervereinigung 1990 über Art. 23 GG als Beitritt und nicht über Art. 146 GG durch die Verabschiedung einer neuen gesamtdeutschen Verfassung erfolgt. Die Diskussionen, die seit 1990 über die Verfassungsfrage geführt worden sind, sind im einem dreibändigen Werk mit Kommentaren und Dokumenten nachzulesen [487: E. FISCHER/W. KÜNZEL, Verfassungsdiskussion]. Es enthält auch die wesentlichen Dokumente der Gemeinsamen Verfassungskommission, die von 1992 bis 1994 über Verfassungsänderungen und -ergänzungen beraten hat. Eine Würdigung der Arbeit dieser Kommission ist in mehreren Beiträgen festgehalten [556: U. BERLIT, Reform, 559: M. BREMERS, Gemeinsame Verfassungskommission, 584: N. KONEGEN/P. NITSCHKE, Revision]. Die Arbeit der Verfassungskommission ist von der Öffentlichkeit kaum wahrgenommen worden und ihre Ergebnisse waren nicht der „große ‚verfassungsreformerische Wurf'" [556: U. BERLIT, 88]. M. BREMERS kritisiert den inhaltlichen Verlauf der Debatte, in dem es nicht so sehr um eine verfassungstheoretische Auseinandersetzung als um einen Parteienstreit gegangen sei [559: 378f.]. In eine andere Richtung zielt die Kritik von H. MOELLE [578: Verfassungsbeschluss], der für eine „baldige Anwendung des Art. 146", d.h. für eine neue Verfassung für die Bundesrepublik plädiert [231].

3. Das Regierungssystem und seine Organe

Die herausragende Position im politischen System der Bundesrepublik ist die des Bundeskanzlers. Deshalb überrascht es nicht, dass über alle bisherigen Bundeskanzler von Adenauer bis Helmut Schmidt wissenschaftliche Biographien vorliegen, die mit der Ausnahme Adenauer alle in den letzten Jahren erschienen sind [524: V. HENTSCHEL, Erhard, 530: A. MIERZEJEWSKI, Erhard; 648: P. GASSERT, Kiesinger; 674: G. SCHÖLLGEN, Brandt, 663: P. MERSEBURGER, Brandt; 680: H. SOELL, Schmidt; 678: H.-P. SCHWARZ, Anmerkungen zu Adenauer]. Über Helmut Kohl gibt es neuerdings eine Biographie von H. SCHWAN und R. STEININGER [677: Virtuose], die aber nur als vorläufig betrachtet werden kann, da ihr eine solide Quellenbasis fehlt. Biographische Quellen zu Adenauer und Brandt sind in der „Rhöndorfer" [488] bzw. „Berliner Ausgabe" [491] zu finden. Starkes Interesse haben die großen Regierungserklärungen der Bundeskanzler gefunden. K. STÜWE [486: Regierungserklärungen] hat einen Band mit den Texten dieser Erklärungen herausgegeben und diese einige Zeit später durch eine analytische Betrachtung ergänzt [631: K. STÜWE, Rede des Kanzlers]. Nach einem ähnlichen Muster verfährt K.-R KORTE [474: Das Wort hat der Herr Bundeskanzler] in dem von ihm publizierten Sammelband; auch hierin wird der Abdruck der großen Regierungserklärungen mit einer Analyse verbunden. Dokumentiert wird die Arbeit der Bundeskanzler und ihrer Regierungen zudem durch „Die Kabinettsprotokolle der Bundesregierung" [471], die bis zum Jahr 1966 ediert vorliegen. Kurzbiographien aller Kanzler und Minister haben U. KEMPF und H.-G. MERZ [509: Kanzler und Minister] publiziert.

Diskutiert wird bis heute die Frage, ob die Bundesrepublik als eine „Kanzlerdemokratie" zu bezeichnen ist. K. NICLAUSS [617: Kanzlerdemokratie] beantwortet sie in seiner vollständig neu bearbeiteten Studie von 1988 mit einem bedingten Ja. Den von Adenauer geprägten Regierungsstil vermag er mit Ausnahme der Kanzlerschaften von Ludwig Erhard und Kurt-Georg Kiesinger bei allen anderen Kanzlern zu erkennen, wobei er aber durchaus eingesteht, dass die „Kanzlerdemo-

Bundeskanzler

Kanzlerdemokratie

kratie" durch Ambivalenzen geprägt sei. In ihrer Untersuchung der Regierungsstile von Adenauer und Kohl kommt E. SCHMIDTKE [623: Bundeskanzler, 294] zu dem Ergebnis, dass die „Kanzlerdemokratie" sowohl als „abgeschlossene Etappe in der Geschichte der Bundesrepublik als auch als Kontinuitätselement" angesehen werden könne. In Übereinstimmung mit K.-R. KORTE [608: Deutschlandpolitik] betont sie das parteiendemokratische Element der „Kanzlerdemokratie" unter Helmut Kohl, da dieser politisch nur so lange überlebte, wie er „auf seine tägliche Integrationsleistung gegenüber der Partei-Machtbasis bauen" konnte [400]. In Untersuchungen, die alle Bundeskanzler betreffen, behandeln TH. KNOLL [610: Bundeskanzleramt] und K. MÜLLER/F. WALTER [616: Graue Eminenzen] mit dem Bundeskanzleramt bzw. den „Küchenkabinetten" Instrumente des Regierungshandelns. Das Bundeskanzleramt wird in seiner Bedeutung als „potentielle Machtquelle und institutioneller Einflussfaktor" [434] ebenso richtig eingeschätzt wie die „Küchenkabinette" der Bundeskanzler von Adenauer bis Schröder, auf deren Existenz das politische System angewiesen sei, „wenn es einigermaßen effektiv funktionieren soll" [200].

Große Koalition von 1966

In den letzten Jahren ist die erste Große Koalition bei Historikern auf großes Interesse gestoßen, und ihre Leistungen sind insgesamt positiv gewürdigt worden. Auf die umfangreiche Gesamtdarstellung von K. SCHÖNHOVEN [675: Wendejahre] ist bereits hingewiesen worden. A. H. SCHNEIDER [624: Kunst des Kompromisses] hat bereits vor Jahren auf das ausgesprochen hohe Reformpotenzial dieser Regierung hingewiesen, als deren eigentliches Machtzentrum sie die Fraktionsvorsitzenden Helmut Schmidt und Rainer Barzel ausgemacht hat. Positiv fällt auch das Urteil von J. S. EICHHORN [596: Klippen] aus, der der damaligen Großen Koalition eine „erfolgreiche Regierungspraxis" bescheinigt [249]. Einem der Initiatoren dieses Bündnisses, dem CSU-Politiker Karl Theodor von und zu Guttenberg, hat U. WIRZ [634] eine Teilbiographie gewidmet, in der dessen Anteil an der Bildung dieser Regierung herausgearbeitet wird. Mit dem Ende der Großen Koalition und der Bildung der sozialliberalen Koalition [hierzu: 603: D. HOFMANN, Verdächtige Eile] wurden inhaltlich in der Innenpolitik neue Schwerpunkte gesetzt. Diese Veränderung hat G. METZLER [613: Konzeptionen] in dem Satz zusammengefasst: „Das Projekt einer optimistischen Modernisierung, wie es in den sechziger Jahren die Politik bestimmte, trat hinter den Problemen der ‚reflexiven Moderne' seit Beginn des folgenden Jahrzehnts zurück" [426].

Parlamentarische Staatssekretäre

Von der Bundesregierung richtet sich nunmehr der Blick auf den Bundestag. Als Bindeglied zwischen den beiden Institutionen Bundestag und Bundesregierung wurde 1967 die Position des Parlamentarischen Staatssekretärs geschaffen, der zum einen den Minister entlasten, zum anderen aber als eine Art Führungsreserve dienen sollte. J. HEFTYs [600: Parlamentarische Staatssekretäre] Urteil hierüber fällt eindeutig negativ aus, wenn sie am Ende ihrer Untersuchung apodiktisch feststellt, dass „sich die Institution als Beitrag zur Reform des Regierungssystems nicht bewährt" habe [289].

Der Bundestag selbst ist ein zentrales Forschungsgebiet der Zeitgeschichtsforschung und der Politikwissenschaft geworden. Editionen der Protokolle von Ausschusssitzungen [461: Der Auswärtige Ausschuß; 462: Bundestagsausschuss für Verteidigung; 468: Der Gesamtdeutsche Ausschuß], ein großes „systematisch gegliedertes Nachschlagewerk" [513: P. SCHINDLER, Datenhandbuch] und biographische Handbücher [505: R. VIERHAUS/L. HERBST, Biographisches Handbuch; 511: M. SCHUMACHER, M.d.B.] enthalten vielfältige Informationen über dieses wichtige Gremium. Außerdem liegen mit den Erinnerungen von R. BARZEL [490: Gewagtes Leben] und R. SÜSSMUTH [501: Wer nicht kämpft] Erinnerungen von Bundestagspräsidenten vor, und der langjährige Amtsinhaber Eugen Gerstenmaier ist durch eine Biographie gewürdigt worden [597: D. GNISS, Politiker]. Eine umfassende Einführung enthält das Werk von W. ISMAYR [605: Deutscher Bundestag], während ein von H. OBERREUTER u. a. [619: Deutscher Bundestag] herausgegebener Sammelband den „Bundestag im Wandel" behandelt. Im Zentrum der Forschungsliteratur stehen die Fraktionen. H.-P. SCHWARZ weist in einem von ihm herausgegebenen Sammelband über die Geschichte der CDU/CSU-Fraktion besonders auf die „Stabilisierungsfunktion" von Fraktionen hin [627: Fraktion als Machtfaktor, 314]. In einer politologisch angelegten Studie zeichnet S. S. SCHÜTTEMEYER [626: Fraktionen] ein sehr differenziertes Bild über den Einfluss der Fraktionen, der teils von immenser Bedeutung, in anderen Fällen äußerst begrenzt sei. Aufs Ganze betrachtet stellt sie fest, dass „die Fraktionen und mit ihnen das Parlament hinter ihren Möglichkeiten" zurückbleiben [335]. Dagegen ist M. SCHWARZMEIER [628: Parlamentarische Mitsteuerung] der Meinung, dass die Fraktionen „auf dem Wege der informalen Mitsteuerung einen substantiellen Beitrag zur Formulierung und Reformierung der Regierungspolitik" leisten [385], und U. KRANENPOHL [611: Mächtig oder machtlos] bewertet die Gestaltungsmöglichkeiten kleiner Fraktionen als „zufriedenstellend" [360]. In ihrer Studie über die Grünen und die PDS im Bundestag kommt J. SPÖHRER [629: Demokratie und Oligarchie] zu dem Ergebnis, dass beide Gruppierungen „als weitgehend assimiliert gekennzeichnet werden" können [232].

Bundestag

Fraktionen

Bundespräsidenten Wesentlich geringer ist das Interesse am Amt des Bundespräsidenten. Von den bisherigen Amtsträgern sind bisher lediglich Heinrich Lübke [615: R. MORSEY] und Karl Carstens [545: T. SZATKOWSKI] biographisch gewürdigt worden. Den anlässlich von Richard von Weizsäkkers 90. Geburtstag erschienenen Lebensbeschreibungen liegt kein tragfähiger Quellenkorpus zugrunde [z. B. 621: H. RUDOLPH, Richard von Weizsäcker]. Den Anteil von Heuss an der Staatsleitung dokumentiert eine Edition [489: Adenauer–Heuss], die auswärtige Repräsentation durch den ersten Bundespräsidenten ist in einer knappen Darstellung zusammengefasst [599: F. GÜNTHER, Heuss auf Reisen]. Betrachtungen über die „strukturelle Funktion des Amtes des Bundespräsidenten im politischen System der Bundesrepublik", die „Prägung des Amtes" durch seine jeweiligen Inhaber und der vom „Parlamentarischen Rat entwickelten Konzeption" des Amtes in einem „historischen Vergleich" sind in einem Sammelband nachzulesen, der die Bundespräsidenten von Heuss bis Herzog ins Licht rückt. [606: E. JÄCKEL u. a., Von Heuss zu Herzog].

Bundesrat Ähnlich stiefmütterlich ist der Bundesrat behandelt worden. Mit ihm haben sich in den vergangenen Jahren nicht die Historiker, sondern Beamte, Juristen und Politologen befasst. Dabei richtet sich der Fokus eines 1998 von E. KLEIN [572: Rolle des Bundesrates] veröffentlichten Sammelbandes auf „die Rolle des Bundesrates und der Länder im Prozess der deutschen Einheit". Das Urteil eines der Beiträger ist eindeutig: „Die Integrationsleistung des Bundesrates beim Vollzug der Einheit Deutschlands war beachtlich" [G. ERMISCH, 97]. Die juristische Dissertation von A. RÜHRMAIR [622: Bundesrat] enthält keine neuen Befunde zur historischen Entwicklung des Bundesrates. Von Interesse sind gleichwohl die auf parlamentsrechtlicher Basis abgegeben Urteile, so z. B. über die Legitimität einer Blockadepolitik der Länderkammer oder „die Verfassungsmäßigkeit von Koalitionsvereinbarungen über das Abstimmungsverhalten im Bundesrat" [161]. Insbesondere im Hinblick auf obige Erörterung der Problematik des Begriffs der „Kanzlerdemokratie" erscheint der Vorschlag von H. SCHNEIDER [625: Ministerpräsidenten] aufgrund seiner umfassenden Untersuchung über die Ministerpräsidenten nicht unbegründet zu sein, das Regierungssystem der Bundesrepublik als „Republik des Kanzlers und der Landesfürsten" zu bezeichnen [371].

Bundesverfassungsgericht Der Stellenwert des Bundesverfassungsgerichts für die Stabilisierung des politischen Systems der Bundesrepublik ist unbestritten. In den jüngeren Untersuchungen werden insbesondere seine Verdienste für die Wahrung der Grundrechte betont. So hat J. LIMBACH [612: Bundesverfassungsgericht] dem Gericht bescheinigt, durch seine Rechtsprechung zu den Grundrechten bewirkt zu haben, „dass das Grundgesetz konkrete Gestalt gewonnen" hat „und in der politischen Kultur Deutschlands verwurzelt" ist [7]. Ähnlich ist die Bewertung von U. WESEL [632: Gang nach Karlsruhe] ausgefallen, der den Karlsruher Richtern das Verdienst zuspricht, wesentlich dazu beigetragen zu haben, „dass in Deutschland zum ersten Mal eine stabile Demokratie entstanden ist mit dem Vorrang von Verfassung und Menschenrechten" [13]. Nicht zuletzt aus diesem Grund schreibt K. VON BEYME dem Bundesverfassungsgericht eine „Vorbildrolle" für andere Demokratien zu [595: R. CH. VAN OOYEN, 519]. Auseinandersetzungen über die Rolle des Gerichts gibt es aber nach wie vor dann, wenn es um die Frage geht, ob es Anteil an der Staatsleitung hat, d.h. sich zu politischen Fragen äußern und hierüber entscheiden darf. M. PIAZOLO beantwortet sie weitgehend positiv, wenn er für eine „gewisse richterliche Zurückhaltung in politischen Fragen" plädiert, aber die Notwendigkeit betont, „manche politische Entscheidung den Regeln des Rechts entsprechend auf ihre Verfassungsmäßigkeit" zu überprüfen [EBD., 303]. Beispielhaft setzen sich mit diesem Problem D. HOFFMANN [602: Bundesverfassungsgericht] und K. J. GRIGOLEIT [598: Bundesverfassungsgericht] auseinander.

4. Parteien und Wahlen

„Die Bundesrepublik war von Anfang an ein Parteienstaat, auch wenn Artikel 20 und 21 des Grundgesetzes nicht unbedingt mit dieser Intention formuliert worden sind" [647: O. W. GABRIEL u.a., Parteiendemokratie, Beitrag von R. STÖSS, 34]. Diese Feststellung ist eine Erklärung dafür, dass historische und politologische Studien über das Parteiensystem und die einzelnen Parteien in der Bundesrepublik zahlreich vorhanden sind. Erste Orientierungen bieten der genannte Sammelband und die einführenden Studien von U. VON ALEMANN [636: Parteiensystem] und K. NICLAUSS [668: Parteiensystem], wobei ersterer die Geschichte der Parteien bis zur Mitte des 19. Jahrhunderts zurückverfolgt, letzterer dagegen der Geschichte der Parteien in der Bundesrepublik einen größeren Platz einräumt. In allen Veröffentlichungen werden die Parteien als ein notwendiges Element einer parlamentarischen Demokratie bezeichnet. Allerdings wird auch die Kritik am Zustand des Parteienstaates Bundesrepublik Deutschland zum Teil als berechtigt anerkannt und eine „stärkere Beteiligung der ‚Basis' an innerparteilichen

Parteienstaat

Personal- und Sachentscheidungen" [668: K. NICLAUSS, 249] bzw. „mehr Offenheit und Öffentlichkeit der Parteien" [647: R. STÖSS, 35] gefordert. Gleichwohl zweifelt F. WALTER [686: Baustelle] an der Zukunftsfähigkeit des deutschen Parteiensystems. In einer „Politik ohne Lagerbildung" erkennt er den Verlust der Bindungskraft der Volksparteien und befürchtet den Übergang von einem einst übersichtlichen Parteiensystem in eine „chaotische Baustelle".

Statistik der Parlamente und Parteien

Von diesen Zukunftserwartungen wendet sich der Blick der historischen Parteienforschung zu. Die Parlamentarismus-Kommission hat ein großes vierbändiges Handbuch zur Statistik der Parlamente und Parteien in den westlichen Besatzungszonen und der Bundesrepublik von 1945 bis 1990 [508] herausgegeben. Dieses informative Werk vermittelt wichtige Erkenntnisse zur „Kontinuität der deutschen Parteienlandschaft im 20. Jahrhundert", zum „Zusammenhang von sozialstrukturellem Wandel und politischer Repräsentanz von Sozialgruppen", aber auch zur „Rolle der Parteiorganisation für die Wähler- und Mitgliedermobilisierung" und die „Binnenstruktur der Parteien und deren Beziehungen zum gesellschaftlichen Wandel".

Parteienfinanzierung

Die Geschichte der Parteien in der Bundesrepublik ist nur unter Einbeziehung der Parteienfinanzierung angemessen zu beurteilen. Insofern ist das Werk von K.-H. ADAMS [635: Parteienfinanzierung] als besonders wichtig hervorzuheben, da es die Parteienfinanzierung von den Anfängen der Bundesrepublik bis zum Jahr 2001 auf der Grundlage einer breiten Literaturbasis detailliert nachzeichnet. Wenn der Verfasser seine Darstellung als „Sittengeschichte" bezeichnet, so ist dies im Hinblick auf die zahlreichen „Schwarzkonten" und illegalen Spenden im Verlauf der Jahrzehnte berechtigt. Der Verfasser geht jedoch auch ausführlich auf die durch das Parteiengesetz von 1967 geregelten direkten und indirekten Formen der Parteienfinanzierung ein. Das Schlussresümee stimmt hoffnungsvoll: „Die Parteienfinanzierung wurde im Laufe der Jahre, in sehr vielen Anläufen und in kleinen Schritten, immer mehr demokratischen Spielregeln unterworfen" [537].

SPD

Von den einzelnen Parteien sind die großen Volksparteien am intensivsten untersucht worden. In den letzten Jahren gilt dies insbesondere für die SPD. Mit deutlichem zeitlichen Abstand zu CDU und FDP ist mit der Edition der Sitzungsprotokolle der Spitzengremien der Partei [484: W. ALBRECHT, SPD] begonnen und die Edition der Sitzungsprotokolle des Bundestagsfraktion [483: B. T. TÜFFERS, SPD-Fraktion] fortgesetzt worden. Plastizität hat die Geschichte der SPD dadurch gewonnen, dass eine ganze Reihe von Führungspersonen in den Blick der

Forschung geriet. Bände der „Berliner Ausgabe" [491] rückten den Parteipolitiker Willy Brandt ebenso ins Blickfeld wie die Biographie von P. MERSEBURGER [663: Brandt], der ebenfalls eine Biographie über Kurt Schumacher [662] vorlegte. Biographisch gewürdigt wurde auch Herbert Wehner [664: CH. MEYER], während H.-J. VOGEL [503: Nachsichten] und E. EPPLER [494: Komplettes Stückwerk] ihre Erinnerungen vorlegten. Kontrovers diskutiert wurde der Dialog zwischen SPD und SED in den 1980er Jahren [645: F. FISCHER, Im deutschen Interesse; 651: E. HAHN, SED und SPD; 670: R. REISSIG, Dialog] und die Haltung des SPD während des Wiedervereinigungsprozesses [676: P. SCHUH/B. N. VON DER WEIDEN und 644: B. FAULENBACH/H. POTTHOFF (Hrsg.), Deutsche Sozialdemokratie]. Andere Verfasser behandelten sie als Objekt der „Westernisierung [637: J. ANGSTER, Konsenskapitalismus], untersuchten das Godesberger Programm unter neuen Aspekten (Krise des Ruhrbergbaus) [669: CH. NONN, Godesberger Programm] oder befassten sich mit innerparteilichen Auseinandersetzungen zwischen der Neuen Linken und dem Seeheimer Kreis [649: A. GEBAUER, Richtungsstreit]. Dabei fällt das abschließende Urteil bitter aus, wenn die Verfasserin feststellt, dass der „Pfad der gemäßigten, staatstragenden und pragmatisch ausgerichteten Sozialdemokratie (...) immer schmaler geworden (sei), je mehr Terrain an die Wortführer der Wünschbarkeit, der Illusionen und Utopien verloren" gegangen sei [250]. Der kritische Blick von F. WALTER [687: SPD] auf die SPD ist anders begründet. Er sieht die SPD „in der Mitte der Gesellschaft angekommen" und konstatiert damit zusammenhängend einen Milieuverlust, der die Zukunftsfähigkeit der Partei bedrohe.

Ganz so weit geht F. BÖSCH [640: Macht und Machtverlust] in seiner Gesamtdarstellung der Geschichte der CDU, der eine Detailstudie über die Partei unter Adenauer vorausging [639: F. BÖSCH, Adenauer-CDU], nicht. Aber auch er konstatiert „langfristige Schlüsselprobleme" durch finanzielle Einbußen, das Fehlen einer „organisatorischen Zielperspektive [272], Schwierigkeiten im „programmatisch-ideologischen" Bereich [273] und schließlich den „langsamen und kontinuierlichen Verlust bei entscheidenden Wählergruppen" [274]. Hieraus leitet er aber kein „Krisenszenario" ab, da die Geschichte bewiesen habe, dass sich die Partei „auf neue Herausforderungen stets einstellen konnte" [274]. Die Geschichtsschreibung über die CDU wird nach wie vor sehr stark von der Adenauer-Stiftung bestimmt. Sie betreibt weiterhin die Herausgabe der Bundesvorstandsprotokolle [463: G. BUCHSTAB, CDU-Bundesvorstand], sie edierte ein einschlägiges Lexikon [510: W. BECKER, Lexikon der Christlichen Demokratie] und sie gab einen Sam-

CDU

melband „60 Jahre CDU" heraus [642: G. BUCHSTAB, Brücke]. Wie im Fall der SPD haben die Erinnerungen führender Unionspolitiker zur Aufhellung des Innenlebens der Partei beigetragen. Zu nennen sind neben H. KOHL [499: Erinnerungen], R. BARZEL [490: Gewagtes Leben], R. SÜSSMUTH [501: Wer nicht kämpft], W. LEISLER-KIEP [498: Zuversicht]. Gleich mehrere Arbeiten befassen sich mit der Außen- und Deutschlandpolitik der CDU/CSU-Fraktion [650: T. GEIGER, Atlantiker, 682: D. TASCHLER, Herausforderungen, 683: A. TIGGEMANN, CDU/CSU]. Dabei geht es zum einen um den Streit zwischen „Atlantikern" und „Gaullisten", zum anderen um die deutschlandpolitischen Debatten von 1966 bis 1972. Handelte es sich im ersten Fall wenigstens zu einem beträchtlichen Teil um einen Scheinkonflikt, so ist den beiden anderen Arbeiten zu entnehmen, dass die Möglichkeiten, die eigenen politischen Vorstellungen durchzusetzen, sehr begrenzt waren.

CSU Die Erforschung der Geschichte der CSU ist noch nicht sehr weit gediehen. Dies ist insbesondere auf eine restriktive Handhabung der Zugangsmöglichkeiten zu den Aktenbeständen zurückzuführen. Immerhin sind nunmehr die Protokolle der Sitzungen der Spitzengremien der CSU bis 1955 aufgearbeitet [460: J. BALCAR/TH. SCHLEMMER, Spitze der CSU]. Eine Monographie der Parteigeschichte über denselben Zeitraum hat TH. SCHLEMMER [672: Aufbruch] bereits einige Jahre früher vorgelegt. Detailliert beschreibt er darin die Entwicklung der CSU von ihrer Gründung bis zu ihrem Durchbruch zur dominierenden Partei in Bayern im Jahr 1957, eine Entwicklung, die durch heftige parteiinterne Spannungen und Krisen gekennzeichnet war. Eine Übersicht über den Stand der Forschung über die „aufsässige Schwester" der CDU liegt ebenfalls aus der Feder TH. SCHLEMMERs [673: Schwester] vor. Die Zusammenarbeit von CDU und CSU im Bundestag wird durch die Edition der Protokolle der CDU/CSU-Fraktion im Deutschen Bundestag [464] dokumentiert.

FDP Der CSU haben die Politikwissenschaftler bisher noch nicht das absehbare Ende prophezeit. Vielmehr hat A. KIESSLING [656: CSU] in einer Gegenwartsanalyse festgestellt, dass die „Interaktionen der Machtzentren wohl auch künftig dafür sorgen, dass sich neue Dynamik ergibt"[349]. Für die FDP wurden ähnlich günstige Prognosen nicht gestellt. Statt dessen gerierten sich P. LÖSCHE und F. WALTER [661: FDP] als Kassandra, als sie 1996 der FDP das „Aus" und den „Zerfall" voraussagten [216]. J. DITTBERNER [643: FDP] sieht die Existenz der FDP nicht gefährdet und stellt lediglich die Frage, ob sie als „eigenständige liberale Partei" oder als „Funktionspartei" fortexistieren werde [371]. Neu ist der Zweifel am Überleben der FDP nicht. Er hat ihre Geschichte stets begleitet. „Zwischen Totenglöcklein und Größenwahn – die Liberalen durchlebten in ihren Wahlkämpfen ein Wechselbad der Gefühle" [294], so hat M. MICHEL [614: Bundestagswahlkämpfe] in seiner Untersuchung der Bundestagswahlkämpfe der FDP seit 1949 die FDP charakterisiert. An den Rand des Scheiterns führte die FDP auch die ost- und deutschlandpolitische Umorientierung in den 1960er Jahren, die am Ende der Dekade mit einem riskanten Koalitionswechsel verbunden war. Die damals geführten innerparteilichen Auseinandersetzungen sind der Inhalt zweier Veröffentlichungen von M. SIEKMEIER [679: Restauration] und R. HÜBSCH/J. FRÖLICH [655: Deutsch-deutscher Liberalismus]. Herausgearbeitet wird nicht nur die Bedeutung von Walter Scheel, sondern auch die gewichtige Rolle eines Angestellten der Partei wie Wolfgang Schollwer.

Die Grünen haben sich als erste neue Partei seit den 1980er Jahren in der Bundesrepublik im Parteiensystem etablieren können. Sie entwickelten sich von einer „Anti-Parteien-Partei" zu einer Partei, die „sich in ihren innerparteilichen Organisationsstrukturen weitgehend an ihre politischen Konkurrenten angeglichen" hat [657: M. KLEIN/W. FALTER, Der lange Weg, 219]. Diesen Befund einer Gesamtgeschichte der Partei bestätigen die Edition der Sitzungsprotokolle der Grünen im Bundestag von 1983 bis 1987 und zwei Untersuchungen zu Spezialaspekten der Geschichte der Grünen. Im Bundestag gelang es der Fraktion nicht, „ihre politik-, parlaments- und demokratietheoretischen Vorstellungen in die Praxis umzusetzen"; sie hatte aber inhaltlich ein „imponierende Leistungsbilanz" aufzuweisen, so dass sie zu „dem Zentrum grüner Politik" avancierte [469: Die Grünen im Bundestag, XXVI und XXXIV]. Trotz teilweise massiver Probleme bei der Vereinigung der westdeutschen Grünen mit Bündnis 90 sowie der Entwicklung einer tragfähigen außenpolitischen Konzeption stand am Ende eine mehr oder weniger geschlossene Partei. Durchgesetzt hat sich der realpolitische Flügel, so dass die Grünen Ende der 1990er Jahre außenpolitisch in der Lage waren, sich „mit den Ansprüchen eines konventionell agierenden Koalitionspartners" zu arrangieren [685: L. VOLMER, Die Grünen, 589] und sich die Bündnisgrünen 1998 als „eine Regierungspartei im Wartestand" verstanden [653: J. HOFFMANN, Doppelte Vereinigung, 344].

Die Grünen

Die bisher vorliegenden Untersuchungen zur PDS setzen sich zumeist mit der Frage auseinander, ob sie als demokratische Partei angesehen werden kann. Diese Frage wird überwiegend mit Nein beantwortet. Ein von der Hanns Seidel Stiftung herausgegebener Band zeichnet das „Profil einer antidemokratischen Partei" [665: P. MOREAU, PDS].

PDS

Derselbe Verfasser hat wenige Jahre später diese These wiederholt und die Partei als „tendenziell totalitär" definiert [666: P. MOREAU/R. SCHORPP-GRABIAK, PDS, 315]. Zurückhaltender urteilt J. P. LANG [660: PDS], der konstatiert, dass der „Wertekanon des demokratischen Verfassungsstaates (...) weder Denken noch Handeln der PDS" leiten, es aber ablehnt, der PDS zu unterstellen, ein „totalitäres System" errichten zu wollen [155]. Ähnlich urteilt A. MORGENSTERN [667: Parteien]. Er behandelt die PDS im Vergleich mit anderen „extremistischen und radikalen Parteien" wie DVU, REP und DKP und erkennt eine „Distanz zum demokratischen Verfassungsstaat" [265]. Aus der Sicht des ehemaligen SED-Mitgliedes und Renegaten der PDS bewertet M. BEHREND [638: PDS] die Geschichte der PDS. Ihm war und ist die Politik dieser Partei und ihrer Nachfolgeorganisation „Die Linke" zu sehr auf Teilhabe an der „Herrschaftspolitik" ausgerichtet. Als politische Anklageschrift ist das neueste Werk von H. KNABE [658: Honeckers Erben] zu werten. Hierin hält der Verfasser fest: „Die Ideen, die zur Katastrophe des Kommunismus führten, werden von der LINKEN heute in anderer Verpackung erneut propagiert." Deshalb fordert er: „Bündnisse mit der LINKEN müssen tabu bleiben, so lange sich in ihren Reihen Diktaturverherrlicher und belastete SED- und Stasikader tummeln" [EBD., 391 f.].

„Kleinparteien"   Von Beginn ihrer Geschichte an gab es in der Bundesrepublik „Kleinparteien", bei denen es sich oft um links- oder rechtsradikale Gruppierungen gehandelt hat. Zwei dieser Parteien, die SRP und die KPD, sind in den 1950er Jahren vom Bundesverfassungsgericht verboten worden. Während dem Urteil gegen die SRP „durchschlagender Erfolg" konzediert worden ist, weil es „wesentlich zur Zurückdrängung des rechtsextremen Randes in der Bundesrepublik" geführt habe [652: H. HANSEN, SRP, 300], ist im Gegensatz hierzu das KPD-Verbot kritischer bewertet worden. T. KÖSSLER [659: Abschied] hat nachgewiesen, dass sich die KPD seit Ausgang der 1940er Jahre zunehmend als „ein äußerst fragiler Zusammenschluss" erwiesen habe, so dass es keines äußeren Drucks mehr bedurft hätte, „um eine ‚Implosion' und Desintegration des westdeutschen Kommunismus in Gang zu setzen" [436 u. 449]. Die KPD hätte dieser These zufolge ein ähnliches Ende genommen wie andere „Kleinparteien" in der Frühphase der Bundesrepublik. Hinzuweisen ist auf die Deutsche Reichspartei [681: O. SOWINSKI, Deutsche Reichspartei] und den BHE [646: E. FRENZEL, Block], aber auch auf die Nachfolgeorganisation der KPD, die DKP, die in Wahlen zwar wenig erfolgreich war, aber zur Auflösung des antitotalitären Konsenses in der Bundesrepublik im Verlauf der 1970er Jahre beitrug

[671: M. ROIK, DKP]. Im Unterschied zu diesen Parteien hat die NPD bis heute überlebt und löst nach wie vor Diskussionen aus, ob ein Verbotsantrag in Karlsruhe gestellt werden sollte. Schon allein deshalb verdient die Studie von U. HOFFMANN [654: NPD] Aufmerksamkeit. Die Rolle von „Kleinparteien" im politischen System der Bundesrepublik unterzieht D. VAN DEN BOOM [641: Politik] einer grundsätzlichen politologischen Betrachtung, die zu dem Ergebnis gelangt, dass sie für das „Funktionieren des politischen Systems" zwar nicht notwendig, ihre Existenz „für dessen Fortbestand allerdings sehr hilfreich" seien [321].

Wahlkämpfe und Wahlen sind ein zentrales Element parlamentarischer Demokratien. Sie standen daher wiederholt im Fokus wissenschaftlicher Forschungen. Dabei reichte das Spektrum von einer Längsschnittanalyse der Wahlkampagnen von CDU und SPD in den Bundestagwahlen von 1949 bis 1998 [601: V. HETTERICH, Von Adenauer zu Schröder], einer Analyse der Wahlwerbung im Fernsehen [604: CH. HOLTZ-BACHA, Wahlwerbung] und in Wahlanzeigen und Wahlprogrammen [607: S. I. KEIL, Wahlkampfkommunikation] jeweils von 1957 bis 1998, einer vergleichenden Studie über die Kanzlerkandidaten in der Wahlkampfberichterstattung von 1949 bis 1998 [633: J. WILKE/C. REINEMANN, Kanzlerkandidaten] bis zu Unersuchungen zu den Bundestagswahlen 1994 [630: R. STÖSS, Stabilität] und 1998 [594: K. BERGMANN, Bundestagswahlkampf 1998 und 618: H. OBERREUTER, Umbruch '98]. Als Ergebnis eines DFG-Projekts haben H. RATTINGER u. a. [620: Der gesamtdeutsche Wähler] eine Untersuchung unter dem Titel „Der gesamtdeutsche Wähler" vorgelegt. Aufgrund der von Befragungen anlässlich der Bundestagswahlen von 1994 bis 2002, z. T. bis 2005 erzielten Befunde ist es das Ziel des Vorhabens, „eine langfristig angelegte Begleitstudie des Transformationsprozesses der politischen Einstellungen und Verhaltensmuster der Menschen in beiden Teilen Deutschlands nach der Vereinigung" zu erstellen. Leider haben die Herausgeber auf einen Zusammenfassung der insgesamt 17 Einzelbeiträge verzichtet, was die Benutzung des Bandes erschwert.

Wahlkämpfe und Wahlen

III. Quellen und Literatur

(Im nachfolgenden Verzeichnis sind ausschließlich Titel aufgeführt, die auch im Text erwähnt werden)

A. Quellen

1. Akten, Protokolle, Dokumentationen

1. Adenauer und die Hohen Kommissare 1949–1952. Hrsg. v. H.-P. SCHWARZ in Verbindung mit R. POMMERIN, bearb. v. F.-L. KROLL/ M. NEBELIN. 2 Bde. München 1989–1990.
2. Akten zur Auswärtigen Politik der Bundesrepublik Deutschland. Hrsg. v. H.-P. SCHWARZ. 1963: Bearb. von M. LINDEMANN/I. D. PAUTSCH. 3 Bde.; 1964: Bearb. von W. HÖLSCHER/D. KOSTHORST, 2 Bde.; 1965: Bearb. von M. LINDEMANN/I. D. PAUTSCH. 3 Bde. München 1994–1996.
3. Akten zur Vorgeschichte der Bundesrepublik Deutschland 1945–1949. Bd. 1: Sept. 1945-Dez. 1946, bearb. v. W. VOGEL/C. WEISZ; Bd. 2: Jan.–Juni 1947, bearb. v. W. WERNER; Bd. 3: Juni–Dez. 1947, bearb. v. C. WEISZ/H.-D. KREIKAMP/B. STEGER; Bd. 4: 1948, bearb. v. C. WEISZ/H.-D. KREIKAMP/B. STEGER; Bd. 5: Jan.–Sept. 1949, bearb. v. H.-D. KREIKAMP. München 1976–1981.
4. L. ALBERTIN/H. F. W. GRINGMUTH (Bearb.), Politischer Liberalismus in der britischen Besatzungszone 1946–1948. Führungsorgane und Politik der FDP. Düsseldorf 1995.
5. Auftakt zur Ära Adenauer. Koalitionsverhandlungen und Regierungsbildung 1949, bearb. v. U. WENGST. Düsseldorf 1985.
6. M. BUCHHOLZ/B. ROTHER (Bearb.), Der Parteivorstand im Exil. Protokoll der Sopade 1933–1940. Bonn 1995.
7. CDU-Bundesvorstand, Die Protokolle des CDU-Bundesvor-

stands, bearb. v. G. BUCHSTAB. (Bd. 1:) 1950–1953: ADENAUER: „Es mußte alles neu gemacht werden"; (Bd. 2:) 1953–1957: ADENAUER: „Wir haben wirklich etwas geschaffen"; (Bd. 3:) 1957–1961: ADENAUER: „... um den Frieden zu gewinnen". Stuttgart bzw. (ab Bd. 2) Düsseldorf 1986–1994.
8. Die CDU/CSU im Frankfurter Wirtschaftsrat. Protokolle der Unionsfraktion 1947–1949, bearb. v. R. SALZMANN. Düsseldorf 1988.
9. Die CDU/CSU im Parlamentarischen Rat. Sitzungsprotokolle der Unionsfraktion, bearb. v. R. SALZMANN. Stuttgart 1981.
10. Die CSU, 1945–1948. Protokolle und Materialien zur Frühgeschichte der Christlich-Sozialen Union. Hrsg. v. B. FAIT/A. MINTZEL. 3 Bde. München 1993.
11. Documents diplomatiques Français 1954–1958. 13 Bde. Paris 1987–1993.
12. Documents on British Policy Overseas. Hrsg. v. R. BULLEN/M. E. PELLY. Series I, bisher 7 Bde. (1945–1950), Series II, bisher 4 Bde. (1950–1955). London 1984–1995.
13. Dokumente zur Berlin-Frage 1944–1966, bearb. v. W. HEIDELMEYER/G. HINRICHS. Bonn [4]1987; Dokumente 1967–1986. Hrsg. v. H. MAHNKE. München 1987.
14. Dokumente zur Deutschlandpolitik. Wissenschaftl. Leitung: E. DEUERLEIN (seit 1972: K. D. BRACHER/H.-A. JACOBSEN; seit 1992: H.-A. JACOBSEN/H.-P. SCHWARZ). 1. Reihe (1939–1948): bisher 5 Bde. Frankfurt a. M. 1984–1991; 2. Reihe (1945–1955): bisher 3 Bde. Frankfurt a. M. 1992; 3. Reihe (1955–1958): 9 Bde. Frankfurt a. M. 1961–1969; 4. Reihe (1958–1966): 22 Bde. Frankfurt a. M. 1971–1981; 5. Reihe (1966 ff.): bisher 4 Bde. Frankfurt a. M. 1984–1987.
15. Die Entstehung der Verfassung für Rheinland-Pfalz. Eine Dokumentation, bearb. v. H. KLAAS. Boppard 1978.
16. FDP-Bundesvorstand. Sitzungsprotokolle 1949–1960, bearb. v. U. WENGST. 2 Bde.; Sitzungsprotokolle 1960–1967, bearb. v. R. SCHIFFERS. Düsseldorf 1990–1993.
17. Foreign Relations of the United States. Diplomatic Papers 1945 ff. Washington D.C. 1968 ff.
18. K.-U. GELBERG (Bearb.), Die Protokolle des Bayerischen Ministerrats 1945–1954. Bd. 1: Das Kabinett Schäffer. München 1995.
19. Gleichberechtigung als Verfassungsauftrag. Eine Dokumentation zur Entstehung des Gleichberechtigungsgesetzes vom 18. Juni 1957, bearb. v. G. MÜLLER-LIST. Düsseldorf 1996.
20. Grundlegung der Verfassungsgerichtsbarkeit. Das Gesetz über

das Bundesverfassungsgericht vom 12. März 1951, bearb. v. R. SCHIFFERS, Düsseldorf 1984.
21. K.-D. HENKE/H. WOLLER (Hrsg.), Lehrjahre der CSU. Eine Nachkriegspartei im Spiegel vertraulicher Berichte an die amerikanische Militärregierung. Stuttgart 1984.
22. E. JÄCKEL (Hrsg.), Die deutsche Frage 1952–1956. Notenwechsel und Konferenzdokumente der vier Mächte. Frankfurt a.M. 1957.
23. Die Kabinettsprotokolle der Bundesregierung. Bd. 1: 1949-Bd. 7: 1954. Hrsg. v. H. BOOMS. Boppard 1982–1993.
24. Kabinettsprotokolle der Landesregierung von Nordrhein-Westfalen 1946–1950. (Ernennungsperiode und erste Wahlperiode). Eingel. und bearb. von M. KANTHER. Siegburg 1992.
25. A. MALYCHA (Hrsg.), Auf dem Weg zur SED. Die Sozialdemokratie und die Bildung einer Einheitspartei in den Ländern der SBZ. Eine Quellenedition. Bonn 1995.
26. Montanmitbestimmung. Das Gesetz über die Mitbestimmung der Arbeitnehmer in den Aufsichtsräten und Vorständen der Unternehmen des Bergbaus und der Eisen und Stahl erzeugenden Industrie vom 21. Mai 1951, bearb. v. G. MÜLLER-LIST. Düsseldorf 1984.
27. I. VON MÜNCH (Hrsg.), Dokumente des geteilten Deutschland. Quellentexte zur Rechtslage des Deutschen Reiches, der Bundesrepublik Deutschland und der Deutschen Demokratischen Republik. 1. Bd. Stuttgart ^{2}1976, 2. Bd. ebd. 1974.
28. Nordrhein-Westfalen. Deutsche Quellen zur Entstehungsgeschichte des Landes 1945/46, bearb. v. W. HÖLSCHER. Düsseldorf 1988.
29. Der Parlamentarische Rat 1948–1949. Akten und Protokolle. 8 Bde. Hrsg. v. K. G WERNICKE/H. BOOMS (Bde. 1–4) bzw. R. SCHICK/F. KAHLENBERG (Bde. 5–9). Boppard am Rhein 1975–1996.
30. Parlamentarischer Rat. Stenographische Berichte über die Plenarsitzungen Bonn 1948/49. Bonn 1949, Ndr. 1969.
31. Presse- und Informationsdienst der Bundesregierung (Hrsg.), Deutschland im Wiederaufbau. Tätigkeitsbericht der Bundesregierung (ab 1960: Deutsche Politik, ab 1966: Jahresbericht der Bundesregierung). Bonn 1950–1970.
32. H. PÜTZ (Bearb.), Konrad Adenauer und die CDU der britischen Besatzungszone 1946–1949. Bonn 1975.
33. Quellen zur Entstehung der Verfassung von Baden-Württemberg. 8 Bde. Bearb. v. P. FEUCHTE. Stuttgart 1986–1992.

34. Quellen zur staatlichen Neuordnung Deutschlands, 1945–1949. Hrsg. v. H.-D. KREIKAMP. Darmstadt 1994.
35. Die Ruhrfrage 1945/46 und die Entstehung des Landes Nordrhein-Westfalen. Britische, amerikanische und französische Akten, bearb. v. R. STEININGER. Düsseldorf 1988.
36. Die SPD-Fraktion im Deutschen Bundestag. Sitzungsprotokolle 1949–1957. 2 Bde., bearb. v. P. WEBER; Sitzungsprotokolle 1957–1961, bearb. v. W. HÖLSCHER; Sitzungsprotokolle 1961–1966. 2 Bde., bearb. v. H. POTTHOFF. Düsseldorf 1993.
37. Die SPD-Fraktion im Frankfurter Wirtschaftsrat, 1947–1949. Protokolle, Aufzeichnungen, Rundschreiben, bearb. v. C. STAMM. Bonn 1993.
38. R. SCHIFFERS (Bearb.), Weniger Länder – mehr Föderalismus. Die Neugliederung des Bundesgebietes im Widerstreit der Meinungen 1948/49–1990. Eine Dokumentation. Düsseldorf 1996.
39. R. UHLIG (Hrsg.), Confidential Reports des britischen Verbindungsstabes zum Zonenbeirat 1946–1948. Frankfurt a.M. 1989.
40. Die Unionsparteien 1946–1950. Protokolle der Arbeitsgemeinschaft der CDU/CSU Deutschlands und der Konferenzen der Landesvorsitzenden, bearb. v. B. KAFF. Düsseldorf 1991.
41. Verhandlungen des Deutschen Bundestags. Stenographische Berichte. 1.–6. Wahlperiode 1949–1969. Bonn 1949ff.
42. Wörtliche Berichte und Drucksachen des Wirtschaftsrates des Vereinigten Wirtschaftsgebietes 1947–1949. 5 Bde. mit einem Erschließungsband, bearb. v. C. WEISZ/H. WOLLER. München 1977.
43. Zonenbeirat. Zonal Advisory Council 1946–1948. Protokolle und Anlagen. 2 Bde., bearb. v. G. STÜBER. Düsseldorf 1993–1994.

2. Briefwechsel, Reden, Memoiren

44. K. ADENAUER, Erinnerungen. 4 Bde. Stuttgart 1965–1968.
45. DERS., Reden 1917–1967. Eine Auswahl. Hrsg. v. H.-P. SCHWARZ, Stuttgart 1975.
46. DERS., Briefe 1945–1955. 5 Bde. Hrsg. v. R. MORSEY/H.-P. SCHWARZ, bearb. v. H. P. MENSING. Berlin 1983–1995.
47. DERS., Teegespräche 1950–1963. 4 Bde. Hrsg. v. R. MORSEY/H.-P. SCHWARZ, bearb. v. H. J. KÜSTERS/H. P. MENSING. Berlin 1984–1992.

48. A. BARING (Hrsg.), Sehr verehrter Herr Bundeskanzler! Heinrich von Brentano im Briefwechsel mit Konrad Adenauer 1949–1964. Hamburg 1974.
49. W. BRANDT, ... auf der Zinne der Partei ... Parteitagsreden 1960 bis 1983. Hrsg. v. W. KRAUSE/W. GRÖF. Bonn 1984.
50. DERS., Erinnerungen. Mit den „Notizen zum Fall G.". Erw. Ausg. Berlin u. a. 1994.
51. K. CARSTENS, Erinnerungen und Erfahrungen. Hrsg. v. K. VON JENA/R. SCHMOECKEL. Boppard 1993.
52. T. DEHLER, Reden und Aufsätze. Köln 1969.
53. DERS., Bundestagsreden. Bonn 1973.
54. L. ERHARD, Wirken und Reden. Hrsg. von W. HOCH. Ludwigsburg 1966.
55. DERS., Gedanken aus fünf Jahrzehnten. Reden und Schriften. Hrsg. von K. HOHMANN. Düsseldorf 1988.
56. E. GERSTENMAIER, Reden und Aufsätze. 2 Bde. Stuttgart 1956–1962.
57. H. GREBING, Entscheidung für die SPD. Briefe und Aufzeichnungen linker Sozialisten 1944–1948. München 1984.
58. W. G. GREWE, Rückblenden 1976–1951. Frankfurt a.M. 1979.
59. R. GRIEPENBURG, Hermann Louis Brill – Herrenchiemseer Tagebuch 1948, in: VfZG 34 (1986) 585–622.
60. G. W. HEINEMANN, Reden und Schriften. 3 Bde. Frankfurt a.M. 1975–1977.
61. T. HEUSS, Die großen Reden. 2 Bde. Tübingen 1965.
62. J. KAISER, Wir haben Brücke zu sein. Reden und Aufsätze zur Deutschlandpolitik. Köln 1988.
63. K. G. KIESINGER, Stationen 1949–1969. Tübingen 1969.
64. DERS., Die große Koalition 1966–1969. Reden und Erklärungen des Bundeskanzlers. Hrsg. von D. OBERNDÖRFER. Stuttgart 1979.
65. WILHELM PIECK, Aufzeichnungen zur Deutschlandpolitik 1945–1954. Hrsg. v. R. BADSTÜBNER/W. LOTH. Berlin 1994.
66. J. K. POLLOCK, Besatzung und Staatsaufbau nach 1945. Occupation Diary and Private Correspondence 1945–1948. Hrsg. v. I. KRÜGER-BULCKE. München 1994.
67. A. POPPINGA, Meine Erinnerungen an Konrad Adenauer. Freiburg ^{2}1983.
68. DIES., „Das Wichtigste ist der Mut". Konrad Adenauer – die letzten fünf Kanzlerjahre. Bergisch Gladbach 1994.
69. E. REUTER, Schriften. Reden. 4 Bde. Hrsg. von H. HIRSCHFELD u.a. Berlin 1972–1975.

70. W. SCHEEL, Reden und Interviews. 2 Bde., München 1972–1974.
71. DERS., Reden und Interviews. 5 Bde., Melsungen 1975–1979.
72. W. SCHOLLWER, Liberale Opposition gegen Adenauer. Aufzeichnungen 1957–1961; FDP im Wandel. Aufzeichnungen 1961–1967. Hrsg. v. M. FASSBENDER. München 1990–1994.
73. K. SCHUMACHER, Reden und Schriften. Berlin 1962.
74. DERS., Reden, Schriften, Korrespondenzen 1945–1952. Hrsg. v. W. ALBRECHT. Berlin 1985.
75. F. J. STRAUSS, Signale. Beiträge zur deutschen Politik 1969–1978. Ausgew. u. eingel. von W. SCHARNAGL. München 1978.
76. DERS., Die Erinnerungen. Berlin 1989.
77. H. WEHNER, Wandel und Bewährung. Ausgewählte Reden und Schriften 1930–1980. Hrsg. von G. JAHN. Frankfurt a. M. ^{5}1981.

B. Bibliographien, Forschungsberichte, Hilfsmittel, Kommentare

78. Berlin-Bibliographie, bearb. von H. ZOPF/G. HEINRICH (bis 1960); bearb. von U. SCHOLZ/R. STROHMEYER (1961–1966); bearb. von U. SCHOLZ (1967–1977). Berlin 1965–1984.
79. Bibliographie zur Deutschland-Politik 1941–1974, bearb. von M.-L. GOLDBACH u. a., Red. A. TYRELL; 1975–1982, bearb. von K. SCHRÖDER. Frankfurt a. M. 1975–1983.
80. Bibliographie zur Geschichte der CDU und CSU 1945–1980, erstellt von G. HAHN. Stuttgart 1982; 1981–1986. Mit Nachträgen 1945–1980, erstellt von B. KRAHE/M. SEIBEL; 1987–1990, bearb. v. T. SCHAARSCHMIDT/H. KRENGEL. Düsseldorf 1990.
81. Bibliographie zur Zeitgeschichte 1953–1980. Hrsg. v. T. VOGELSANG u. a. 3 Bde. München 1982–1983. Bd. 4: Hrsg. v. H. AUERBACH u. a., Supplement 1981–1989. München 1991. Forts. in: VfZG 38 (1990) ff.
82. A. M. BIRKE/H. BOOMS/O. MERKER (Hrsg.), Akten der britischen Militärregierung in Deutschland. Sachinventar 1945–1955. Central Commission for Germany. British Element. Inventory, 11 Bde. München u. a. 1993.
83. G. BUCHSTAB, Die Bestände des Archivs für Christlich-Demokra-

tische Politik der Konrad-Adenauer-Stiftung. Kurzübersicht. Melle ³1992.
84. B. FAIT, Entstehung der Länderverfassungen in West-Deutschland. Ein Bericht zur Forschungssituation, in: JbHistF 1989 (1990) 25–31.
85. J. FOITZIK (Bearb.), Inventar der Befehle des Obersten Chefs der Sowjetischen Militäradministration in Deutschland (SMAD) 1945–1949. München 1995.
86. E. FRIESENHAHN u. a. (Hrsg.), Handbuch des Staatskirchenrechts, 2 Bde. Berlin 1974/75; 1. Bd. Berlin ²1994.
87. Grundgesetz-Kommentar. Von T. MAUNZ/G. DÜRIG/R. HERZOG/ R. SCHOLZ. 4 Bde. München 1958 ff.
88. Hamburger Bibliographie zum Parlamentarischen System der Bundesrepublik Deutschland 1945–1970. Hrsg. v. U. BERMBACH/ F. ESCHE. Opladen 1973; 6. Ergänzungs-Lieferung (1981–1984) ebd. 1993.
89. U. von HEHL, Der deutsche Katholizismus nach 1945 in der zeitgeschichtlichen Forschung, in: J. C. KAISER/A. DOERING-MANTEUFFEL (Hrsg.), Christentum und politische Verantwortung. Kirchen im Nachkriegsdeutschland, Stuttgart 1990, 146–175.
90. K. HESSE, Grundzüge des Verfassungsrechts der Bundesrepublik Deutschland. Heidelberg 19. Aufl. 1993.
91. H. G. HOCKERTS, Zeitgeschichte in Deutschland, in: HJb. 113 (1993) 98–127.
92. E. JESSE, Literaturführer: Parlamentarische Demokratie. Opladen 1981.
93. T. KÜHNE, Wahlrecht, Wahlverhalten, Wahlkultur, in: AfS 33 (1993) 481–547.
94. R. MORSEY, Wert und Masse des schriftlichen Quellenguts als Problem der historischen Forschung, in: Der Archivar 24 (1971) 17–28.
95. O. NIEDERMAYER/R. STÖSS (Hrsg.), Stand und Perspektiven der Parteienforschung in Deutschland. Opladen 1993.
96. OMGUS-Handbuch. Die amerikanische Militärregierung in Deutschland 1945–1949. Hrsg. v. C. WEISZ. München 1994.
97. G. PAPKE, Zum Stand der Forschung zur Geschichte der Freien Demokratischen Partei, in: Liberal 33 (1991) 34–41.
98. H. POTTHOFF/R. WENZEL (Bearb.), Handbuch politischer Institutionen und Organisationen 1945–1949. Düsseldorf 1983.
99. H. G. RITZEL/J. BÜCKER, Handbuch für die Parlamentarische Praxis mit Kommentar zur Geschäftsordnung des Deutschen Bundes-

tages. Von J. BÜCKER unter Mitarbeit von I. RENNER und V. SCHU-
MANN. Frankfurt a. M. 1970 ff. (Loseblattausgabe)
100. DIES., Handbuch für die Parlamentarische Praxis mit Kommentar zur Geschäftsordnung des Deutschen Bundestages. Von J. BÜK-KER unter Mitarbeit von I. RENNER und G. HIRNSCHAL. Frankfurt a. M. 1981. (Loseblattausgabe)
101. H.-H. RÖHRING/K. SONTHEIMER (Hrsg.), Handbuch des politischen Systems der Bundesrepublik Deutschland. München/Zürich 1977, ²1978.
102. T. SCHILLER, Stand, Defizite und Perspektiven der FDP-Forschung, in: O. NIEDERMAYER/R. STÖSS (Hrsg.), Stand und Perspektiven der Parteienforschung in Deutschland. Opladen 1993, 118–146.
103. P. SCHINDLER, Datenhandbuch zur Geschichte des Deutschen Bundestages 1949–1982. Eine Veröffentlichung der Wissenschaftlichen Dienste des Deutschen Bundestages. Bonn ³1984.
104. DERS., Datenhandbuch zur Geschichte des Deutschen Bundestages 1980–1987. Baden-Baden 1988.
105. DERS., Datenhandbuch zur Geschichte des Deutschen Bundestages 1983–1991. Mit Anhang: Volkskammer der Deutschen Demokratischen Republik. Baden-Baden 1994.
106. R. SCHULZE u. a. (Hrsg.), Flüchtlinge und Vertriebene in der westdeutschen Nachkriegsgeschichte. Bilanzierung der Forschung und Perspektiven für die künftige Forschungsarbeit. Hildesheim 1987.
107. M. SCHUMACHER (Bearb.), Deutsche Parlamentshandbücher. Bibliographie und Standortnachweis. Düsseldorf 1986.
108. K. STERN, Das Staatsrecht der Bundesrepublik Deutschland. 3 Bde. München 1980–1988.
109. W. VOGEL, Westdeutschland 1945–1950. Der Aufbau von Verfassungs- und Verwaltungseinrichtungen über den Ländern der drei westlichen Besatzungszonen, T. 1: Koblenz 1956, T. 2 und 3: Boppard 1964–1983.
110. U. WENGST, Deutsche Parteien nach 1945 und ihre Geschichte. Anmerkungen zu Quellen und Ergebnissen historischer Parteienforschung in der Bundesrepublik Deutschland, in: J. HEIDEKING/ G. HUFNAGEL/F. KNIPPING (Hrsg.), Wege in die Zeitgeschichte. Festschrift zum 65. Geburtstag von Gerhard Schulz. Berlin/New York 1989, 165–181.
111. DERS., Die Partei Adenauers. Neuerscheinungen zur Geschichte

der Union. Rudolf Morsey zum 65. Geburtstag, in: AfS 32 (1992) 510–522.
112. DERS., Die CDU aus der Nähe betrachtet. Der Beitrag des Archivs für Christlich-Demokratische Politik zur Geschichtsschreibung über die Union, in: Historisch politische Mitteilungen. Archiv für christlich-demokratische Politik (1994) 223–240.
113. W. WOLFRUM, Das französische Besatzungsarchiv in Colmar. Quelle neuer Einsichten in die deutsche Nachkriegsgeschichte 1945–55, in: GWU 40 (1989) 84–90.
114. DERS., Französische Besatzungspolitik in Deutschland nach 1945. Neuere Forschungen über die „vergessene Zone", in: NPL 35 (1990) 50–62.

C. Literatur

1. Allgemeine Darstellungen

115. W. ABELSHAUSER, Wirtschaftsgeschichte der Bundesrepublik Deutschland (1945–1980). Frankfurt a.M. [7]1993.
116. B. ACKERMANN, Der Deutsche Bauernverband im politischen Kräftespiel der Bundesrepublik, Tübingen 1970.
117. F. R. ALLEMANN, Bonn ist nicht Weimar. Köln/Berlin 1956.
118. R. ALTMANN, Das Erbe Adenauers, München 1963.
119. J. ARENTH, Der Westen tut nichts! Transatlantische Kooperation während der zweiten Berlin-Krise (1958–1962) im Spiegel neuer amerikanischer Quellen. Frankfurt a.M. 1993.
120. DERS., Re-education in Germany after 1945, in: German History 5 (1987) 25–34.
121. A. BARING, Außenpolitik in Adenauers Kanzlerdemokratie. Bonns Beitrag zur Europäischen Verteidigungsgemeinschaft. München/Wien 1969.
122. DERS. in Zusammenarb. mit M. GÖRTEMAKER, Machtwechsel. Die Ära Brandt–Scheel. Stuttgart [4]1993.
123. D. L. BARK/D. R. GRESS, A History of West Germany. Bd. 1: From Shadow to Substance, 1945–1963. Bd. 2: Democracy and its discontents, 1963–1988, Oxford [2]1993.

124. J. Becker/F. Knipping (Hrsg.), Power in Europe? Great Britain, France, Italy and Germany in a Postwar World 1945–1950. Berlin/New York 1986.
125. W. Benz, Die Gründung der Bundesrepublik. Von der Bizone zum souveränen Staat. München 1984, ⁴1994.
126. V. Berghahn, Unternehmer und Politik in der Bundesrepublik. Frankfurt a. M. 1985.
127. G. Besier, „Selbstreinigung" unter britischer Herrschaft. Die evangelisch-lutherische Landeskirche Hannover und ihr Landesbischof Marahrens 1945–1947. Göttingen 1986.
128. A. M. Birke, Nation ohne Haus. Deutschland 1945–1961. Berlin 1989, ²1994.
129. Ders./E. A. Mayring (Hrsg.), Britische Besatzung in Deutschland. Aktenerschließung und Forschungsfelder. London 1992.
130. B. Blank, Die westdeutschen Länder und die Entstehung der Bundesrepublik Deutschland. Zur Auseinandersetzung um die Frankfurter Dokumente vom Juli 1948. München 1995.
131. R. M. Booz, Hallsteinzeit. Deutsche Außenpolitik 1955–1972. Bonn 1995.
132. K. Borchardt, Wachstum, Krisen, Handlungsspielräume in der Wirtschaftspolitik. Göttingen 1982.
133. K. D. Bracher, Zeit der Ideologien. Eine Geschichte politischen Denkens im 20. Jahrhundert. Stuttgart 1982.
134. Ders./R. Morsey/H.-P. Schwarz (Hrsg.), Auftakt zur Ära Adenauer. Koalitionsverhandlungen 1949. Düsseldorf 1985.
135. Ders./W. Jäger/W. Link, Republik im Wandel 1969–1974. Die Ära Brandt. Stuttgart/Mannheim 1986.
136. C.-M. Brand, Souveränität für Deutschland. Grundlagen, Entstehungsgeschichte und Bedeutung des Zwei-plus-Vier-Vertrages vom 12. September 1990. Köln 1993.
137. C. Buchheim, Die Währungsreform 1948 in Westdeutschland, in: VfZG 36 (1988) 198–232.
138. H. Buchheim, Deutschlandpolitik 1949–1972. Der politisch-diplomatische Prozeß. Stuttgart 1984.
139. A. Doering-Manteuffel, Die Bundesrepublik Deutschland in der Ära Adenauer. Außenpolitik und innere Entwicklung. Darmstadt 1983, ²1988.
140. L. J. Edinger, Post-totalitarian leadership: Elites in the German Federal Republic, in: American Political Science Review 54 (1960) 58–82.

141. T. ESCHENBURG, Jahre der Besatzung 1945–1949. Stuttgart/Wiesbaden 1983.
142. A. FISCHER u. a., Die Deutschlandfrage und die Anfänge des Ost-West-Konflikts 1945–1949. Berlin 1984.
143. J. FOSCHEPOTH, British Interest in the Division of Germany after the Second World War, in: JContH 21 (1986) 391–411.
144. A. FROHN, Neutralisierung als Alternative zur Westintegration. Die Deutschlandpolitik der Vereinigten Staaten von Amerika 1945–1949. Frankfurt a.M. 1985.
145. K. GABRIEL, Die Katholiken in den 50er Jahren: Restauration, Modernisierung und beginnende Auflösung eines konfessionellen Milieus, in: A. SCHILDT/A. SYWOTTEK (Hrsg.), Modernisierung im Wiederaufbau. Die westdeutsche Gesellschaft der 50er Jahre. Bonn 1993, 418–430.
146. L. GALL (Hrsg.), Die großen Deutschen unserer Epoche. Berlin 1985; erg. ²1995.
147. C. GARNER, Der öffentliche Dienst in den 50er Jahren: Politische Weichenstellungen und ihre sozialgeschichtlichen Folgen, in: A. SCHILDT/A. SYWOTTEK (Hrsg.), Modernisierung im Wiederaufbau. Bonn 1993, 759–790.
148. DERS., Schlußfolgerungen aus der Vergangenheit. Die Auseinandersetzungen um die Zukunft des deutschen Berufsbeamtentums, in: H.-E. VOLKMANN (Hrsg.), Ende des Dritten Reiches – Ende des Zweiten Weltkriegs. Eine perspektivische Rückschau. München 1995, 607–674.
149. T. M. GAULY, Kirche und Politik in der Bundesrepublik Deutschland 1945–1976. Bonn 1990.
150. J. GIMBEL, Amerikanische Besatzungspolitik in Deutschland 1945–1949. Frankfurt a.M. 1971.
151. R. GIORDANO, Die zweite Schuld oder Von der Last ein Deutscher zu sein. Hamburg 1987.
152. K. GOTTO, Adenauers Deutschland- und Ostpolitik 1954–1963, in: R. MORSEY/K. REPGEN (Hrsg.), Adenauer-Studien. Bd. 3. Mainz 1974, 3–91.
153. H. GRAML, Die Legende von der verpaßten Gelegenheit. Zur sowjetischen Notenkampagne des Jahres 1952, in: VfZG 29 (1981) 307–341.
154. W. G. GREWE, Die deutsche Frage und die Ost-West-Spannung. Herford 1986.
155. R. GROHNERT, Die Entnazifizierung in Baden 1945–49. Konzep-

tionen und Praxis der „Epuration" am Beispiel eines Landes der französischen Besatzungszone. Stuttgart 1991.
156. W. GRÜNEWALD, Die Münchener Ministerpräsidentenkonferenz 1947. Meisenheim 1971.
157. H. HAFTENDORN, Sicherheit und Stabilität. Außenbeziehungen der Bundesrepublik zwischen Ölkrise und NATO-Doppelbeschluß. München ^{2}1986.
158. H.-H. HARTWICH, Sozialstaatspostulat und gesellschaftlicher Status quo. Opladen ^{3}1980.
159. W. HARDTWIG, Geschichtsreligion – Gegenwart als Arbeit – Objektivität. Der Historismus in neuer Sicht, in: HZ 252 (1991) 1–31.
160. U. VON HEHL/K. REPGEN (Hrsg.), Der deutsche Katholizismus in der zeitgeschichtlichen Forschung. Mainz 1988.
161. H. HEIDEMEYER, Flucht und Zuwanderung aus der SBZ/DDR 1945/1949–1961. Die Flüchtlingspolitik der Bundesrepublik Deutschland bis zum Bau der Berliner Mauer. Düsseldorf 1994.
162. H.-O. HEMMER/K. T. SCHMITZ (Hrsg.), Geschichte der Gewerkschaften in der Bundesrepublik Deutschland, Köln 1990.
163. K.-D. HENKE, Politische Säuberung unter französischer Besatzung. Die Entnazifizierung in Württemberg-Hohenzollern. Stuttgart 1981.
164. DERS., Die amerikanische Besetzung Deutschlands. München 1995.
165. G. HEYDEMANN, Deutschlandpolitische Neuansätze der 60er Jahre, in: Historisch Politische Mitteilungen. Archiv für christlich-demokratische Politik 1 (1994) 15–37.
166. K. HILDEBRAND, Von Erhard zur Großen Koalition 1963–1969. Stuttgart/Wiesbaden 1984.
167. H. G. HOCKERTS, Sozialpolitische Entscheidungen im Nachkriegsdeutschland. Alliierte und deutsche Sozialversicherungspolitik 1945–1957. Stuttgart 1980.
168. DERS., Zeitgeschichte in Deutschland. Begriff, Methoden, Themenfelder, in: PolZG B 29–30 (1993) 3–19.
169. R. HUDEMANN, Sozialpolitik im deutschen Südwesten zwischen Tradition und Neuordnung 1945–1953. Mainz 1988.
170. DERS., Frankreichs Besatzung in Deutschland, in: J. JURT (Hrsg.), Von der Besatzungszeit zur deutsch-französischen Kooperation. Freiburg i. Br. 1993, 237–253.
171. P. HÜTTENBERGER, Nordrhein-Westfalen und die Entstehung seiner parlamentarischen Demokratie. Siegburg 1973.

172. W. Jäger/W. Link, Republik im Wandel 1974–1982. Die Ära Schmidt. Stuttgart/Wiesbaden 1987.
173. M. Kessel, Westeuropa und die deutsche Teilung. Englische und französische Deutschlandpolitik auf den Außenministerkonferenzen von 1945 bis 1947. München 1989.
174. L. Kettenacker, Krieg zur Friedenssicherung. Die Deutschlandplanung der britischen Regierung während des Zweiten Weltkrieges. Göttingen 1989.
175. M. Kiefer, Auf der Suche nach nationaler Identität und Wegen zur deutschen Einheit. Die deutsche Frage in der überregionalen Tages- und Wochenpresse der Bundesrepublik 1949–1955. Frankfurt a. M. ²1993.
176. M. Kittel, Die Legende von der „Zweiten Schuld". Vergangenheitsbewältigung in der Ära Adenauer, Berlin 1993.
177. Ders., Genesis einer Legende. Die Diskussion um die Stalin-Noten in der Bundesrepublik 1952–1958, in: VfZG 41 (1993) 356–389.
178. C. Klessmann, Die doppelte Staatsgründung. Deutsche Geschichte 1945–1955. Bonn ⁵1991.
179. Ders., Zwei Staaten, eine Nation. Deutsche Geschichte 1955–1970. Göttingen 1988.
180. F. Knipping/J. Le Rider (Hrsg.), Frankreichs Kulturpolitik in Deutschland 1945–1950. Tübingen 1987.
181. R. Koselleck, Begriffsgeschichtliche Probleme der Verfassungsgeschichtsschreibung, in: Gegenstand und Begriffe der Verfassungsgeschichtsschreibung, Beiheft zu „Der Staat" 6 (1983) 7–46.
182. A. Kramer, Die britische Demontagepolitik am Beispiel Hamburgs. Hamburg 1991.
183. E. Kraus, Ministerien für das ganze Deutschland? Der Alliierte Kontrollrat und die Frage gesamtdeutscher Zentralverwaltungen. München 1990.
184. W. Krieger, General Lucius D. Clay und die amerikanische Deutschlandpolitik 1945–1949. Stuttgart ²1988.
185. H.-J. Küsters, Konrad Adenauer und Willy Brandt in der Berlin-Krise 1958–1963, in: VfZG 40 (1992) 483–542.
186. K. Larres, Neutralisierung oder Westintegration? Churchill, Adenauer, die USA und der 17. Juni 1953, in: DA 27 (1994) 568–585.
187. Ders., Politik der Illusionen. Churchill, Eisenhower und die deutsche Frage 1945–1955. Göttingen 1995.

188. C. E. LATOUR/T. VOGELSANG, Okkupation und Wiederaufbau. Die Tätigkeit der Militärregierung in der amerikanischen Besatzungszone Deutschlands 1944–1947. Stuttgart 1973.
189. E. LOHSE, Östliche Lockungen und westliche Zwänge. Paris und die deutsche Teilung 1945–1955. München 1995.
190. W. LOTH, Stalins ungeliebtes Kind. Warum Moskau die DDR nicht wollte. Berlin 1994.
191. C. A. LÜCKERATH (Hrsg.), Berufsbeamtentum und Beamtenorganisationen. Geschichtliche Wirklichkeit im Widerspruch? Köln 1987.
192. G. MAI, Der Alliierte Kontrollrat in Deutschland 1945–1948. Alliierte Einheit – deutsche Teilung? München 1995.
193. S. MARTENS, Vom „Erbfeind" zum „Erneuerer". Aspekte und Motive der französischen Deutschlandpolitik nach dem Zweiten Weltkrieg. Sigmaringen 1993.
194. B. MEISSNER/G. ZIEGER (Hrsg.), Staatliche Kontinuität unter besonderer Berücksichtigung der Rechtslage Deutschlands. Köln 1983.
195. R. MÖHLER, Entnazifizierung in Rheinland-Pfalz und im Saarland unter französischer Besatzung von 1945 bis 1952, Mainz 1992.
196. H. MÖLLER, Zeitgeschichte. Fragestellungen, Interpretationen, Kontroversen, in: PolZG B 2 (1988) 3–16.
197. DERS., Die Politik Konrad Adenauers im Spannungsfeld von Westintegration und „Deutscher Frage", in: Nachdenken über Geschichte. Beiträge aus der Ökumene der Historiker. In memoriam Karl Dietrich Erdmann. Hrsg. v. H. BOOCKMANN und K. JÜRGENSEN. Neumünster 1991, 613–631.
198. DERS., Die Relativität historischer Epochen: Das Jahr 1945 in der Perspektive des Jahres 1989, in PolZG B 18–19 (1995) 3–9.
199. R. MORSEY, Entscheidung für den Westen. Die Rolle der Ministerpräsidenten in den drei Westzonen im Vorfeld der Bundesrepublik 1947–1949, in: Westfälische Forschungen 26 (1974) 1–24.
200. DERS., Die Deutschlandpolitik Adenauers. Opladen 1991.
201. DERS., Die Bundesrepublik Deutschland. Entstehung und Entwicklung bis 1969. München ³1995.
202. DERS. (Hrsg.), Zeitgeschichte in Lebensbildern. 7 Bde. Mainz 1973–1994.
203. K. NICLAUSS, „Restauration" oder Renaissance der Deutschen? Die Entstehung der Bundesrepublik 1945–1949. Berlin 1982.
204. L. NIETHAMMER, Entnazifizierung in Bayern. Säuberung und Re-

habilitierung unter amerikanischer Besatzung. Frankfurt a. M. 1972.
205. H. OSTERHELD, Außenpolitik unter Bundeskanzler Ludwig Erhard 1963–1966. Düsseldorf 1992.
206. K. REPGEN, Bundesverfassungsgerichts-Prozesse als Problem der Zeitgeschichtsforschung, in: K. D. BRACHER u. a. (Hrsg.), Staat und Parteien. Berlin 1992, 863–881.
207. U. REUSCH, Deutsches Berufsbeamtentum und britische Besatzung. Planung und Politik 1943–1947. Stuttgart 1985.
208. DERS., Der Verwaltungsaufbau der britischen Kontrollbehörden in London und der Militärregierung in der britischen Besatzungszone, in: A. M. BIRKE/E. A. MAYRING (Hrsg.), Britische Besatzung in Deutschland. London 1992, 35–60.
209. W. RUDZIO, Die Neuordnung des Kommunalwesens in der britischen Zone. Stuttgart 1968.
210. H.-J. RUPIEPER, Der besetzte Verbündete. Die amerikanische Deutschlandpolitik 1949–1955. Opladen 1991.
211. DERS., Die Wurzeln der westdeutschen Nachkriegsdemokratie. Der amerikanische Beitrag 1945–1952. Opladen 1993.
212. R. SCHILLINGER, Der Entscheidungsprozeß beim Lastenausgleich 1945–1952. St. Katharinen 1985.
213. E. SCHMIDT, Die verhinderte Neuordnung 1945–1952. Frankfurt a. M. ^{8}1981.
214. G. SCHMIDTCHEN, Protestanten und Katholiken. Soziologische Analyse konfessioneller Kultur. München ^{2}1979.
215. R. SCHMOECKEL/B. KAISER, Die vergessene Regierung. Die große Koalition 1966 bis 1969 und ihre langfristigen Wirkungen. Bonn 1991.
216. G. SCHOLZ, Die Bundespräsidenten. Heidelberg ^{2}1992.
217. G. SCHULZ, Wiederaufbau in Deutschland. Die Wohnungsbaupolitik in den Westzonen und der Bundesrepublik Deutschland. Düsseldorf 1994.
218. H.-P. SCHWARZ, Die Ära Adenauer. Gründerjahre der Republik 1949–1957; Epochenwechsel 1957–1963. 2 Bde. Stuttgart/Wiesbaden 1981–1983.
219. DERS., Mit gestopften Trompeten. Die Wiedervereinigung Deutschlands aus der Sicht westdeutscher Historiker, in: GWU 44 (1993) 683–704.
220. DERS. (Hrsg.), Entspannung und Wiedervereinigung. Deutschlandpolitische Vorstellungen Konrad Adenauers 1955–1958. Stuttgart 1979.

221. F. SPOTTS, Kirchen und Politik in Deutschland. Stuttgart 1976.
222. R. STEININGER, Zur Geschichte der Münchener Ministerpräsidenten-Konferenz 1947, in: VfZG 23 (1975) 375–453.
223. DERS., Eine vertane Chance. Die Stalin-Note vom 10. März 1952 und die Wiedervereinigung. Bonn ³1990.
224. G. J. TRITTEL, Hunger und Politik. Die Ernährungskrise in der Bizone 1945–1949. Frankfurt a. M. 1990.
225. H.-P. ULLMANN, Interessenverbände in Deutschland. Frankfurt a. M. 1988.
226. T. VOGELSANG, Das geteilte Deutschland. München 1966, ¹²1983.
227. C. VOLLNHALS (Hrsg.), Politische Säuberung und Rehabilitierung in den vier Besatzungszonen 1945–1949. München 1991.
228. H. VORLÄNDER (Hrsg.), Oral History. Mündlich erfragte Geschichte. Göttingen 1990.
229. J. WEBER (Hrsg.), Die Geschichte der Bundesrepublik Deutschland (1945/49–1963). 5 Bde. München 1978–1992.
230. U. WENGST, Beamtentum zwischen Reform und Tradition. Beamtengesetzgebung in der Gründungsphase der Bundesrepublik Deutschland 1948–1953. Düsseldorf 1988.
231. G. WETTIG, Die Deutschland-Note vom 10. März 1952 auf der Basis diplomatischer Akten des russischen Außenministeriums, in: DA 26 (1993) 786–804.
232. L. WIEGAND, Der Lastenausgleich in der Bundesrepublik Deutschland 1949–1985. Frankfurt a. M. 1992.
233. D. WINKLER, Die amerikanische Sozialisierungspolitik in Deutschland 1945–1948, in: H. A. WINKLER (Hrsg.), Politische Weichenstellungen, 88–110.
234. H. A. WINKLER (Hrsg.), Politische Weichenstellungen im Nachkriegsdeutschland 1945–1953. Göttingen 1979.
235. H. WROBEL, Verurteilt zur Demokratie. Justiz und Justizpolitik in Deutschland 1945–1949. Heidelberg 1989.

2. Grundgesetz / Länderverfassungen

236. M. ANTONI, Sozialdemokratie und Grundgesetz. 2. Bd.: Der Beitrag der SPD bei der Ausarbeitung des Grundgesetzes im Parlamentarischen Rat. Berlin 1992.
237. A. M. BIRKE, Das konstruktive Mißtrauensvotum in den Verfas-

sungsverhandlungen der Länder und des Bundes, in: ZfParl 8 (1977) 77–92.
238. DERS., Die aufgezwungene Demokratie? Zur Verfassungspolitik in den westlichen Besatzungszonen, in: J. HEIDEKING u. a. (Hrsg.), Wege in die Zeitgeschichte. Berlin 1989, 151–164.
239. DERS., Großbritannien und der Parlamentarische Rat, in: VfZG 42 (1994) 312–359.
240. DERS., Die territoriale Integrität und die staatliche Kontinuität Deutschlands aus britischer Perspektive, in: K. D. BRACHER u. a. (Hrsg.), Staat und Parteien. Berlin 1992, 827–840.
241. K. D. BRACHER, Theodor Heuss und die Wiederbegründung der Demokratie in Deutschland. Tübingen 1965.
242. B. DIESTELKAMP, Rechts- und verfassungsgeschichtliche Probleme der Frühgeschichte der Bundesrepublik Deutschland, in: Juristische Schulung 20 (1980) 401–405, 481–485, 790–796; 21 (1981) 96–102, 409–413, 488–494.
243. DERS., Verfassunggebung in den Westzonen nach 1945, in: ZNR 11 (1989) 168–183.
244. K.-B. VON DOEMMING/R. W. FÜSSLEIN/W. MATZ, Entstehungsgeschichte der Artikel des Grundgesetzes. Tübingen 1951 (Jahrbuch des öffentlichen Rechts der Gegenwart 1).
245. D. DÜDING, Bayern und der Bund. Bayerische „Opposition" während der Grundgesetzberatungen im Parlamentarischen Rat (1948/49), in: Der Staat 29 (1990) 355–370.
246. K. DÜWELL, Die Rittersturz-Konferenz vom Juli 1948, in F. J. HEYEN (Hrsg.), Rheinland-Pfalz entsteht. Beiträge zu den Anfängen des Landes Rheinland-Pfalz in Koblenz 1945–1949. Boppard 1984, 411–432.
247. B. FAIT, „In einer Atmosphäre von Freiheit". Die Rolle der Amerikaner bei der Verfassunggebung in der Ländern der US-Zone, in: VfZG 33 (1985) 420–455.
248. P. FEUCHTE, Verfassungsgeschichte von Baden-Württemberg. Stuttgart 1983.
249. H. J. FISCHER, Parlamentarischer Rat und Finanzverfassung. Diss. Kiel 1971.
250. F. K. FROMME, Von der Weimarer Verfassung zum Bonner Grundgesetz. Die verfassungspolitischen Folgerungen des Parlamentarischen Rates aus Weimarer Republik und nationalsozialistischer Diktatur. Tübingen 1960, ^{2}1962.
251. H.-J. GRABBE, Die deutsch-alliierte Kontroverse um den Grundgesetzentwurf im Frühjahr 1949, in: VfZG 26 (1978) 393–418.

252. M. GREVEN u. a. (Hrsg.), Vierzig Jahre hessische Verfassung – vierzig Jahre Politik in Hessen. Opladen 1989.
253. F. HENNING, Kommunale Selbstverwaltung als Thema des Parlamentarischen Rates, in: Das Rathaus (1989) 368–371.
254. G. HIRSCHER, Sozialdemokratische Verfassungspolitik und die Entstehung des Bonner Grundgesetzes. Eine biographietheoretische Untersuchung zur Bedeutung Walter Menzels. Bochum 1989.
255. A. HOLLERBACH, Zur Entstehung der staatskirchenrechtlichen Artikel des Grundgesetzes, in: D. BLUMENWITZ u. a. (Hrsg.), Konrad Adenauer und seine Zeit. Bd. 2. Stuttgart 1976, 367–382.
256. K. G. A. JESERICH, H. POHL u. G. C. VON UNRUH (Hrsg.), Deutsche Verwaltungsgeschichte, Bd. 5: Die Bundesrepublik Deutschland. Stuttgart 1987.
257. E. KLEIN, Verfassungsentwicklung in Deutschland nach der Wiedervereinigung. Berlin 1994.
258. K. KROEGER, Einführung in die Verfassungsgeschichte der Bundesrepublik Deutschland. München 1993.
259. E. H. M. LANGE, Der Parlamentarische Rat und die Entstehung des ersten Bundestagswahlgesetzes, in: VfZG 20 (1972) 280–318.
260. DERS., Die Diskussion um die Stellung des Staatsoberhauptes 1945–1949 mit besonderer Berücksichtigung der Erörterungen im Parlamentarischen Rat, in: VfZG 26 (1978) 601–651.
261. DERS., Die Länder und die Entstehung des Grundgesetzes. Teil I: Die verfassungspolitische Lage vor Beginn der Beratungen des Parlamentarischen Rates, in: Geschichte im Westen 4 (1989) 145–159; Teil II: Der Einfluß der Ministerpräsidenten auf den Parlamentarischen Rat, in: Geschichte im Westen 5 (1990) 55–68.
262. DERS., Die Würde des Menschen ist unantastbar. Der Parlamentarische Rat und das Grundgesetz. Heidelberg 1993.
263. W. LANGHORST, Beamtentum und Artikel 131 des Grundgesetzes. Frankfurt a. M. 1994.
264. H. LAUFER, Verfassungsgerichtsbarkeit und politischer Prozeß. Studien zum Bundesverfassungsgericht der Bundesrepublik Deutschland. Tübingen 1968.
265. R. LEY, Die Mitglieder des Parlamentarischen Rates. Ihre Wahl, Zugehörigkeit zu Parlamenten und Regierungen, in: ZfParl 4 (1973) 373–391.
266. H. MÖLLER, Das Ende Preußens, in: W. BÖHME (Hrsg.), Preußen – eine Herausforderung. Karlsruhe 1981, 100–114.

267. R. Morsey, Die Entstehung des Bundesrates im Parlamentarischen Rat, in: Der Bundesrat als Verfassungsorgan und politische Kraft. Bad Honnef/Darmstadt 1974, 63–77.
268. Ders., Die Rolle Konrad Adenauers im Parlamentarischen Rat, in: K. Gotto u. a., Konrad Adenauer. Seine Deutschland- und Außenpolitik 1945–1963. München 1975, 38–96.
269. Ders., Zwischen Bayern und der Bundesrepublik. Die politische Rolle des bayerischen Ministerpräsidenten Hans Ehard 1946–1949, in: Juristenzeitung 36 (1981) 361–370.
270. Ders., Konrad Adenauer und der Weg zur Bundesrepublik Deutschland 1946–1949, in: Ders. (Hrsg.), Konrad Adenauer und die Gründung der Bundesrepublik Deutschland. Bonn ²1986, 9–39.
271. Ders., Föderalismus im Bundesstaat. Die Rolle des bayerischen Ministerpräsidenten Hans Ehard in der Vor- und Frühgeschichte der Bundesrepublik Deutschland, in: HJb. 108 (1988) 430–447.
272. Ders., Die letzte Krise im Parlamentarischen Rat und ihre Bewältigung (März/April 1949), in: D. Schwab u. a. (Hrsg.), Staat, Kirche, Wissenschaft in einer pluralistischen Gesellschaft. Festschrift zum 65. Geburtstag von Paul Mikat. Berlin 1989, 393–410.
273. Ders., Verfassungsschöpfung unter Besatzungsherrschaft – Die Entstehung des Grundgesetzes im Parlamentarischen Rat, in: Die öffentliche Verwaltung 42 (1989) 471–482.
274. K. Niclauss, Demokratiegründung in Westdeutschland. Die Entstehung der Bundesrepublik 1945–1949. München 1974.
275. V. Otto, Das Staatsverständnis des Parlamentarischen Rates. Düsseldorf 1971.
276. F. R. Pfetsch, Ursprünge der Zweiten Republik. Prozesse der Verfassungsgebung in den Westzonen und in der Bundesrepublik. Opladen 1990.
277. R. Pommerin, Von Berlin nach Bonn. Die Alliierten, die Deutschen und die Hauptstadtfrage nach 1945. Köln 1989.
278. K. Repgen, Der historische Ort des Grundgesetzes: 1648 – 1789 – 1949, in: R. Morsey/K. Repgen (Hrsg.), Christen und Grundgesetz. Paderborn 1989, 11–32.
279. B. van Schewick, Die Katholische Kirche und die Entstehung der Verfassungen in Westdeutschland 1945–1950. Mainz 1980.
280. R. Schiffers, „Ein mächtiger Pfeiler im Bau der Bundesrepublik". Das Gesetz über das Bundesverfassungsgericht vom 12. März 1951, in: VfZG 32 (1984) 66–102.

281. DERS., Zwischen Bürgerfreiheit und Staatsschutz. Wiederherstellung und Neufassung des politischen Strafrechts in der Bundesrepublik Deutschland 1949–1951. Düsseldorf 1989.
282. V. SCHOCKENHOFF, Wirtschaftsverfassung und Grundgesetz. Die Auseinandersetzungen in den Verfassungsberatungen 1945–1949. Frankfurt a. M./New York 1986.
283. W. SÖRGEL, Konsensus und Interessen. Eine Studie zur Entstehung des Grundgesetzes für die Bundesrepublik Deutschland. Stuttgart 1969, Ndr. Opladen 1985.
284. G. WEHNER, Die Westalliierten und das Grundgesetz. Die Londoner Sechsmächtekonferenz. Freiburg i. Br. 1994.

3. Parlamentarismus / Regierungssystem / Wahlen

285. B. BENZNER, Ministerialbürokratie und Interessengruppen. Baden-Baden 1989.
286. U. BERMBACH, Stationen der Regierungs- und Oppositionsbildung 1976, in: ZfParl 8 (1977) 159–182.
287. DERS., Stationen der Regierungs- und Oppositionsbildung 1980, in: ZfParl 12 (1981) 58–83.
288. K. VON BEYME, Das politische System der Bundesrepublik Deutschland nach der Vereinigung. 7. vollst. überarb. Neuausgabe München 1993.
289. K. BOHNSACK, Bildung von Regierungskoalitionen, dargestellt am Beispiel der Koalitionsentscheidung der F.D.P. von 1969, in: ZfParl 7 (1976) 400–425.
290. K. D. BRACHER, Die Kanzlerdemokratie – Antwort auf das deutsche Staatsproblem?, in: DERS., Zeitgeschichtliche Kontroversen. München ^{3}1980, 119–159.
291. DERS., Deutschland zwischen Demokratie und Diktatur. Beiträge zur neueren Politik und Geschichte. Bern u. a. 1964.
292. H. BRASS, Enquete-Kommissionen im Spannungsfeld von Politik, Wissenschaft und Öffentlichkeit, in: T. PETERMANN (Hrsg.), Das wohlberatene Parlament. Orte und Prozesse der Politikberatung beim Deutschen Bundestag. Berlin 1990, 65–95.
293. B.-O. BRYDE, Stationen, Entscheidungen und Beteiligte im Gesetzgebungsverfahren, in: H.-P. SCHNEIDER/W. ZEH (Hrsg.) Parlamentsrecht und Parlamentspraxis in der Bundesrepublik Deutschland. Berlin/New York 1989, 859–881.

294. D. BUCHHAAS, Gesetzgebung im Wiederaufbau. Schulgesetz in Nordrhein-Westfalen und Betriebsverfassungsgesetz. Eine vergleichende Untersuchung zum Einfluß von Parteien, Kirchen und Verbänden in Land und Bund 1945–1952. Düsseldorf 1985.
295. H. BUCHHEIM (Hrsg.), Konrad Adenauer und der Deutsche Bundestag. Bonn 1986.
296. W. F. DEXHEIMER, Koalitionsverhandlungen in Bonn 1961, 1965, 1969. Zur Willensbildung in Parteien und Fraktionen. Bonn 1973.
297. A. DITTMANN, Die Bundesverwaltung. Tübingen 1983.
298. A. DOERING-MANTEUFFEL, Strukturmerkmale der Kanzlerdemokratie, in: Der Staat 30 (1991) 1–18.
299. D. ENGELS, Parlamentarische Untersuchungsausschüsse. Grundlagen und Praxis im Deutschen Bundestag. Heidelberg 1989.
300. T. ESCHENBURG, Zur politischen Praxis in der Bundesrepublik Deutschland. 3 Bde. München 1964–1972.
301. G. FABRITIUS, Der Bundesrat: Transmissionsriemen für die Unitarisierung der Bundesrepublik? Geschichte der Koalitionsbildung in den Bundesländern, in: ZfParl 7 (1976) 448–460.
302. DERS., Landtagswahlen im Schatten der Bundesrepublik, in: Der Bürger im Staat 1 (1979) 29–33.
303. J. W. FALTER/H. RATTINGER/K. G. TROITZSCH (Hrsg.), Wahlen und politische Einstellungen in Deutschland. Neuere Entwicklungen der Forschung. Frankfurt a. M. u. a. 1989.
304. H. FENSKE, Wahlrecht und Parteiensystem. Ein Beitrag zur deutschen Parteiengeschichte, Frankfurt a. M. 1972.
305. F.-O. GILLES, Die verkannte Macht. Determinanten der Nachkriegsgeschichte der Institution Rechnungshof. Berlin 1986.
306. K. GÜNTHER, Der Kanzlerwechsel in der Bundesrepublik. Adenauer – Erhard – Kiesinger. Hannover 1970.
307. P. HAUNGS, Kanzlerdemokratie in der Bundesrepublik Deutschland: Von Adenauer bis Kohl, in: ZfParl 33 (1986) 44–66.
308. M. HERETH, Die parlamentarische Opposition in der Bundesrepublik Deutschland. München/Wien 1969.
309. F. A. HERMENS, Demokratie und Wahlrecht. Eine wahlrechtssoziologische Untersuchung zur Krise der parlamentarischen Regierungsbildung. Paderborn 1933.
310. DERS., Der Proporz als Verhängnis der Bundesrepublik, in: Neues Abendland 7 (1952) 193–200.
311. J. J. HESSE/T. ELLWEIN, Das Regierungssystem der Bundesrepublik Deutschland. 2 Bde. Opladen ^{7}1992.
312. S. HOFFMANN, Die Kontrolle der Regierung durch parlamentari-

sche Rechnungsprüfung im Deutschen Bundestag. Göttingen 1970.
313. W. ISMAYR, Der Deutsche Bundestag. Funktionen – Willensbildung – Reformansätze. Opladen 1992.
314. J. JEKEWITZ, Die Mitwirkung des Deutschen Bundestages an Rechtsverordnungen der Bundesregierung, in: H.-A. ROLL (Hrsg.), Plenarsitzungen des Deutschen Bundestages. Festgabe für Werner Blischke. Berlin 1982, 111–143.
315. E. JESSE, Wahlrecht zwischen Kontinuität und Reform. Eine Analyse der Wahlsystemdiskussion und der Wahlrechtsänderungen in der Bundesrepublik Deutschland 1949–1983. Düsseldorf 1985.
316. H. KAACK, Fraktionswechsel und Mehrheitsverhältnisse im Deutschen Bundestag, in: ZfParl 3 (1972) 131–139.
317. DERS., Die personelle Struktur des 9. Deutschen Bundestages – ein Beitrag zur Abgeordnetensoziologie, in: ZfParl 12 (1981) 165–203.
318. M. KAASE, Die Bundestagswahl 1972. Probleme und Analysen, in: PVS 14 (1973) 145–190.
319. H. KAREHNKE, Die Einschränkung des parlamentarischen Budgetrechts bei finanzwirksamen Gesetzen durch Artikel 113 des Grundgesetzes, in: Deutsches Verwaltungsblatt 87 (1972) 811–817.
320. P. GRAF KIELMANSEGG, Vom Bundestag zum Bundesrat. Die Länderkammer in der jüngsten deutschen Verfassungsgeschichte, in: Bundesrat (Hrsg.), Vierzig Jahre Bundesrat. Tagungsband. Baden-Baden 1989, 21–41.
321. H. KNORR, Der parlamentarische Entscheidungsprozeß während der Großen Koalition 1966 bis 1969. Struktur und Einfluß der Koalitionsfraktionen und ihr Verhältnis zur Regierung der Großen Koalition. Meisenheim 1975.
322. D. KOERFER, Schwierige Geburten: Die Regierungsbildungen 1961, 1962, 1963 und 1965, in: W. MISCHNICK (Hrsg.), Verantwortung für die Freiheit. 40 Jahre F.D.P. Stuttgart 1989, 156–192.
323. K. KREMER, Der Weg ins Parlament. Kandidatur zum Bundestag. Heidelberg/Hamburg 1982.
324. G. KRETSCHMER, Fraktionen. Parteien im Parlament. Heidelberg 1984.
325. J. KÜPPER, Die Kanzlerdemokratie. Voraussetzungen, Strukturen und Änderungen des Regierungsstiles in der Ära Adenauer. Frankfurt a.M. 1985.
326. E. H. M. LANGE, Wahlrecht und Innenpolitik. Entstehungsge-

schichte und Analyse der Wahlrechtsdiskussion im westlichen Nachkriegsdeutschland 1945–1956. Meisenheim/Glan 1975.
327. DERS., Mehrheitsbildung oder Proporz. Zur Wahlrechtsdiskussion in der britischen Zone, in: ZfParl 6 (1975) 351–363.
328. G. LOEWENBERG, Parlamentarismus im politischen System der Bundesrepublik Deutschland. Tübingen 1969 (amerik. Ausgabe 1967).
329. H. MAIER, 40 Jahre Grundgesetz. Eine Bestandsaufnahme. Bonn 1990.
330. G. MAYNTZ, Zwischen Volk und Volksvertretung. Entwicklung, Probleme und Perspektiven der Parlamentsberichterstattung unter besonderer Berücksichtigung von Fernsehen und Deutschem Bundestag. Bonn Diss. 1992.
331. R. MAYNTZ/F. NEIDHARDT, Parlamentskultur: Handlungsorientierungen von Bundestagsabgeordneten – eine empirische explorative Studie, in: ZfParl 20 (1989) 370–387.
332. R. MORSEY, Die Bildung der ersten Regierungskoalition 1949. Adenauers Entscheidungen von Frankfurt und Rhöndorf am 20. und 21. August 1949, in: HJb. 97/98 (1978) 418–438.
333. DERS., Die Rhöndorfer Weichenstellung vom 21. August 1949. Neue Quellen zur Vorgeschichte der Koalitions- und Regierungsbildung nach der Wahl zum ersten Deutschen Bundestag, in: VfZG 28 (1980) 508–542.
334. DERS., Konrad Adenauer und der Deutsche Bundestag. In: H. BUCHHEIM (Hrsg.), Konrad Adenauer und der Deutsche Bundestag. Bonn 1986, 14–40.
335. DERS., Der Bundespräsident in der Kanzlerdemokratie. Von Theodor Heuss bis Walter Scheel, in: Jahres- und Tagungsbericht der Görres-Gesellschaft 1989. Köln 1990, 5–25.
336. DERS., Heinrich Lübke. Eine politische Biographie. Paderborn 1996.
337. DERS., Die Vorgeschichte der Großen Koalition von 1966, in: J. KOCKA u.a. (Hrsg.), Von der Arbeiterbewegung zum modernen Sozialstaat. München 1994, 462–478.
338. K. NICLAUSS, Kanzlerdemokratie. Bonner Regierungspraxis von Konrad Adenauer bis Helmut Kohl. Stuttgart u.a. 1988.
339. D. OBERNDÖRFER/H. RATTINGER/K. SCHMITT, Wirtschaftlicher Wandel, religiöser Wandel, Wertewandel. Folgen für das politische Verhalten in der Bundesrepublik Deutschland. Berlin 1985.
340. H. OBERREUTER, Führungsschwäche in der Kanzlerdemokratie: Ludwig Erhard, in: M. MOLS u.a. (Hrsg.), Normative und institu-

341. T. PETERMANN (Hrsg.), Das wohlberatene Parlament. Orte und Prozesse der Politikberatung beim Deutschen Bundestag. Berlin 1990.
342. K. E. POLLMANN, Sozialpolitik im bundesstaatlichen System. Die Mitwirkung des Bundesrats an den arbeitsrechtlichen und sozialen Bundesgesetzen, in: J. KOCKA u. a. (Hrsg.), Von der Arbeiterbewegung zum modernen Sozialstaat. München 1994, 429–445.
343. H. QUARITSCH, Die Wissenschaftlichen Dienste des Bundestages, in: Festschrift für Ernst Forsthoff zum 70. Geburtstag. München 1972, 303–324.
344. M.-L. RECKER, „Bonn ist nicht Weimar" – Zu Struktur und Charakter des politischen Systems der Bundesrepublik Deutschland in der Ära Adenauer, in: GWU 44 (1993) 287–307.
345. DIES., Das Personalvertretungsgesetz vom 5. August 1955. Eine Fallstudie zum parlamentarischen Entscheidungsprozeß, in: J. KOCKA u. a. (Hrsg.), Von der Arbeiterbewegung zum modernen Sozialstaat. München 1994, 446–461.
346. W. RENZSCH, Finanzverfassung und Finanzausgleich. Die Auseinandersetzung um ihre politische Gestaltung in der Bundesrepublik Deutschland zwischen Währungsreform und deutscher Vereinigung (1948–1990), Bonn 1991.
347. G. A. RITTER/M. NIEHUSS, Wahlen in Deutschland 1946–1991. München 1991.
348. H.-A. ROLL, Plenarsitzungen des Deutschen Bundestages. Festgabe für Werner Blischke. Berlin 1982.
349. A. RÜTTGER, Der zeitliche Ablauf der Haushaltsberatungen 1949–1982, in: H.-A. ROLL (Hrsg.), Plenarsitzungen des Deutschen Bundestages. Festgabe für Werner Blischke. Berlin 1982, 165–192.
350. H. SÄCKER, Das Bundesverfassungsgericht. Mit Anhang: Der Bayerische Verfassungsgerichtshof. München ^{3}1981.
351. F. SCHÄFER, Der Bundestag. Eine Darstellung seiner Aufgaben und seiner Arbeitsweise. Opladen ^{4}1982.
352. H. SCHÄFER, Der Vermittlungsausschuß, in: Der Bundesrat als Verfassungsorgan und politische Kraft. Bad Honnef/Darmstadt 1974, 277–297.
353. R. SCHICK/W. ZEH, So arbeitet der Deutsche Bundestag. Organisation und Arbeitsweise. Die Gesetzgebung des Bundes. Rheinbreitbach ^{5}1991.
354. K. SCHMITT, Konfession und Wahlverhalten in der Bundesrepublik Deutschland. Berlin 1989.

355. H.-P. SCHNEIDER/W. ZEH (Hrsg.), Parlamentsrecht und Parlamentspraxis in der Bundesrepublik Deutschland. Berlin/New York 1989.
356. F. SCHRAMM/B. DOBIEY, Ausschüsse. Organe parlamentarischer Kontrolle. Bonn 1977.
357. H. SCHULZE-FIELITZ, Theorie und Praxis parlamentarischer Gesetzgebung – besonders des 9. Deutschen Bundestages (1980–1983). Berlin 1988.
358. H.-P. SCHWARZ (Hrsg.), Konrad Adenauers Regierungsstil. Bonn 1991.
359. K.-L. SOMMER, Der Bundesrat als außenpolitische Kontrollinstanz in den Anfangsjahren der Bundesrepublik Deutschland, in: ZfParl 23 (1992) 537–556.
360. K. SONTHEIMER, Grundzüge des politischen Systems der neuen Bundesrepublik Deutschland. München ^{12}1995.
361. R. STURM, Entscheidungsstrukturen und Entscheidungsprozesse in der Haushaltspolitik. Zum Selbstverständnis des Haushaltsausschusses des Deutschen Bundestages, in: PVS 26 (1985) 247–269.
362. R. TENHAEF, Öffentliche Anhörungen der Fachausschüsse des Deutschen Bundestages im parlamentarischen Entscheidungsprozeß bis zur 10. Wahlperiode. Bonn 1992.
363. U. THAYSEN, Zur Praxis eines grundlegenden parlamentarischen Kontrollrechtes: Die Herbeirufung von Regierungsmitgliedern durch das Parlament, in: ZfParl 5 (1974) 459–469.
364. H. TROSSMANN, Parlamentsrecht und Praxis des Deutschen Bundestages. Kommentar in alphabetischer Ordnung zu der Geschäftsordnung des Deutschen Bundestages, den einschlägigen Artikeln des Grundgesetzes und sonstigen gesetzlichen Bestimmungen nach dem Stand vom 1. Januar 1967. Bonn 1967.
365. DERS., Parlamentsrecht des Deutschen Bundestages. Kommentar zur Geschäftsordnung des Deutschen Bundestages unter Berücksichtigung des Verfassungsrechts. Hauptband. München 1977.
366. DERS./H.-A. ROLL, Parlamentsrecht des Deutschen Bundestages. Kommentar zur Geschäftsordnung des Deutschen Bundestages unter Berücksichtigung des Verfassungsrechts. Ergänzungsband. München 1981.
367. U. WENGST, Staatsaufbau und Regierungspraxis 1948–1953. Zur Geschichte der Verfassungsorgane der Bundesrepublik Deutschland. Düsseldorf 1984.
368. Zeitschrift für Parlamentsfragen. 1 ff (1970 ff).

4. Parteien

369. U. BACKES/E. JESSE, Politischer Extremismus in der Bundesrepublik. Berlin ³1993.
370. W. BECKER, CDU und CSU 1945–1950. Vorläufer, Gründung und regionale Entwicklung bis zum Entstehen der CDU-Bundespartei. Mainz 1987.
371. DERS., Die europäische Einigung und die deutschen Unionsparteien. Von den Anfängen in der Nachkriegsgeschichte bis zur Gegenwart, in: Historisch Politische Mitteilungen. Archiv für christlich-demokratische Politik 1 (1994) 135–154.
372. W. BENZ (Hrsg.), Rechtsextremismus in der Bundesrepublik. Voraussetzungen, Zusammenhänge, Wirkungen. Frankfurt a.M. ⁴1994.
373. W. BICKERICH (Hrsg.), SPD und Grüne. Das neue Bündnis? Reinbek b. Hamburg 1985.
374. B. BODE, Die Liberal-Demokratische Partei Deutschlands in der SBZ/DDR und die „deutsche Frage" (1945–1961), Phil. Diss. Bonn 1996.
375. W. BRANDT/R. LÖWENTHAL, Ernst Reuter. Ein Leben für die Freiheit. Eine politische Biographie. München 1957.
376. T. BREHM, SPD und Katholizismus – 1957 bis 1966. Frankfurt a.M. 1989.
377. D. BUCHHAAS, Die Volkspartei. Programmatische Entwicklung der CDU 1950–1973. Düsseldorf 1981.
378. G. BUCHSTAB, Der Ellwanger Freundeskreis der CDU/CSU, in: W.BECKER/W. CHROBAK (Hrsg.), Staat, Kultur, Politik. Beiträge zur Geschichte Bayerns und des Katholizismus. Kallmünz/Opf. 1992, 431–441.
379. G. BUCHSTAB/K. GOTTO (Hrsg.), Die Gründung der Union. Traditionen, Entstehung und Repräsentanten. München 1981, ²1990.
380. O. BÜSCH/P. FURTH, Rechtsradikalismus im Nachkriegsdeutschland. Studien über die „Sozialistische Reichspartei". Köln 1967.
381. W. CONZE, Jakob Kaiser. Politiker zwischen Ost und West 1945–1949. Stuttgart/Berlin/Köln/Mainz 1969, Ndr. 1985.
382. J. DITTBERNER, FDP – Partei der zweiten Wahl. Ein Beitrag zur Geschichte der liberalen Partei und ihrer Funktionen im Parteiensystem der Bundesrepublik. Opladen 1987.
383. D. DÜDING, Zwischen Tradition und Innovation. Die sozialdemo-

kratische Landtagsfraktion in Nordrhein-Westfalen 1946–1966. Bonn 1995.
384. T. ENDERS, Die SPD und die äußere Sicherheit. Zum Wandel der sicherheitspolitischen Konzeption der Partei in der Zeit der Regierungsverantwortung (1966–1982). Melle 1987.
385. H. FENSKE, Strukturprobleme der deutschen Parteiengeschichte. Wahlrecht und Parteiensystem vom Vormärz bis heute. Frankfurt a. M. 1974.
386. F. GLASHAUSER, Die Bildungs- und Kulturpolitik der bayerischen FDP. Programmpolitik zwischen öffentlicher Darstellung und parteiinterner Willensbildung. München 1988.
387. S. J. GLATZEDER, Die Deutschlandpolitik der FDP in der Ära Adenauer. Baden-Baden 1980.
388. D. GOSEWINKEL, Adolf Arndt. Die Wiederbegründung des Rechtsstaats aus dem Geist der Sozialdemokratie (1945–61). Bonn 1991.
389. F. GROSS, Hanns Seidel 1901–1961. Eine politische Biographie. München 1992.
390. DERS., Die CDU, in: A. MINTZEL/H. OBERREUTER (Hrsg.), Parteien in der Bundesrepublik Deutschland. Opladen ²1992, 172–216.
391. J. M. GUTSCHER, Die Entwicklung der FDP von ihren Anfängen bis 1961. Meisenheim 1967, Königstein/Ts. ²1984.
392. P. HAUNGS, Parteiendemokratie in der Bundesrepublik Deutschland. Berlin 1980, ²1981.
393. DERS., Die Christlich Demokratische Union Deutschlands (CDU) und die Christlich Soziale Union in Bayern (CSU), in: H.-J. VEEN (Hrsg.), Christlich-Demokratische und konservative Parteien in Westeuropa. Bd. 1. Paderborn 1983, 9–194, 269–308.
394. D. HEIN, Zwischen liberaler Milieupartei und nationaler Sammlungsbewegung. Gründung, Entwicklung und Struktur der Freien Demokratischen Partei 1945–1949. Düsseldorf 1985.
395. H. HEITZER, Die CDU in der britischen Zone 1945–1949. Gründung, Organisation, Programm und Politik. Düsseldorf 1988.
396. C. HENZLER, Fritz Schäffer 1945–1967. Eine biographische Studie zum ersten bayerischen Nachkriegs-Ministerpräsidenten und ersten Finanzminister der Bundesrepublik Deutschland. München 1994.
397. F. H. HETTLER, Josef Müller („Ochsensepp"). Mann des Widerstandes und erster CSU-Vorsitzender. München 1991.
398. G. HIRSCHER, Carlo Schmid und die Gründung der Bundesrepublik. Bochum 1986.

399. R. HRBEK, Die SPD – Deutschland und Europa. Die Haltung der Sozialdemokraten zum Verhältnis von Deutschland-Politik und Westintegration (1945–1957). Bonn 1972.
400. H. HÜRTEN, Der Beitrag Christlicher Demokraten zum geistigen und politischen Wiederaufbau und zur europäischen Integration nach 1945: Bundesrepublik Deutschland, in: W. BECKER/R. MORSEY (Hrsg.), Christliche Demokraten in Europa. Köln 1988, 213–223.
401. H. KAACK, Geschichte und Struktur des deutschen Parteiensystems. Opladen 1971.
402. W. KALTEFLEITER, Parteien im Umbruch. Ein Beitrag zur politischen Geschichte der Bundesrepublik Deutschland. Düsseldorf 1984.
403. H.-O. KLEINMANN, Geschichte der CDU 1945–1982. Stuttgart 1993.
404. F. KLINGL, „Das ganze Deutschland soll es sein!" Thomas Dehler und die außenpolitischen Weichenstellungen der fünfziger Jahre. München 1987.
405. K. KLOTZBACH, Der Weg zur Staatspartei. Programmatik, praktische Politik und Organisation der deutschen Sozialdemokratie 1945 bis 1965. Berlin/Bonn 1982.
406. H. KLUTH, Die KPD in der Bundesrepublik. Ihre politische Tätigkeit und Organisation 1945–1956. Opladen 1959.
407. H. KOEHLER, Adenauer. Eine politische Biographie. Frankfurt a. M. 1994.
408. D. KOERFER, Kampf ums Kanzleramt. Erhard und Adenauer. Stuttgart 1987.
409. K. J. KÖRPER, FDP. Bilanz der Jahre 1960–1966. Köln 1968.
410. E. KOSTHORST, Jakob Kaiser. Bundesminister für gesamtdeutsche Fragen 1949–1957. Stuttgart 1972.
411. W. KRIEGER, Franz-Josef Strauß. Der barocke Demokrat aus Bayern. Göttingen 1995.
412. P. KRITZER, Wilhelm Hoegner. Politische Biographie eines bayerischen Sozialdemokraten. München 1979.
413. H. KÜHR, Die CDU in Nordrhein-Westfalen. Von der Unionsgründung zur modernen Mitgliederpartei, in: U. VON ALEMANN (Hrsg.), Parteien und Wahlen in Nordrhein-Westfalen. Köln 1985, 91–120.
414. J. KUROPKA, 40 Jahre Christlich-Demokratische Union im Oldenburger Land. Zur Gründung und Entwicklung einer neuen Partei in Oldenburg seit 1945. Oldenburg 1987.

415. K. Kusch, Die Wiedergründung der SPD in Rheinland-Pfalz nach dem Zweiten Weltkrieg (1945–1951). Mainz 1989.
416. V. Laitenberger, Ludwig Erhard. Der Nationalökonom als Politiker. Göttingen 1986.
417. E. H. M. Lange, Politischer Liberalismus und verfassungspolitische Grundentscheidungen nach dem Kriege, in: L. Albertin (Hrsg.), Politischer Liberalismus in der Bundesrepublik. Göttingen 1980, 48–91.
418. M. Langner (Hrsg.), Die GRÜNEN auf dem Prüfstand. Analyse einer Partei. Bonn 1987.
419. P. Lösche/F. Walter, Die SPD: Klassenpartei – Volkspartei – Quotenpartei. Darmstadt 1992.
420. A. Martin, Die Entstehung der CDU in Rheinland-Pfalz. Mainz 1995.
421. B. Marshall, Willy Brandt. Bonn 1993.
422. K.-J. Matz, Reinhold Maier (1889–1971). Eine politische Biographie. Düsseldorf 1989.
423. B. Mauch, Die bayerische FDP. Porträt einer Landespartei 1945–1949. München 1981.
424. A. Meier, Hermann Ehlers. Leben in Kirche und Politik. Bonn 1991.
425. A. Mintzel, Die Christlich-Soziale Union in Bayern, in: A. Mintzel/H. Oberreuter (Hrsg.), Parteien in der Bundesrepublik Deutschland. Opladen ^{2}1992, 217–265.
426. Ders., Die CSU. Anatomie einer konservativen Partei 1945–1972. Opladen ^{2}1978.
427. Ders., Geschichte der CSU. Ein Überblick. Opladen 1977.
428. A. Mintzel/H. Oberreuter (Hrsg.), Parteien in der Bundesrepublik Deutschland. Bonn 1990, ^{2}1992.
429. K. Möckl, Die Struktur der Christlich-Sozialen Union in Bayern in den ersten Jahren ihrer Gründung, in: ZbLG 36 (1973) 719–753.
430. H. Möller, Theodor Heuss. Staatsmann und Schriftsteller. Bonn 1990.
431. M. Möller, Evangelische Kirche und sozialdemokratische Partei in den Jahren 1945–1950. Göttingen 1984.
432. F. Moraw, Die Parole der „Einheit" und die Sozialdemokratie. Zur parteiorganisatorischen und gesellschaftspolitischen Orientierung der SPD in der Periode der Illegalität und in der ersten Phase der Nachkriegszeit 1933–1948. Bonn-Bad Godesberg 1973, ^{2}1990.

433. E. NEBGEN, Jakob Kaiser. Der Widerstandskämpfer. Stuttgart ²1970.
434. F. NEUMANN, Der Block der Heimatvertriebenen und Entrechteten 1950 bis 1960. Ein Beitrag zur Geschichte und Struktur einer politischen Interessenpartei. Meisenheim 1968.
435. G. OTT, Thomas Dehler. Hof 1985.
436. G. PFEIFFER/H.-G. STRICKERT (Hrsg.), KPD-Prozeß. 3 Bde. Karlsruhe 1955–1956.
437. C. REUTER, „Graue Eminenz der bayerischen Politik". Eine politische Biographie Anton Pfeiffers (1888–1957). München 1987.
438. D. RILLING, Thomas Dehler. Eine politische Biographie. Augsburg 1988.
439. T. RÜTTEN, Der deutsche Liberalismus 1945 bis 1955. Baden-Baden 1984.
440. J. SCHADT/W. SCHMIERER (Hrsg.), Die SPD in Baden-Württemberg und ihre Geschichte. Stuttgart 1979.
441. W. SCHÖNBOHM, Die CDU wird moderne Volkspartei. Selbstverständnis, Mitglieder, Organisation und Apparat 1950–1980. Stuttgart 1985.
442. K. SCHÖNHOVEN/D. STARITZ (Hrsg.), Sozialismus und Kommunismus im Wandel. Köln 1993.
443. G. SCHOLZ, Kurt Schumacher. Düsseldorf 1988.
444. K. SCHRÖDER, Die FDP in der britischen Besatzungszone 1946–1948. Ein Beitrag zur Organisationsstruktur der Liberalen im Nachkriegsdeutschland. Düsseldorf 1985.
445. H.-P. SCHWARZ, Adenauer. Der Aufstieg: 1876–1952. Stuttgart 1986.
446. DERS., Adenauer. Der Staatsmann: 1952–1967. Stuttgart 1991.
447. B. SEEBACHER-BRANDT, Ollenhauer. Biedermann und Patriot. Berlin 1984.
448. G. SERFAS, „Lieber Freiheit ohne Einheit als Einheit ohne Freiheit". Der Neubeginn der DemokratischenVolkspartei in Württemberg-Baden 1945/46. Heidelberg 1986.
449. G. SMITH, Democracy in Western Germany. Parties and Politics in the Federal Republic. London ³1986.
450. H. SOELL, Fritz Erler – Eine politische Biographie. 2 Bde. Berlin 1976.
451. R. STÖSS (Hrsg.), Parteien-Handbuch. Die Parteien der Bundesrepublik Deutschland 1945–1980. Bd. 1: AUD bis EFP. Opladen 1983. Bd. 2: FDP bis WAV. Opladen 1984.
452. H. VORLÄNDER, Die Freie Demokratische Partei, in: A. MINTZEL/

H. OBERREUTER (Hrsg.), Parteien in der Bundesrepublik Deutschland. Opladen ²1992, 266–318.
453. D. WAGNER, FDP und Wiederbewaffnung. Boppard 1978.
454. P.-L. WEINACHT (Hrsg.), Die CDU in Baden-Württemberg und ihre Geschichte. Stuttgart 1978.
455. E. WERNER, Im Dienst der Demokratie. Die bayerische Sozialdemokratie nach der Wiedergründung 1945. München 1982.
456. L. WILKER, Die Sicherheitspolitik der SPD 1956–1966. Bonn-Bad Godesberg 1977.
457. K. WOLF, CSU und Bayernpartei. Ein besonderes Konkurrenzverhältnis 1948–1960. Köln 1982.
458. W. WOLF (Hrsg.), CDU Hessen 1945–1985. Politische Mitgestaltung und Kampf um die Mehrheit. Köln 1986.
459. H. WOLLER, Die Loritz-Partei. Geschichte, Struktur und Politik der Wirtschaftlichen Aufbau-Vereinigung (WAV) 1945–1955. Stuttgart 1982.

D. Nachtrag 2010

1. Quellen

1.1 Akten, Protokolle, Dokumentationen

460. An der Spitze der CSU. Die Führungsgremien der Christlich-Sozialen Union 1946 bis 1955, hrsg. und bearb. v. J. BALCAR/TH. SCHLEMMER. München 2007.
461. Der Auswärtige Ausschuß des Deutschen Bundestages. Sitzungsprotokolle 1949–1957, bearb. v. W. HÖLSCHER. 4 Bde.; Sitzungsprotokolle 1957–1961, eingel. v. J. WINTZER, bearb. v. J. WINTZER/J. BOYER. 2 Bde.; Sitzungsprotokolle 1961–1965, bearb. v. W. HÖLSCHER. 2 Bde. Düsseldorf 1998–2004; Sitzungsprotokoll 1965–1969, bearb. v. J. WINTZER. 2 Bde. Düsseldorf 2006; Sitzungsprotokolle 1969–1972, eingel. v. W. HÖLSCHER, bearb. v. J. WINTZER. 2 Bde. Düsseldorf 2007.
462. Der Bundestagsausschuss für Verteidigung und seine Vorläufer. Bd. 1: Der Ausschuss für Mitberatung des EVG-Vertrages. Juli bis Dezember 1952, bearb. v. H.-E. VOLKMANN; Bd. 2: Der Aus-

schuss für Fragen der europäischen Sicherheit. Januar 1953 bis Juli 1954, bearb. v. B. THOSS. Düsseldorf 2006 und 2010.

463. CDU-Bundesvorstand. Die Protokolle des CDU-Bundesvorstandes, bearb. v. G. BUCHSTAB. Bd. 4: 1961–1965: Adenauer: „Stetigkeit in der Politik"; Bd. 5: Kiesinger: 1965–1969: „Wir leben in einer veränderten Welt"; Bd. 6: Barzel: 1969–1973: „Unsere Alternativen für die Zeit der Opposition." Düsseldorf 1998, 2005 und 2009.

464. Die CDU/CSU-Fraktion im Deutschen Bundestag. Sitzungsprotokolle 1949–1957, bearb. v. H. HEIDEMEYER. 3 Bde.; Sitzungsprotokolle 1957–1961, bearb. v. R. SCHIFFERS. 2 Bde.; Sitzungsprotokolle 1961–1966, bearb. v. C. FRANZ. 4 Bde.; Sitzungsprotokolle von 1966–1969, eingel. und bearb. v. B. TÜFFERS. Düsseldorf 1998–2009.

465. Deutsche Einheit. Sonderedition aus den Akten des Bundeskanzleramtes 1989/90, bearb. v. H. J. KÜSTERS/D. HOFMANN. München 1998.

466. Die Entstehung des Grundgesetzes für die Bundesrepublik Deutschland 1949. Eine Dokumentation, hrsg. v. M. F. FELDKAMP. Stuttgart 1999.

467. Die Entstehung der Hessischen Verfassung von 1946. Eine Dokumentation, hrsg. und eingel. v. H. BERDING/K. LANGE. Wiesbaden 1996.

468. Der Gesamtdeutsche Ausschuß. Sitzungsprotokolle des Ausschusses für Gesamtdeutsche Fragen des Deutschen Bundestages 1949–1953, bearb. v. A. BIEFANG. Düsseldorf 1998.

469. Die Grünen im Bundestag. Sitzungsprotokolle 1983–1987, bearb. v. J. BOYER/H. HEIDEMEYER unter Mitw. v. T. B. PETERS. 2 Bde. Düsseldorf 2008.

470. Das Grundgesetz. Dokumentation seiner Entstehung, hrsg. v. H.-P. SCHNEIDER. Bisher 9 Bde. Frankfurt a. M. 1995–2009.

471. Die Kabinettsprotokolle der Bundesregierung, bearb. v.: Bd. 8: 1955: M. HOLLMANN/K. VON JENA; Bd. 9: 1956: U. HÜLLBÜSCH. Boppard a. Rh. 1997–1998; Bd. 10: 1957: U. ENDERS/J. HENKE; Bd. 11: 1958: U. ENDERS/C. SCHAWE; Bd. 12: 1959: J. HENKE/U. RÖSSEL; Bd. 13: 1960: R. BEHRENDT/C. SEEMANN; Bd. 14: 1961: U. ENDERS/J. FILTHAUT; Bd. 15: 1962: U. RÖSSEL/C. SEEMANN; Bd. 16: 1963: U. ENDERS/C. SEEMANN; Bd. 17: 1964: J. HENKE/U. RÖSSEL; Bd. 18: 1965: J. HENKE/C. SEEMANN; Bd. 19: 1966: C. FABILAN/U. RÖSSEL. München 2000–2009.

472. Die Kabinettsprotokolle der Hessischen Landesregierung. Bd. 1: Kabinett Geiler 1945–1946, hrsg. v. A. HEDWIG. Wiesbaden 2000.
473. Die Kabinettsprotokolle der Landesregierung von Nordrhein-Westfalen: 1950–1954. 2 Bde, bearb. v. G. FLECKENSTEIN u. a.; 1954–1958. 2 Bde, bearb. v. V. ACKERMANN. 1958–1962. 2 Bde, eingel. und bearb. v. V. ACKERMANN; 1962–1966. 2 Bde, eingel. und bearb. v. V. ACKERMANN; 1966–1970, eingel. und bearb. v. A. PILGER. Siegburg 1992–2008.
474. K.-R. KORTE (Hrsg.), „Das Wort hat der Herr Bundeskanzler". Eine Analyse der Großen Regierungserklärungen von Adenauer bis Schröder. Wiesbaden 2002.
475. Der Parlamentarische Rat 1948–1949. Akten und Protokolle, bearb. v.: Bd. 10–12: M. F. FELDKAMP; Bd. 13: E. BÜTTNER/M. WETTENGEL; Bd. 14: M. F. FELDKAMP. München 1997–2009.
476. Die Protokolle des Bayerischen Ministerrats 1945–1954. Das Kabinett Schäffer, bearb. v. K.-U. GELBERG. München 1995; Das Kabinett Hoegner, bearb. v. K.-U. GELBERG. 2 Bde. München 1997; Das Kabinett Ehard I, bearb. v. K.-U. GELBERG. München 2000; Das Kabinett Ehard II, bearb. v. K.-U. GELBERG und O. BRAUN. 3 Bde. München 2003, 2005 und 2010.
477. Die Protokolle der Regierung von Baden, bearb. v. K. HOCHSTUHL. Stuttgart 2006.
478. Die Protokolle der Regierung von Württemberg-Hohenzollern, bearb. v. F. RABERG. Stuttgart 2004.
479. Quellen zur Entstehung der Verfassung des Landes Baden von 1947, bearb. v. P. FEUCHTE. 2 Bde. Stuttgart 1999 und 2001.
480. Quellen zur Entstehung der Verfassung von Württemberg-Baden, bearb. v. P. SAUER. Stuttgart 2001.
481. Quellen zur Entstehung der Verfassung von Württemberg-Hohenzollern, bearb. v. TH. RÖSSLEIN, eingel. v. F. RABERG. Stuttgart 2006.
482. Quellen zur Innenpolitik in der Ära Adenauer 1949–1963. Konstituierung und Konsolidierung der Bundesrepublik. Darmstadt 2005.
483. Die SPD-Fraktion im Deutschen Bundestag. Sitzungsprotokolle 1966–1969, eingel. und bearb. v. B. T. TÜFFERS. Düsseldorf 2009.
484. Die SPD unter Kurt Schumacher und Erich Ollenhauer 1946 bis 1963. Sitzungsprotokolle der Spitzengremien. Bd. 1: 1946 bis 1948. Bd. 2: 1948 bis 1950, hrsg. und bearb. v. W. ALBRECHT. Bonn 2000 und 2003.
485. Streiten um ein Staatsfragment. Theodor Heuss und Thomas Deh-

ler berichten von der Entstehung des Grundgesetzes. Mit einer Einl. v. M. F. FELDKAMP, bearb. v. P. OSTERMANN/M. F. FELDKAMP. Stuttgart 1999.
486. K. STÜWE (Hrsg.), Die großen Regierungserklärungen der deutschen Bundeskanzler von Adenauer bis Schröder. Opladen 2002.
487. Verfassungsdiskussion und Verfassungsgebung 1990 bis 1994, hrsg. v. E. FISCHER/W. KÜNZEL. 3 Bde. Schkeuditz 2005.

1.2 Briefwechsel, Reden, Tagebücher, Memoiren

488. Konrad Adenauer (Rhöndorfer Ausgabe): Briefe 1955–1967, bearb. v. H.-P. MENSING. Berlin 1998, 2000, 2004, 2006 und 2009.
489. Adenauer – Heuss. Unter vier Augen. Gespräche aus den Gründerjahren 1949–1959, bearb. v. H. P. MENSING. Berlin 1997.
490. R. BARZEL, Ein gewagtes Leben. Erinnerungen. Stuttgart/Leipzig 2001.
491. Willy Brandt (Berliner Ausgabe): Zwei Vaterländer. Deutsch-Norweger im schwedischen Exil, Rückkehr nach Deutschland 1940–1947, bearb. v. E. LORENZ; Berlin bleibt frei. Politik in und für Berlin 1947–1966, bearb. v. S. HEIMANN; Mehr Demokratie wagen. Innen- und Gesellschaftspolitik 1966–1974, bearb. v. W. VON KIESERITZKY; Auf dem Weg nach oben. Willy Brandt und die SPD 1947–1972, bearb. v. D. MÜNKEL; Die Partei der Freiheit. Willy Brandt und die SPD 1972–1992, bearb. v. K. RUDOLPH. Bonn 2000–2006.
492. G. BUSH/B. SCOWCROFT, Eine neue Welt. Amerikanische Außenpolitik in Zeiten des Umbruchs. Berlin 1999.
493. F. ELBE/R. KIESSLER, Ein runder Tisch mit scharfen Ecken. Der diplomatische Weg zur deutschen Einheit. Baden-Baden 1993.
494. E. EPPLER, Komplettes Stückwerk. Erfahrungen aus fünfzig Jahren Politik. 3. Aufl. Frankfurt a. M. 2001.
495. H.-D. GENSCHER, Erinnerungen. Berlin 1995.
496. M. GORBATSCHOW, Wie es war. Die deutsche Wiedervereinigung. Berlin 1999.
497. Theodor Heuss (Stuttgarter Ausgabe, Briefe): Erzieher zur Demokratie. Briefe 1945–1949, hrsg. und bearb. v. E. W. BECKER. München 2007.
498. W. LEISLER-KIEP, Was bleibt ist große Zuversicht. Erfahrungen eines Unabhängigen. Ein politisches Tagebuch. Berlin/Wien 1999.

499. H. KOHL, Erinnerungen. Bd. 1: 1930–1982; Bd. 2: 1982–1990; Bd. 3: 1990–1994. München 2004–2007.
500. DERS., „Ich wollte Deutschlands Einheit". Dargestellt v. K. DIEKMANN/R. G. REUTH. Berlin 1996.
501. R. SÜSSMUTH, Wer nicht kämpft, hat schon verloren. Meine Erfahrungen in der Politik. München 2000.
502. H. TELTSCHIK, 329 Tage. Innenansichten der Einigung. Berlin 1991.
503. H.-J. VOGEL, Nachsichten. Meine Bonner und Berliner Jahre. 2. Aufl. München 1997.

2. Handbücher, Lexika, Kommentare

504. W. BENZ (Hrsg.), Deutschland unter alliierter Besatzung 1945–1949/55. Berlin 1999.
505. Biographisches Handbuch der Mitglieder des Deutschen Bundestages 1949–2002, hrsg. v. R. VIERHAUS/L. HERBST. München 2002/2003.
506. E. CONZE, Sicherheit als Kultur. Überlegungen zu einer „modernen Politikgeschichte" der Bundesrepublik Deutschland, in: VfZ 53 (2005) 357–380.
507. Geschichte der Sozialpolitik in Deutschland seit 1945, hrsg. v. Bundesministerium für Arbeit und Sozialordnung und dem Bundesarchiv. 11 Bde. Baden-Baden 2001–2008.
508. Handbuch zur Statistik der Parlamente und Parteien in den westlichen Besatzungszonen und in der Bundesrepublik Deutschland. Bd. 1: Abgeordnete in Bund und Ländern. Mitgliedschaft und Sozialstruktur 1946–1990, bearb. v. C. HANDSCHELL; Bd. 2: CDU und CSU. Mitgliedschaft und Sozialstruktur 1945–1990, bearb. v. C. FRANZ/O. GNAD; Bd. 3: FDP sowie kleinere bürgerliche und rechte Parteien. Mitgliedschaft und Sozialstruktur 1945–1990, bearb. v. O. GNAD/D. GNISS/M. HAUSMANN/C.-W. REIBEL; Bd. 4: SPD, KPD und kleinere Parteien des linken Spektrums sowie DIE GRÜNEN. Mitgliedschaft und Sozialstruktur 1945–1990, bearb. v. J. BOYER/T. KÖSSLER. Düsseldorf 2002–2005.
509. U. KEMPF/H.-G. MERZ (Hrsg.), Kanzler und Minister 1949–1998. Biografisches Lexikon der deutschen Bundesregierungen. Wiesbaden 2001.

510. Lexikon der Christlichen Demokratie in Deutschland, hrsg. v. W. BECKER u. a. Paderborn u. a. 2002.
511. M.d.B. Volksvertretung im Wiederaufbau 1946–1961. Bundestagskandidaten und Mitglieder der westzonalen Vorparlamente. Eine biographische Dokumentation, hrsg. v. M. SCHUMACHER. Düsseldorf 2000.
512. A. RÖDDER, Das „Modell Deutschland" zwischen Erfolgsgeschichte und Verfallsdiagnose, in: VfZ 54 (2006) 345–363.
513. P. SCHINDLER, Datenhandbuch zur Geschichte des Deutschen Bundestages 1949 bis 1999. Gesamtausgabe in drei Bänden. Baden-Baden 1999.
514. H.-P. SCHWARZ, Die neueste Zeitgeschichte, in: VfZ 51 (2003) 5–28.
515. U. WENGST, Machen Männer wieder Geschichte? Der Stellenwert von Politikerbiographien in der Geschichtsschreibung über die Bundesrepublik Deutschland, in: K. HILDEBRAND/U. WENGST/A. WIRSCHING (Hrsg.), Geschichtswissenschaft und Zeiterkenntnis. Fs. für Horst Möller. München 2008, S. 627–639.

3. Literatur

3.1 Allgemeine Darstellungen

516. P. BENDER, Deutschlands Wiederkehr. Eine ungeteilte Nachkriegsgeschichte 1945–1990. Stuttgart 2007.
517. E. CONZE, 50 Jahre Bundesrepublik Deutschland. Daten und Diskussionen. Stuttgart 1999.
518. DERS., Die Suche nach Sicherheit. Eine Geschichte der Bundesrepublik Deutschland von 1949 bis in die Gegenwart. München 2009.
519. A. DOERING-MANTEUFFEL, Wie westlich sind die Deutschen? Amerikanisierung und Westernisierung im 20. Jahrhundert. Göttingen 1999.
520. M. FRESE u. a., Demokratisierung und gesellschaftlicher Aufbruch. Die sechziger Jahre als Wendezeit der Bundesrepublik. Paderborn 2003.
521. D. GEPPERT, Die Ära Adenauer. Darmstadt 2002.
522. M. GÖRTEMAKER, Geschichte der Bundesrepublik Deutschland. Von der Gründung bis zur Gegenwart. München 1999.

523. DERS., Kleine Geschichte der Bundesrepublik Deutschland. München 2002.
524. V. HENTSCHEL, Ludwig Erhard. Ein Politikerleben. München 1996.
525. U. HERBERT (Hrsg.), Wandlungsprozesse in Westdeutschland. Belastung, Integration, Liberalisierung 1945–1980. Göttingen 2002.
526. K. H. JARAUSCH, Die Umkehr. Deutsche Wandlungen 1945–1995. Bonn 2004.
527. M. KAASE/G. SCHMID (Hrsg.), Eine lernende Demokratie. 50 Jahre Bundesrepublik Deutschland. Berlin 1999.
528. P. GRAF KIELMANSEGG, Nach der Katastrophe. Eine Geschichte des geteilten Deutschland. Berlin 2000.
529. H. KNABE, Die unterwanderte Republik. Stasi im Westen. Berlin 1999.
530. A. MIERZEJEWSKI, Ludwig Erhard. Der Wegbereiter der Sozialen Marktwirtschaft. Biographie. München 2005.
531. R. MORSEY, Die Bundesrepublik Deutschland. Entstehung und Entwicklung bis 1969. 5. Aufl. München 2007.
532. M.-L. RECKER, Geschichte der Bundesrepublik Deutschland. München 2002.
533. S. REICHARDT, Damals nach dem Krieg. Eine Geschichte Deutschlands 1945 bis 1949. München 2008.
534. Reform und Revolte

P. BERNHARD, Zivildienst zwischen Reform und Revolte. Eine bundesdeutsche Institution im gesellschaftlichen Wandel 1961–1982. München 2005.

B. HEIN, Die Westdeutschen und die Dritte Welt. Entwicklungspolitik und Entwicklungsdienste zwischen Reform und Revolte 1959–1974. München 2006.

M. KITTEL, Marsch durch die Institutionen. Politik und Kultur in Frankfurt nach 1968. München 2011.

A. ROHSTOCK, Von der „Ordinarienuniversität" zur „Revolutionszentrale"? Hochschulreform und Hochschulrevolte in Bayern und Hessen 1957–1976. München 2010.

E. ZELLMER, Töchter der Revolte. Frauenbewegung und Feminismus in den 1970er Jahren in München. München 2011.
535. G. A. RITTER, Über Deutschland. Die Bundesrepublik in der deutschen Geschichte. 2. Aufl. München 2000.
536. A. RÖDDER, Die Bundesrepublik Deutschland 1969–1990. München 2004.

537. A. SCHILDT, Ankunft im Westen. Ein Essay zur Erfolgsgeschichte der Bundesrepublik. Frankfurt a. M. 1999.
538. DERS./D. SIEGFRIED/K. CH. LAMMERS (Hrsg.), Dynamische Zeiten. Die 60er Jahre in den beiden deutschen Gesellschaften. Hamburg 2000.
539. K. SCHÖNHOVEN, Aufbruch in die sozialliberale Ära. Zur Bedeutung der 60er Jahre in der Geschichte der Bundesrepublik, in: GG 25 (1999) 123–145.
540. K. SCHROEDER, Die veränderte Republik. Deutschland nach der Wiedervereinigung. München 2006.
541. H.-P. SCHWARZ, Die Bundesrepublik Deutschland. Eine Bilanz nach 60 Jahren. Köln u. a. 2008.
542. DERS., Der Ort der Bundesrepublik in der deutschen Geschichte. Opladen 1996.
543. K. SONTHEIMER, So war Deutschland nie. Anmerkungen zur politischen Kultur der Bundesrepublik. München 1999.
544. B. STÖVER, Die Bundesrepublik Deutschland. Darmstadt 2002.
545. T. SZATKOWSKI, Carl Carstens. Eine politische Biographie. Köln 2009.
546. H. VOGT, Wächter der Bonner Republik. Die Alliierten Hohen Kommissare 1949–1955. Paderborn 2004.
547. S. ULLRICH, Der Weimar-Komplex. Das Scheitern der ersten deutschen Demokratie und die politische Kultur der frühen Bundesrepublik. Göttingen 2009.
548. H.-U. WEHLER, Bundesrepublik und DDR. 1949–1990. München 2008.
549. U. WENGST/H. WENTKER, Das doppelte Deutschland. 40 Jahre Systemkonkurrenz. Berlin 2008.
550. H. A. WINKLER, Der lange Weg nach Westen. Bd. 2: Deutsche Geschichte vom „Dritten Reich" bis zur Wiedervereinigung. München 2000.
551. A. WIRSCHING, Abschied vom Provisorium. Geschichte der Bundesrepublik Deutschland 1982–1990. München 2006.
552. DERS., Deutsche Geschichte im 20. Jahrhundert. München 2001.
553. E. WOLFRUM, Die geglückte Demokratie. Geschichte der Bundesrepublik Deutschland von ihren Anfängen bis zur Gegenwart. Stuttgart 2006.

3.2 Grundgesetz, föderativer Staat, Wiedervereinigung

554. D. E. BARCLAY, Schaut auf diese Stadt. Der unbekannte Ernst Reuter. Berlin 2000.
555. Bayern im Bund
    Bd. 1: TH. SCHLEMMER/H. WOLLER (Hrsg.), Die Erschließung des Landes 1949 bis 1973. München 2001.
    Bd. 2: DIES. (Hrsg.), Gesellschaft im Wandel 1949 bis 1973. München 2002.
    Bd. 3: DIES. (Hrsg.), Politik und Kultur im föderativen Staat 1949 bis 1973. München 2004.
    Bd. 4: D. SÜSS, Kumpel und Genossen. Arbeiterschaft, Betrieb und Sozialdemokratie in der bayerischen Montanindustrie 1945 bis 1976. München 2003.
    Bd. 5: J. BALCAR, Politik auf dem Land. Studien zur bayerischen Provinz 1945 bis 1972.
    Bd. 6: TH. SCHLEMMER, Industriemoderne in der Provinz. Die Region Ingolstadt zwischen Neubeginn, Boom und Krise 1945 bis 1975. München 2009.
    Bd. 7: S. GRÜNER, Geplantes „Wirtschaftswunder"? Industrie- und Strukturpolitik in Bayern 1949 bis 1973. München 2009.
556. U. BERLIT, Die Reform des Grundgesetzes nach der staatlichen Einigung Deutschlands, in: Jb. d. öffentl. Rechts der Gegenw. N.F. 44 (1996) 17–89.
557. J. BRAUTMEIER (Hrsg.), Mythen – Möglichkeiten und Wirklichkeiten. 60 Jahre Nordrhein-Westfalen. Essen 2007.
558. CH. BOMMARIUS, Das Grundgesetz. Eine Biographie. Berlin 2009.
559. M. BREMERS, Die Gemeinsame Verfassungskommission. Warum gilt das Grundgesetz? Verfassungstheoretische Herausforderung und parlamentarische Bewältigung der Verfassungsdebatte der deutschen Einheit. Wiesbaden 2001.
560. G. BUCHSTAB/H.-O. KLEINMANN (Hrsg.), In Verantwortung vor Gott und den Menschen. Christliche Demokraten im Parlamentarischen Rat 1948/49. Freiburg u. a. 2008.
561. D. DÜDING, Heinz Kühn 1912–1992. Eine politische Biographie. Essen 2002.
562. DERS., Parlamentarismus in Nordrhein-Westfalen 1946–1980. Vom Fünfparteien- zum Zweiparteienlandtag. Düsseldorf 2008.
563. DERS., Volkspartei im Landtag. Die sozialdemokratische Landtagsfraktion in Nordrhein-Westfalen als Regierungsfraktion 1966–1990. Bonn 1998.

564. B. FAIT, Demokratische Erneuerung unter dem Sternenbanner. Amerikanische Kontrolle und Verfassungsgebung in Bayern 1946. Düsseldorf 1998.
565. M. F. FELDKAMP, Der Parlamentarische Rat 1948–1949. Die Entstehung des Grundgesetzes. Göttingen 1998.
566. D. GROSSER, Das Wagnis der Währungs-, Wirtschafts- und Sozialunion. Politische Zwänge im Konflikt mit ökonomischen Regeln. Stuttgart 1998.
567. L. GRUBER, Die CDU-Landtagsfraktion in Nordrhein-Westfalen 1946–1980. Eine parlamentshistorische Untersuchung. Düsseldorf 1998.
568. A. HEINEN, Saarjahre. Politik und Wirtschaft im Saarland 1945–1955. Stuttgart 1996.
569. W. JÄGER (M. WALTER), Die Überwindung der Teilung. Der innerdeutsche Prozess der Vereinigung 1989/90. Stuttgart 1998.
570. K. H. JARAUSCH, Die unverhoffte Einheit 1989–1990. Frankfurt a. M. 1995.
571. M. KISSENER, Kleine Geschichte des Landes Rheinland-Pfalz 1945–2005. Wege zur Integration eines „Nachkriegsbundeslandes". Leinfelden-Echterdingen 2006.
572. E. KLEIN (Hrsg.), Die Rolle des Bundesrates und der Länder im Prozeß der deutschen Einheit. Berlin 1998.
573. J. KLÖCKLER, Abendland – Alpenland – Alemannien. Frankreich und die Neugliederungsdiskussion in Südwestdeutschland 1945–1947. München 1998.
574. C.-D. KROHN/M. SCHUMACHER (Hrsg.), Exil und Neuordnung. Beiträge zur verfassungspolitischen Entwicklung in Deutschland nach 1945. Düsseldorf 2000.
575. M. LANZINNER, Zwischen Sternenbanner und Bundesadler. Bayern im Wiederaufbau 1945–1958. Regensburg 1996.
576. H. VON MANGOLDT, Die Verfassungen der neuen Bundesländer: Einführung und synoptische Darstellung. 2. Aufl. Berlin 1997.
577. S. MARX, Franz Meyers 1908–2002. Eine politische Biographie. Essen 2003.
578. H. MOELLE, Der Verfassungsbeschluss nach Artikel 146 Grundgesetz. Paderborn 1996.
579. CH. MÖLLERS, Das Grundgesetz. Geschichte und Inhalt. München 2009.
580. A. MOHR, Hessen und der Länderrat des amerikanischen Besatzungsgebietes. Frankfurt a. M. u. a. 1999.

581. K. NICLAUSS, Der Weg zum Grundgesetz. Demokratiegründung in Westdeutschland 1945–1949. Paderborn u. a. 1998.
582. G. PAPKE, Liberale Ordnungskraft, nationale Sammlungsbewegung oder Mittelstandspartei? Die FDP-Landtagsfraktion in Nordrhein-Westfalen 1946–1966. Düsseldorf 1998.
583. S. PAPPERT, Werner Hilpert. Politiker in Hessen 1945–1952. Vorkämpfer für eine christlich-soziale Demokratie. Wiesbaden 2003.
584. Revision des Grundgesetzes? Ergebnisse der Gemeinsamen Verfassungskommission (GKV) des Deutschen Bundestages und des Bundesrates, hrsg. v. N. KONEGEN/P. NITSCHKE. Opladen 1997.
585. G. A. RITTER, Der Preis der deutschen Einheit. Die Wiedervereinigung und die Krise des Sozialstaats. München 2006.
586. A. RÖDDER, Deutschland einig Vaterland. Die Geschichte der Wiedervereinigung. München 2009.
587. E. SCHMIDT, Staatsgründung und Verfassungsgebung in Bayern. Die Entstehung der Bayerischen Verfassung vom 8. Dezember 1946. 2 Bde. München 1997.
588. K.-L. SOMMER, Wilhelm Kaisen. Eine politische Biographie. Bonn 2000.
589. F. SPIEKER, Hermann Höpker Aschoff. Vater der Finanzverfassung. Berlin 2004.
590. M. STEINBEIS/M. DETJEN/ST. DETJEN: Die Deutschen und das Grundgesetz. Geschichte und Grenzen unserer Verfassung. Bonn 2009
591. K. TEPPE, Politik und Wissenschaft im Diskurs. Die Debatte um die Neugliederung des Bundesgebietes in den 1950er Jahren, in: Westfäl. Forsch. 49 (1999) 437–471.
592. H.-G. WEHLING (Hrsg.), Die deutschen Länder. Geschichte, Politik, Wirtschaft. 2. Auflage Opladen 2002.
593. E. WUNDER, Hessen im Bundesrat. Zum föderalistischen Selbstverständnis der hessischen Landesregierung 1949–1955. Wiesbaden 2000.

3.3 Parlamentarismus, Regierungssystem, Wahlen

594. K. BERGMANN, Der Bundestagswahlkampf 1998. Vorgeschichte, Strategien, Ergebnis. Wiesbaden 2002.
595. Das Bundesverfassungsgericht im politischen System, hrsg. v. R. CH. VAN OOYEN u. a. Wiesbaden 2006.
596. J. S. EICHHORN, Durch alle Klippen hindurch zum Erfolg. Die Re-

gierungspraxis der ersten Großen Koalition (1966–1969). München 2009.
597. D. GNISS, Der Politiker Eugen Gerstenmaier 1906–1986. Eine Biographie. Düsseldorf 2005.
598. K. J. GRIGOLEIT, Bundesverfassungsgericht und deutsche Frage. Eine dogmatische und historische Untersuchung zum judikativen Anteil an der Staatsleitung. Tübingen 2004.
599. F. GÜNTHER, Heuss auf Reisen. Die auswärtige Repräsentation der Bundesrepublik durch den ersten Bundespräsidenten. Stuttgart 2006.
600. J. HEFTY, Die parlamentarischen Staatssekretäre im Bund. Eine Entwicklungsgeschichte seit 1967. Düsseldorf 2005.
601. V. HETTERICH, Von Adenauer zu Schröder – Der Kampf um Stimmen. Eine Längsschnittanalyse der Wahlkampagnen von CDU und SPD bei den Bundestagswahlen 1949 bis 1998. Opladen 2000.
602. D. HOFFMANN, Das Bundesverfassungsgericht im politischen Kräftefeld der frühen Bundesrepublik. Die Auseinandersetzung um die Westverträge 1952–1954, in: HJB 120 (2000) 227–273.
603. D. HOFMANN, „Verdächtige Eile". Der Weg der Koalition aus SPD und F.D.P. nach der Bundestagswahl vom 28. September 1969, in: VfZ 48 (2000) 515–564.
604. C. HOLTZ-BACHA, Wahlwerbung als politische Kultur. Parteienspots im Fernsehen 1957–1998. Wiesbaden 2000.
605. W. ISMAYR, Der Deutsche Bundestag im politischen System der Bundesrepublik Deutschland. Opladen 2000.
606. E. JÄCKEL/H. MÖLLER/H. RUDOLPH (Hrsg.), Von Heuss bis Herzog. Die Bundespräsidenten im politischen System der Bundesrepublik. Stuttgart 1999.
607. S. I. KEIL, Wahlkampfkommunikation in Wahlanzeigen und Wahlprogrammen. Eine vergleichende inhaltsanalytische Untersuchung der von den Bundestagsparteien CDU, CSU, SPD, FDP, B'90/Die Grünen und PDS vorgelegten Wahlanzeigen und Wahlprogrammen in den Bundestagswahlkämpfen 1957–1998. Frankfurt a. M. u. a. 2003.
608. K.-R. KORTE, Deutschlandpolitik in Helmut Kohls Kanzlerschaft. Regierungsstil und Entscheidungen 1982–1989. Stuttgart 1998.
609. DERS., Kommt es auf die Person des Kanzlers an? Zum Regierungsstil von Helmut Kohl in der „Kanzlerdemokratie" des deutschen „Parteienstaates" in: Zeitschrift für Parlamentsfragen 29 (1998) 387–401.

610. TH. KNOLL, Das Bonner Bundeskanzleramt: Organisation und Funktionen von 1949–1999. Wiesbaden 2004.
611. U. KRANENPOHL, Mächtig oder machtlos? Kleine Fraktionen im Deutschen Bundestag 1949 bis 1994. Opladen 1999.
612. J. LIMBACH, Das Bundesverfassungsgericht. München 2001.
613. G. METZLER, Konzeptionen politischen Handelns von Adenauer bis Brandt. Politische Planung in der pluralistischen Gesellschaft. Paderborn u. a. 2005.
614. M. MICHEL, Die Bundestagswahlkämpfe der FDP 1949–2002. Wiesbaden 2005.
615. R. MORSEY, Heinrich Lübke. Eine politische Biographie. Paderborn u. a. 1996.
616. K. MÜLLER/F. WALTER, Graue Eminenzen der Macht. Küchenkabinette in der deutschen Kanzlerdemokratie von Adenauer bis Schröder. Wiesbaden 2004.
617. K. NICLAUSS, Kanzlerdemokratie. Regierungsführung von Konrad Adenauer bis Gerhard Schröder. Paderborn 2004.
618. H. OBERREUTER (Hrsg.), Umbruch '98. Wähler, Parteien Kommunikation. München 2001.
619. H. OBERREUTER/U. KRANENPOHL/M. SEBALDT (Hrsg.), Der Deutsche Bundestag im Wandel. Ergebnisse neuerer Parlamentarismusforschung. Wiesbaden 2001.
620. H. RATTINGER u. a. (Hrsg.), Der gesamtdeutsche Wähler. Stabilität und Wandel des Wählerverhaltens im wiedervereinigten Deutschland. Baden-Baden 2007.
621. H. RUDOLPH, Richard von Weizsäcker. Eine Biographie. Berlin 2010.
622. A. RÜHRMAIR, Der Bundesrat zwischen Verfassungsauftrag, Politik und Länderinteressen. Berlin 2001.
623. E. SCHMIDTKE, Der Bundeskanzler im Spannungsfeld zwischen Kanzlerdemokratie und Parteiendemokratie. Ein Vergleich der Regierungsstile Konrad Adenauers und Helmut Kohls. Marburg 2001.
624. A. H. SCHNEIDER, Die Kunst des Kompromisses. Helmut Schmidt und die Große Koalition 1966–1969. Paderborn u. a. 1999.
625. H. SCHNEIDER, Ministerpräsidenten. Profil eines politischen Amtes im deutschen Föderalismus. Opladen u. a. 2001.
626. S. S. SCHÜTTEMEYER, Fraktionen im Deutschen Bundestag 1949–1997. Empirische Befunde und theoretische Folgerungen. Opladen u. a. 1998.

627. H.-P. SCHWARZ (Hrsg.), Die Fraktion als Machtfaktor. CDU/CSU im Deutschen Bundestag 1949 bis heute. München 2009.
628. M. SCHWARZMEIER, Parlamentarische Mitsteuerung. Strukturen und Prozesse informalen Einflusses im Deutschen Bundestag. Wiesbaden 2001.
629. J. SPÖHRER, Zwischen Demokratie und Oligarchie. Grüne und PDS im Deutschen Bundestag. Baden-Baden 1999.
630. R. STÖSS, Stabilität im Umbruch. Wahlbeständigkeit und Parteienwettbewerb im „Superwahljahr" 1994. Opladen 1997.
631. K. STÜWE, Die Rede des Kanzlers. Regierungserklärungen von Adenauer bis Schröder. Wiesbaden 2005.
632. U. WESEL, Der Gang nach Karlsruhe. Das Bundesverfassungsgericht in der Geschichte der Bundesrepublik. München 2004.
633. J. WILKE/C. REINEMANN, Kanzlerkandidaten in der Wahlkampfberichterstattung. Eine vergleichende Studie zu den Bundestagswahlen 1949–1998. Köln u. a. 2000.
634. U. WIRZ, Karl Theodor von und zu Guttenberg und das Zustandekommen der Großen Koalition. Grub am Forst 1997.

3.4 Parteien

635. K.-H. ADAMS, Parteienfinanzierung in Deutschland. Entwicklung der Einnahmestrukturen politischer Parteien oder eine Sittengeschichte über Parteien, Geld und Macht. Marburg 2005.
636. U. VON ALEMANN, Das Parteiensystem der Bundesrepublik Deutschland. Bonn 2001.
637. J. ANGSTER, Konsenskapitalismus und Sozialdemokratie. Die Westernisierung von SPD und DGB. München 2003.
638. M. BEHREND, Eine Geschichte der PDS. Von der zerbröckelnden Staatspartei zur Linkspartei. Köln 2006.
639. F. BÖSCH, Die Adenauer-CDU. Gründung, Aufstieg und Krise einer Erfolgspartei 1945–1969. Stuttgart/München 2001.
640. DERS., Macht und Machtverlust. Die Geschichte der CDU. Stuttgart/München 2002.
641. D. VAN DEN BOOM, Politik diesseits der Macht? Zu Einfluß, Funktion und Stellung von Kleinparteien im politischen System der Bundesrepublik Deutschland. Opladen 1999.
642. G. BUCHSTAB (Hrsg.), Brücke in eine neue Zeit. 60 Jahre CDU. Freiburg u. a. 2005.
643. J. DITTBERNER, Die FDP. Geschichte, Personen, Organisation, Perspektiven. Eine Einführung. Wiesbaden 2005.

644. B. FAULENBACH/H. POTTHOFF, Die deutsche Sozialdemokratie und die Umwälzung 1989/90. Essen 2001.
645. F. FISCHER, „Im deutschen Interesse". Die Ostpolitik der SPD von 1969 bis 1989. Husum 2001.
646. E. FRENZEL, Vom Block der Heimatvertriebenen und Entrechteten zur Gesamtdeutschen Partei. Aufstieg und Niedergang einer Interessenpartei in Niedersachsen 1950–1963. Hamburg 2008.
647. O. W. GABRIEL/O. NIDERMAYER/R. STÖSS (Hrsg.), Parteiendemokratie in Deutschland. Opladen 1997. 2. Aufl. Bonn 2001.
648. P. GASSERT, Kurt Georg Kiesinger 1904–1988. Kanzler zwischen den Zeiten. München 2006.
649. A. GEBAUER, Der Richtungsstreit in der SPD. „Seeheimer Kreis" und „Neue Linke" im innerparteilichen Machtkampf. Wiesbaden 2005.
650. T. GEIGER, Atlantiker gegen Gaullisten. Außenpolitischer Konflikt und innerparteilicher Machtkampf in der CDU/CSU 1958–1969. München 2008.
651. E. HAHN, SED und SPD. Ein Dialog. Ideologie-Gespräche zwischen 1984 und 1989. Berlin 2002.
652. H. HANSEN, Die Sozialistische Reichspartei (SRP). Aufstieg und Scheitern einer rechtsextremen Partei. Düsseldorf 2007.
653. J. HOFFMANN, Die doppelte Vereinigung. Vorgeschichte, Verlauf und Auswirkungen des Zusammenschlusses von Grünen und Bündnis 90. Opladen 1998.
654. U. HOFFMANN, Die NPD. Entwicklung, Ideologie und Struktur. Frankfurt a. M. u. a. 1999.
655. R. HÜBSCH/J. FRÖLICH (Hrsg.), Deutsch-deutscher Liberalismus im Kalten Krieg. Zur Deutschlandpolitik der Liberalen 1945–1970. Potsdam 1997.
656. A. KIESSLING, Die CSU. Machterhalt und Machterneuerung. Wiesbaden 2004.
657. M. KLEIN/J. W. FALTER, Der lange Weg der Grünen. Eine Partei zwischen Protest und Regierung. München 2003.
658. H. KNABE, Honeckers Erben. Die Wahrheit über Die Linke. Berlin 2009.
659. T. KÖSSLER, Abschied von der Revolution. Kommunisten und Gesellschaft in Westdeutschland 1945–1968. Düsseldorf 2005.
660. J. P. LANG, Ist die PDS eine demokratische Partei? Eine extremismustheoretische Untersuchung. Baden-Baden 2003.
661. P. LÖSCHE/F. WALTER, Die FDP. Richtungsstreit und Zukunftszweifel. Darmstadt 1996.

662. P. Merseburger, Der schwierige Deutsche. Kurt Schumacher. Eine Biographie. Stuttgart 1995.
663. Ders., Willy Brandt 1913–1992. Visionär und Realist. Stuttgart/ München 2002.
664. Ch. Meyer, Herbert Wehner. Biographie. München 2006.
665. P. Moreau, Die PDS. Profil einer antidemokratischen Partei. München 1998.
666. Ders./R. Schorpp-Grabiak „Man muß so radikal sein wie die Wirklichkeit". Die PDS: eine Bilanz. Baden-Baden 2002.
667. A. Morgenstern, Extremistische und radikale Parteien 1990– 2005. DVU, REP, DKP und PDS im Vergleich. Berlin 2006.
668. K. Niclauss, Das Parteiensystem der Bundesrepublik Deutschland. Eine Einführung. Paderborn 1995, 2. Aufl. 2002.
669. C. Nonn, Das Godesberger Programm und die Krise des Ruhrbergbaus. Zum Wandel der deutschen Sozialdemokratie von Ollenhauer zu Brandt, in: VfZ 50 (2002) 71–97.
670. R. Reissig, Dialog durch die Mauer. Die umstrittene Annäherung von SPD und SED. Frankfurt a. M./New York 2002.
671. M. Roik, Die DKP und die demokratischen Parteien 1968–1984. Paderborn u. a. 2006.
672. Th. Schlemmer, Aufbruch, Krise und Erneuerung. Die Christlich-Soziale Union 1945 bis 1955. München 1998.
673. Ders., Die aufsässige Schwester. Forschungen und Quellen zur Geschichte der Christlich-Sozialen Union 1945–1976, in: HPM 6 (1999) 287–324.
674. G. Schöllgen, Willy Brandt. Die Biographie. Berlin/München 2001.
675. K. Schönhoven, Wendejahre. Die Sozialdemokratie in der Zeit der Großen Koalition 1966–1969. Bonn 2004.
676. P. Schuh/B. M. Von Der Weiden, Die deutsche Sozialdemokratie 1989/90. SDP und SPD im Einigungsprozeß. München 1997.
677. H. Schwan/R. Steiniger, Helmut Kohl. Virtuose der Macht. Mannheim 2010.
678. H.-P. Schwarz, Anmerkungen zu Adenauer. München 2004.
679. M. Siekmeier, Restauration oder Reform? Die FDP in den sechziger Jahren – Deutschland- und Ostpolitik zwischen Wiedervereinigung und Entspannung. Köln 1998.
680. H. Soell, Helmut Schmidt 1918–1969. Vernunft und Leidenschaft. München 2003; 1969 bis heute. Macht und Verantwortung. München 2008.

681. O. SOWINSKI, Die Deutsche Reichspartei 1950–1965. Frankfurt a. M. u. a. 1998.
682. D. TASCHLER, Vor neuen Herausforderungen. Die außen- und deutschlandpolitische Debatte in der CDU-CSU-Bundestagsfraktion während der Großen Koalition (1966–1969). Düsseldorf 2001.
683. A. TIGGEMANN, CDU/CSU und die Ost- und Deutschlandpolitik 1969–1972. Zur „Innenpolitik der Außenpolitik" der ersten Regierung Brandt/Scheel. Frankfurt a. M. u. a. 1998.
684. H. TRÄGER, Die Oppostionspartei SPD im Bundesrat. Eine Fallstudienanalyse zur parteipolitischen Nutzung des Bundesrates durch die SPD in den 1950er Jahren und im Vergleich mit der Situation in den 1990er Jahren. Frankfurt a. M. u. a. 2008.
685. L. VOLMER, Die Grünen und die Außenpolitik – ein schwieriges Verhältnis. Eine Ideen-, Programm- und Ereignisgeschichte grüner Außenpolitik. Münster 1998.
686. F. WALTER, Baustelle Deutschland. Politik ohne Lagerbildung. Frankfurt a. M. 2008.
687. DERS., Die SPD. Vom Proletariat zur Neuen Mitte. Berlin 2002.
688. P. WEBER, Carlo Schmid 1896–1979. Eine Biographie. München 1996.
689. U. WENGST, Thomas Dehler 1897–1967. Eine politische Biographie. München 1997.

Abkürzungsverzeichnis

APO	Außerparlamentarische Opposition
BHE	Bund der Heimatvertriebenen und Entrechteten
CDU	Christlich-Demokratische Union
CSU	Christlich-Soziale Union
DDR	Deutsche Demokratische Republik
DGB	Deutscher Gewerkschaftsbund
DKP	Deutsche Kommunistische Partei
DM	Deutsche Mark
DP	Deutsche Partei
DVP	Demokratische Volkspartei
DVU	Deutsche Volksunion
EVG	Europäische Verteidigungsgemeinschaft
FDP	Freie Demokratische Partei
GB	Gesamtdeutscher Block
GG	Grundgesetz
GVP	Gesamtdeutsche Volkspartei
IfZ	Institut für Zeitgeschichte
KPD	Kommunistische Partei Deutschlands
LDP/LDPD	Liberal-Demokratische Partei Deutschlands
NATO	North Atlantic Treaty Organization
NPD	Nationaldemokratische Partei Deutschlands
OMGUS	Office of the Military Government of the United States for Germany
PDS	Partei des Demokratischen Sozialismus
RAF	Rote Armee Fraktion
REP	Republikaner
SBZ	Sowjetische Besatzungszone
SED	Sozialistische Einheitspartei Deutschlands
SMAD	Sowjetische Militär-Administration in Deutschland
SPD	Sozialdemokratische Partei Deutschlands
SRP	Sozialistische Reichspartei
VfZG	Vierteljahrshefte für Zeitgeschichte
UdSSR	Union der Sozialistischen Sowjet Republiken
USA	Vereinigte Staaten von Amerika
WAV	Wirtschaftliche Aufbau-Vereinigung

Register

Personenregister

ABELSHAUSER, W. 76
ACKERMANN, B. 100
ADAMS, K.-H. 130
Adenauer, K. 7, 11, 13, 17, 19f., 22–24, 26–30, 34, 39, 42, 53, 60f., 67f., 73, 79–81, 89–93, 95f., 98f., 106–110, 112f., 116, 119, 125f., 128, 131, 135
Ahlers, C. 32
ALBERTIN, L. 115
ALBRECHT, E. 56
ALBRECHT, W. 108, 130
ALEMANN, U. VON 129
ALLEMANN, F. R. 91
ALTMANN, R. 91
ANGSTER, J. 131
ANTONI, M. 79
Apel, H. 46
Arndt, A. 110
Arnold, K. 26

BACKES, U. 116
BADSTÜBNER, R. 69
Bahr, E. 40
BALCAR, J. 132
BANGEMANN, M. 53
BARING, A. 91, 93, 95, 108
BARCLAY, D.-E. 123
BARK, D. L. 68
Barzel, R. 31f., 41f., 44, 54, 92, 126f., 132
BECKER, E. W. 123
BECKER, J. 76
BECKER, W. 113f., 131
BEHREND, M. 134
BENDER, P. 119
BENZ, W. 74, 116, 122
BENZNER, B. 87, 100
BERGHAHN, V. 100
BERGMANN, K. 135

BERLIT, U. 124
BERMBACH, U. 83, 91
BESIER, G. 82
BEYME, K. VON 82, 129
Biedenkopf, K. 44, 49
BIRKE, A. M. 68, 70–72, 78, 80
Bismarck, O. von 109
Blank, B. 77
BLÜM, N. 56
BODE, B. 116
Böckler, H. 98
BÖSCH, F. 131
BOHNSACK, K. 91
BOOM, D. VAN DEN 135
BOOZ, R. M.
BORCHARDT, K. 76
BRACHER, K. D. 39, 41f., 45, 78f., 90f., 95, 102
Brandt, W. 19, 24, 29, 32, 38–40, 42f., 45f., 48, 53, 60, 92, 95, 107f., 110, 125, 131
Braun, O. 109
BRAUTMEIER, J. 123
BREHM, T. 112
BREMERS, M. 124
Brentano, H. von 108
Brill, H. L. 77
BROMMARIUS, CH. 124
BRYDE, B.-O. 87
Buback, S. 49
BUCHER, P. 77
BUCHHAAS, D. 98, 113
BUCHHEIM, C. 76
BUCHHEIM, H. 91
BUCHHOLZ, M. 111
BUCHSTAB, G. 106f., 113, 123, 131f.
BÜCKER, J. 83
BÜSCH, O. 116
Bush, G. 57, 120

Carstens, K. 44, 89, 109, 128
Clay, L. D. 15, 80
Conze, E. 118f.
Conze, W. 110

Dehler, Th. 25f., 108, 110, 123
Detjen, M. 124
Detjen, St. 124
Deuerlein, E. 12
Dexheimer, W. F. 91
Diestelkamp, B. 71, 73
Dittberner, J. 114, 132
Dittmann, A. 83
Dobiey, B. 84f.
Doemming, K.-B. von 78
Döring, W. 26
Doering-Manteuffel, A. 66, 90f., 120f.
Düding, D. 79, 112, 123
Dürig, G. 82
Düwell, K. 77

Edinger, L. 81
Ehard, H. 14, 79
Ehlers, H. 19, 110
Ehmke, H. 94
Eichhorn, J. S. 126
Elbe, F. 120
Ellwein, T. 27, 36, 82, 93, 110
Enders, T. 112
Engels, D. 84
Erhard, L. 8, 11, 19, 23, 26–32, 35f., 67, 88, 92, 94, 106, 108, 110, 125
Erler, F. 23, 107, 110, 112
Ermisch, G. 128
Esche, F. 83
Eschenburg, T. 67, 70

Fabritius, G. 102
Fait, B. 72f., 107, 113, 122
Falter, J. W. 104, 133
Faulenbach, B. 131
Feldkamp, M. F. 124
Fenske, H. 26, 103
Fest, J. C. 109
Feuchte, P. 73
Fischer, A. 69
Fischer, E. 124
Fischer, F. 131
Fischer, H. J. 78
Fischer, J. 62
Flach, K.-H. 45
Flick, F. 54

Foitzik, J. 69
Foschepoth, J. 76
Frenzel, E. 134
Frese, M. 121
Friesenhahn, E. 101
Frölich, J. 133
Frohn, A. 76
Fromme, F. K. 78
Furth, P. 116
Füsslein, R. W. 78

Gabriel, K. 101
Gabriel, O. W. 129
Gall, L. 109
Garner, C. 81
Gassert, Ph. 125
Gauly, T. M. 100
Gebauer, A. 131
Geiger, T. 132
Geißler, H. 49, 54
Gelberg, K. U. 90
Genscher, H.-D. 19, 33, 46, 53, 57, 59, 120
Geppert, D. 119
Gerstenmaier, E. 19, 31, 108, 127
Gilles, F.-O. 85
Gimbel, J. 70
Giordano, R. 82
Glashauser, F. 115
Glatzeder, S. 116
Globke, H. 93
Gniss, D. 127
Goebbels, J. 55, 57
Görtemaker, M. 118f.
Gorbatschow, M. 55, 57, 120
Gosewinkel, D. 110
Gotto, K. 113
Grabbe, H. J. 80
Graml, H. 17
Grebing, H. 6, 108, 111
Gress, D. R. 68
Grewe, W. G. 108
Griepenburg, R. 77
Grigoleit, K. J. 129
Gringmuth, H. F. W. 115
Grohnert, R. 82
Gross, H. F. 110
Grosser, D. 120
Grotewohl, O. 6, 111
Gruber, L. 123
Grünewald, W. 74
Günther, F. 128
Günther, K. 91

Guillaume, G. 46
GUTSCHER, J. M. 114
Guttenberg, K.-Th. zu 28, 126

HAHN, E. 131
HAHN, G. 112
HANSEN, H. 134
HARDTWIG, W. 106
HARTWICH, H.-H. 75
Hassel, K.-U. von 28
HAUNGS, P. 91, 105, 113
HEFTY, J. 127
HEHL, U. VON 100 f.
HEIDEMEYER, H. 99
HEIN, D. 114 f.
Heinemann, G. 22 f., 32, 34, 46, 108
HEINEN, A. 123
HEITZER, H. 113
HEMMER, H.-O. 100
HENKE, K.-D. 68 f., 82, 113
HENNING, F. 78
HENTSCHEL, V. 125
HENZLER, C. 110
HERBERT, U. 121
Herbst, L. 127
HERMENS, F. A. 102
HERETH, M. 83
HERZOG, R. 82, 128
HESSE, J. J. 27, 36, 82, 93, 110
HESSE, K. 84
HETTERICH, V. 135
HETTLER, F. H. 110
Heuss, Th. 9, 17, 79, 108, 110, 123, 128
HILDEBRAND, K. 29, 32, 67, 88, 90, 94
Hilpert, W. 123
HIRSCHER, G. 79, 110
Hitler, A. 5, 81, 109
Hockerts, H. G. 66, 75, 96, 99, 101
Hoegner, W. 110
HÖLSCHER, W. 72, 107
Höpker Aschoff, H. 123
HOFFMANN, D. 120, 129
HOFFMANN, N. J. 133
HOFFMANN, S. 85
HOFFMANN, U. 135
HOFMANN, D. 126
HOLLERBACH, A. 78
HOLTZ-BACHA, CH. 135
HRBEK, R. 112
HUDEMANN, R. 70
Hübener, F. 9
HÜBSCH, R. 133
HÜRTEN, H. 114
HÜTTENBERGER, P. 74
Hundhammer, A. 8

ISMAYR, W. 86, 127

JÄCKEL, E. 128
JÄGER, W. 41 f., 45, 90, 95, 120
JARAUSCH, K. H. 119 f.
JEKEWITZ, J. 87
JENA, K. VON 109
JESSE, E. 82, 102 f., 116

KAACK, H. 83 f., 105
KAASE, M. 45, 119
KAFF, B. 106
Kaisen, W. 123
Kaiser, J. 23, 108, 110
KAISER-LAHME, A. 70
KALTEFLEITER, W. 105
KANTHER, M. 90
KAREHNKE, H. 85
KEIL, S. I. 135
KEMPF, U. 125
KESSEL, M. 70, 76
KETTENACKER, L. 69
KIELMANNSECK, P. GRAF 86, 118
KIESSLER, R. 120
KIESSLING, A. 132
Kiesinger, K. G. 19, 26 f., 31 f., 91 f., 94, 108, 125
KISSENER, M. 123
KITTEL, M. 82
KLAAS, H. 73
KLEIN, E. 128
KLEIN, M. 133
KLEINMANN, H.-O. 114, 123
KLESSMANN, CH. 18, 67, 82
KLINGL, F. 116
KLÖCKLER, J. 122
KLOTZBACH, K. 111, 114
KLUTH, H. 117
KNABE, H. 119, 134
KNIPPING, F. 70, 76
KNOLL, Th. 126
KNORR, H. 92, 94
Köhler, E. 19
KÖHLER, H. 109
KÖLBLE, J. 83
KOERFER, D. 91, 110
KÖSSLER, T. 134
Kohl, H. 19, 44, 48–62, 94, 103, 114, 119 f., 125 f., 132

KONEGEN, N. 124
KORTE, H.-R. 125f.
KOSELLEK, R. 66
KOSTHORST, E. 110
KRAHE, B. 112
KRANENPOHL, U. 127
KRAUS, E. 70
KREIKAMP, H.-D. 72
KREMER, K. 83
KRETSCHMER, G. 83f.
KRIEGER, W. 80, 110
KRITZER, P. 110
KROEGER, K. 67
KROHN, C.-D. 124
KROLL, F.-L. 90
Kühn, H. 123
KÜHNE, T. 102
KÜHR, H. 114
Külz, W. 9, 116
KÜNZEL, W. 124
KÜPPER, J. 91
KÜSTERS, H. J. 108, 120
KUROPKA, J. 114
KUSCH, K. 112f.

Lafontaine, O. 59, 61f.
LAITENBERGER, V. 110
Lambsdorff, O. Graf 51, 53f.
LANG, J. P. 134
LANGE, E. H. M. 77–79, 103
LANGHORST, W. 81
LANGER, M. 117
LANZINNER, M. 123
LATOUR, C. F. 70
LAUFER, H. 78
Leisler-Kiep, W. 132
LE RIDER, J. 70
LEY, R. 79
LIMBACH, J. 128
LINK, W. 90, 95
LÖSCHE, P. 111, 132
LOEWENBERG, G. 90
LÖWENTHAL, R. 110
Loritz, A. 116f.
LOTH, W. 69
Lübke, H. 28–34, 89, 128
Lücke, P. 28, 31, 103
LÜCKERATH, C. A. 100

MANGOLDT, H. VON 123
MAI, G. 70
Maier, R. 9, 26, 110
Maihofer, W. 46

MALYCHA, A. 111
MARSHALL, B. 110
Marshall, G. C. 11, 76
MARTENS, S. 70
MARTIN, A. 113
MARX, S. 123
MATZ, K. J. 110
MATZ, W. 78
MAUCH, B. 115
MAUNZ, T. 82
MAYNTZ, R. 86
MAYRING, E. A. 68, 70
MEIER, A. 110
MEIER, CH. 109
Mende, E. 26, 29, 107
MENSING, H. P. 108
Menzel, W. 13, 79
MERSEBURGER, P. 125, 131
MERZ, H.-G. 125
METZLER, G. 126
MEYER, CH. 131
Meyers, F. 123
MICHEL, M. 133
MIERZEJEWSKI, A. 125
MILLER, S. 111
MILWARD, A. S. 74
MINTZEL, A. 8, 44, 105, 107, 112
Mischnick, W. 33
Mitterrand, F. 57
Modrow, H. 58
MÖCKL, K. 113
MÖHLER, R. 70, 82
MOELLE, H. 125
Möller, A. 39
MÖLLER, H. 65f., 69, 79, 110
MÖLLER, M. 112
MÖLLERS, CH. 124
MOHR, A. 122
MOREAU, P. 133f.
MORGENSTERN, A. 134
MORAW, F. 111
MORSEY, R. 28, 67, 74f., 77–80, 89–92, 95f., 99f., 102f., 108f., 111, 114, 117, 128
Müller, J. 8, 110
MÜLLER, K. 126
MÜLLER-LIST, G. 97, 100
MUTIUS, A. VON 71

NEBELIN, M. 90
NEBGEN, E. 110
NEIDHARDT, F. 86
NEUMANN, F. 116

NICLAUSS, K. 39, 48, 72, 75, 78, 91, 124f., 129f.
NIEDERMAYER, O. 105, 113
NIEHUSS, M. 101, 102, 104
NIETHAMMER, L. 82
NITSCHKE, P. 124
NONN, CH. 131

OBERNDÖRFER, D. 104
OBERREUTER, H. 94, 105, 127, 135
Ollenhauer, E. 24, 110,
OOYEN, R. CH. VAN 129
OTT, G. 110
OTTO, V. 78

PAPKE, G. 114, 123
PAPPERT, S. 123
PETERMANN, T. 86
Pfeiffer, A. 12, 79, 110
PFEIFFER, G. 117
PFETSCH, F. R. 72
Pfleiderer, K. G. 116
PIAZOLO, M. 129
Pieck, W. 69
POLLMANN, K. E. 86, 100
POLLOCK, J. K. 71 f.
POMMERIN, R. 77
Ponto, J. 49
POPPINGA, A. 109f.
POTTHOFF, H. 71, 107, 131
PÜTZ, H. 106

QUARITSCH, H. 86

RATTINGER, H. 104, 135
Rau, J. 55
Reagan, R. 54
RECKER, M.-L. 90f., 100, 118
REICHARDT, S. 122
Reimann, M. 10
REINEMANN, C. 135
REISSIG, R. 131
RENZSCH, W. 87
REPGEN, K. 78, 100f.
REUSCH, U. 71, 75, 81
REUTER, C. 79, 110
Reuter, E. 108, 110, 123
RILLING, D. 110
RITTER, G. A. 101 f., 104, 120
RITZEL, H. G. 83
Robertson, B. 80
RÖDDER, A. 117f., 120
RÖHRING, H.-H. 82, 93

ROIK, M. 135
ROLL, H. A. 83, 85
ROTHER, B. 111
Rubin, H. W. 33
RUDOLPH, H. 128
RUDZIO, W. 71
RÜHRMAIR, A. 128
RÜTTEN, T. 115
RÜTTGER, A. 85
RUPIEPER, H.-J. 70, 90

SÄCKER, H. 89
SALZMANN, R. 79, 107
SCHADT, J. 112
SCHÄFER, F. 83
SCHÄFER H. 86
Schäffer, F. 8, 90, 92, 110
Schäuble, W. 62
Scharping, R. 61
Schauff, J. 31
Scheel, W. 26, 33, 39, 41 f., 46, 95, 108
VAN SCHEWICK, B. 73, 78
SCHIFFERS, R. 72, 88, 99, 107
SCHILDT, A. 119
Schiller, K. 24, 32, 35 f., 39
SCHILLER, T. 114
SCHILLINGER, R. 75
SCHINDLER, P. 83, 95, 127
SCHLEMMER, Th. 132
Schleyer, H.-M. 49
Schmid, C. 13 f., 23, 79, 110, 123
SCHMID, G. 119
SCHMIDT, E. 75, 122
Schmidt, H. 19, 32, 46, 48–51, 53, 57, 92, 95, 125 f.
SCHMIDTKE, E. 126
SCHMIDTCHEN, G. 101
SCHMIERER, W. 112
SCHMITT, K. 101, 104
SCHMITZ, K. T. 100
SCHMOECKEL, R. 109
SCHNEIDER, A. H. 126
SCHNEIDER, H. 128
SCHNEIDER, H.-P. 83, 123
SCHOCKENHOFF, V. 78
SCHÖLLGEN, G. 125
SCHÖNBOHM, W. 23, 113
SCHÖNHOVEN, K. 112, 119 f., 126
Schollwer, W. 33, 116
SCHOLZ, G. 89, 110
SCHOLZ, R. 82
SCHORPP-GRABIAK, R. 134

SCHRAMM, F. 84f.
Schreiber, W. 99
Schröder, G. (Bundeskanzler) 62, 126, 135
Schröder, G. (Bundesminister) 28f., 31, 37
SCHRÖDER, K. 114f.,
SCHROEDER, K. 119
SCHÜTTEMEYER, S. S. 127
SCHUH, P. 131
SCHULZ, G. 97
SCHULZE, H. 109
SCHULZE-FIELITZ, H. 87
Schumacher, K. 6f., 13, 23, 73, 107f., 110f., 131
SCHUMACHER, M. 67, 124, 127
SCHWAN, H. 125
SCHWARZ, H.-P. 67, 75, 80, 90f., 108f., 117, 119f., 125, 127
SCHWARZMEIER, M. 127
SCOWCROFT, B. 120
SEEBACHER-BRANDT, B. 110
SEIBEL, M. 112
Seidel, H. 110
Semler, J. 11
SERFAS, G. 115
SIEKMEIER, M. 133
SMITH, G. 105
SOELL, H. 110, 112, 125
SÖRGEL, W. 78
SOMMER, L. 123
SONTHEIMER, K. 82, 93, 120
SOWINSKI, O. 134
Späth, L. 56
SPIEKER, F. 123
SPÖHRER, J. 127
SPOTTS, F. 100
STAMM, C. 107
Stalin, J. 69
STARITZ, D. 112
STEINBEISS, M. 124
Steiner, J. 46
Steinhoff, F. 26
STEININGER, R. 72, 74, 125
STERN, K. 78
STÖSS, R. 105, 113, 129f., 135
STÖVER, B. 118
Stoph, W. 40
Strauß, F. J. 27f., 30, 32, 35f., 49–50, 52f., 108–110
STRICKERT, H.-G. 117
STÜBER, G. 73f.
STÜWE, K. 125

STURM, R. 85f.
Süßmuth, R. 56, 127, 132
SZATKOWSKI, T. 128

TASCHLER, D. 132
TELSCHICK, H. 120
TENHAEF, R. 84, 86
TEPPE, K. 123
THAYSEN, U. 85
TIGGEMANN, A. 132
TRÄGER, H. 123
TRITTEL, G. J. 75
TROITZSCH, K. G. 104
TROSSMANN, H. 83
Truman, H. S. 11, 76
TÜFFERS, B. 130

UHLIG, R. 73
ULLMANN, H.-P. 100
ULLRICH, S. 124

VIERHAUS, R. 127
Vogel, H.-J. 52, 131
VOGEL, W. 71
VOGELSANG, T. 70
VOGT, H. 122
VOLLNHALS, C. 82
VOLMER, L. 133
VORLÄNDER, H. 66, 114

WAGNER, D. 116
Waigel, Th. 55
WALTER, F. 111, 126, 130ff.
WEBER, P. 107, 123
WEHLER, H.-U. 118f.
WEHLING, H.-G. 123
WEHNER, G. 77, 107
Wehner, H. 24, 28, 32, 46, 91, 107f., 110, 131
WEIDEN, N. VON DER 131
WEINACHT, P. L. 114
WEISZ, C. 68, 74
Weizsäcker, R. von 51, 53, 128
WEMMER, W. 83
WENGST, U. 75, 80f., 95, 106f., 111f., 114, 119, 123
WENTKER, H. 119
WENZEL, R. 71
WERNER, E. 112
WESEL, U. 129
Wessel, H. 22
Weyer, W. 26

WIEGAND, L. 97
Wienand, K. 46
WILKE, J. 135
WILKER, L. 112
WINKLER, D. 75
WINKLER, H. A. 118 ff.
WIRSCHING, A. 53, 118 f.
WIRZ, U. 126
WOLF, K. 113

WOLF, W. 114
WOLFRUM, E. 68, 71, 118
WOLLER, H. 74, 113, 116
WROBEL, H. 75
WUNDER, E. 123

ZEH, W. 83
ZILLER, G. 83
ZUNDEL, R. 31

Sachregister

Das Sachregister muß auf eine enge Auswahl begrenzt bleiben. Die großen Parteien CDU, CSU, SPD und FDP werden aufgrund der durchgängigen Erwähnung im Text nicht berücksichtigt.

„68-Generation" 62 f.
Ahlener Programm 8
Aktionsprogramm für Investitionen und Arbeitsplätze 61
Allianz für Deutschland 58
Alliierte 1 f., 4–6, 11 f., 14–16, 68 f., 71–74, 80 f., 90
– Hohe Kommission 17, 20, 81, 90, 122
– Kontrollrat 1 f., 70
– Kriegszielplanung 68 f.
– Militärregierungen 2 f., 6, 10, 13, 15 f., 68, 71, 77, 80
– Vorbehaltsrechte 4, 18, 20, 37
Amerikanisierung 120
Antifaschistische Kommittees 5
Antitotalitärer Grundkonsens 15, 78, 134
Archivsituation 66–69, 90, 105 f.
Atlantiker 28 f., 132
Außenpolitik 17, 20, 25, 28, 31, 39, 42, 51, 65, 76, 84, 90 f., 93, 98, 107, 112, 116 f., 57, 133
Außerparlamentarische Opposition (APO) 38, 43, 94
Auswärtiges Amt 20, 40 f., 44, 46, 109

Baden 123
Baden-Württemberg 2, 34, 73, 112, 114
Bayern 8 f., 16, 28, 31, 49, 79, 82, 90, 113, 115, 122 f.
Bayernpartei 8, 21, 113

Berlin 1, 4, 6 f., 9, 18, 23, 28, 40, 51, 70, 77, 101, 111
– Blockade 4, 15
– Mauerbau 21, 24, 40, 99
Berufsausbildungsreform 48
Berufsbeamtentum 75, 81, 96, 100
Besatzungsmächte 5, 10, 68, 74, 103
Besatzungsstatut 12, 14, 16 f., 20, 77, 90
Besatzungszonen 1 f., 7, 11, 72, 115, 122
Betriebsverfassungsgesetz 40, 98
Bizone 8, 10, 76
Block der Heimatvertriebenen (BHE) 21 f., 116, 134
Bodenrecht 48, 75
Bonn 11–14, 17 f., 20 f., 24–26, 28 f., 40, 51 f., 67, 77–80, 86, 91, 94, 99, 102, 105 f.
Brandenburg 5, 59
Bremen 116
Bündnis Freier Demokraten 58
Bündnis 90 / Die Grünen 59, 133
Bürgerinitiativen 50, 105
Bundesarchiv 67 f., 73, 77, 90, 106
Bundesausbildungsförderungsgesetz 40
Bundesbank 99
Bundeshaushalt 56 f.
Bundeskanzler 17, 19 f., 22 f., 26 f., 29, 30, 32, 35, 39, 41 f., 45 f., 48–51, 90, 92–94, 98 f., 106, 108 f., 125
– Kanzleramt 19 f., 40, 42, 49, 90, 93 f., 109, 110, 53, 126

- „Kanzlerdemokratie" 16, 19, 21, 27, 34, 39, 48, 89–91, 60, 125 f., 128
- Kanzlerwechsel 23, 29, 41, 48, 51 f., 62, 79,
- „Küchenkabinette" 126
- Richtlinienkompetenz 19, 32, 90, 92 f.

Bundesnachrichtendienst 93
Bundespräsident 17, 21, 28, 30, 34, 41, 46, 78, 89, 109 f., 52, 128
Bundesrat 17, 22, 33, 35, 47 f., 67, 78 f., 83–88, 96, 100, 59, 61, 123, 128
Bundesrechnungshof 85
Bundesregierung 17, 20, 22, 25, 27 f., 32 f., 39, 41 f., 45–48, 54, 80 f., 85–87, 90–93, 96 f., 116,
Regierungsbildung 16, 24–26, 28, 30, 38 f., 41–43, 48, 80, 91, 95, 102, 104
Regierungswechsel 29, 39, 45, 51, 55, 62, 95, 104, 133
Bundessozialhilfegesetz 99
Bundestag 10, 16–19, 31, 33, 37 f., 41 f., 47, 51, 61, 67, 77, 80, 83–88, 90– 102, 95 f., 107, 109, 116 f., 126 f., 132 f.
- Auflösung 19, 52
- Ausschüsse 18, 67, 77, 84–86, 127
- Datenhandbuch 83, 95, 127
- Geschäftsordnung 18 f., 86 f.
- Haushalts- und Finanzkontrolle 85
Bundestagspräsident 19, 109, 127
Bundestagswahlen 16, 101 f., 104, 110, 133
- 1949 8, 17, 21, 23,
- 1953 20, 22 f.
- 1957 19, 20, 22–24, 26, 99
- 1961 21, 23 f., 26
- 1965 29 f.
- 1969 34, 38
- 1972 42, 45
- 1976 48, 50
- 1980 50, 52
- 1983 52
- 1987 55
- 1990 59
- 1994 61
- 1998 62
Bundesverfassungsgericht 22, 33, 37, 48, 59, 63, 88 f., 100, 117, 128 f.
Bundesversammlung 34
Bundesverteidigungsministerium 109

DDR 5, 10, 17 f., 33, 40, 69, 75, 96, 99, 102, 58 ff., 119
- Volkskammerwahlen 1990 58 f.
Demokratische Volkspartei (DVP) 9, 115
Deutsche Frage 1, 11 f., 18, 28, 68 f., 76, 116–117
Deutsche Kommunistische Partei (DKP) 134
Deutsche Partei (DP) 10, 13 f., 17, 21 f., 98 f.
Deutsche Reichspartei (DRP) 134
Deutsche Volksunion (DVU) 134
Deutscher Bauernverband 100
Deutscher Beamtenbund 100
Deutschlandpolitik 11, 24 f., 31, 33, 40, 42, 68 f., 90, 107, 112, 115–117
Deutschlandvertrag 37
„Drittes Reich" 6, 15, 66, 75
Düsseldorfer Leitsätze 8
dynamische Rente 23, 99

Ehe- und Familienrecht 15, 39, 48
Entnazifizierung 2, 70 f., 81 f.
Europäische Beratende Kommission 1
Europäischer Einigungsprozess 28, 84, 113 f.
EVG-Verträge 89

Finanzausgleich 36, 60, *87f.*
Finanzreform 31, 35 f., 88
Finanzverfassung 15 f., 34–36, 59, 78, 80, 87 f., 95,
Flick-Affäre 54
Flüchtlinge 21, 96 f., 99
Föderalismus 5, 12, 14–16, 36, 47 f., 71 f., 78–80, 86–88, 102, 122 f.
„formierte Gesellschaft" 30
Forschungsstelle für Zeitgeschichte 121
Fraktionen 13 f., 19, 33, 41, 50, 63, 83 f., 87, 91, 95, 106 f., 127, 130, 132 f.
- Fraktionsdisziplin 83 f.
Frankfurter Dokumente 11–13, 77
Frankreich 1, 70, 76, 103
- Besatzungsmacht 6, 15, 68, 103
- Besatzungspolitik 70 f.
- Besatzungszone 3, 70, 82
- Militärregierung 81
Freiburger Thesen 45
Friedrich-Ebert-Stiftung 105

Register

Friedrich-Naumann-Stiftung 105
Fünf-Prozent-Klausel 4, 16, 38f., 45, 59, 103

Gaullisten 28, 132
Gemeinsame Verfassungskommission 59, 124
Gesamtdeutsche Volkspartei (GVP) 21 f., 34
Gesamtdeutscher Block/BHE 21, 116
Gesetzgebung 15, 18, 20, 47, 61 f., 73, 75, 84, 86 f., 95–100,
Gewerkschaften 5 f., 20, 46, 61, 98, 100, 61
Gleichberechtigungsgesetz 100
Godesberger Kreis 43
Godesberger Programm 24, 43, 107, 112, 131
Grabenwahlrecht 25
Großbritannien 1, 69, 71, 76, 80, 97, 103
– Besatzungsmacht 97, 103
– Besatzungspolitik 70
– Besatzungszone 3, 10, 17, 70f., 82, 113–115
– Militärregierung 3, 6, 68, 71, 80 f.
Große Koalition 17, 19, 26–34, 36–39, 67, 88, 91, 92–94, 101, 103 f., 107, 112, 119, 126
Grundgesetz 1, 3 f., 7, 11–16, 18, 33, 35, 37, 41, 59, 67, 72, 76–80, 84, 86–89, 103, 123 ff., 129
– Kommentare 78, 82
Grundlagenvertrag 40, 44, 48
Grundrechte 4, 15, 78, 88, 129
Die Grünen 50 ff., 55, 59, 61 f., 117, 127, 133

Hamburg 3, 83
Hannah-Ahrendt-Institut Dresden 69
Hanns-Seidel-Stiftung 105, 133
Heimkehrergesetz 96
Herrenchiemsee 12 f., 15, 77
Hessen 31, 114 f., 122 f.
Hochschulrahmengesetz 48

Institut für Zeitgeschichte (IfZ) 67–69, 73, 106, 121
Interessengruppen 29, 78, 84, 97, 100
Internationale Ruhrbehörde 17
Israel 54
Jom-Kippur-Krieg 45

Jungsozialisten 43
„Jungtürken" 25 f.

Kalter Krieg 2, 69
Kindergeld 29
Kirchen 15, 20, 24, 61, 78, 100 f., 112,
– Evangelische 7, 101, 112
– Katholische 7, 15, 73, 78, 100 f., 112
Koalition 17, 19, 25–27, 32, 38–40, 42, 48, 51 f., 92, 95
– (s)abkommen 23, 26 f., 92
– (s)bildung 80, 91
– (s)wechsel 44, 51
Kommission für Geschichte des Parlamentarismus und der politischen Parteien (Bonn) 67, 106, 130
Kommunale Selbstverwaltung 2, 6, 71, 78
Kommunistische Partei der Sowjetunion (KPdSU) 55
Kommunistische Partei Deutschlands (KPD) 6, 9 f., 13, 22, 97, 111, 117, 134
Konfessionsschule 15, 25
Konstruktives Mißtrauensvotum 4, 31, 41, 44, 46, 51, 72, 78
Konrad-Adenauer-Stiftung 105, 131
Kontinuitätsthese 15, 71
„konzertierte Aktion" 35
Kreßbronner Kreis 32 f., 92
Kreuth 49
Kriegsdienstverweigerung 48
Kriegsopferversorgung 29, 96

Länder 1–3, 5 f., 10, 12, 15 f., 21, 25, 35 f., 47, 51, 67, 71–73, 77 f., 80, 86–89, 96, 102 f., 106, 110, 115
– Gründung 2, 5, 71 f.
– „neue Länder" (Beitrittsgebiet) 59–62, 123
– Parlamente 3–6, 10, 13, 16, 50, 67, 74 f., 106, 123
– Regierungen 10, 74, 87, 90, 116
– Verfassungen 2–4, 13, 72 f., 77 f., 122 f.
Länderrat 73 f.
Landtagswahlen 3 f., 6–10, 17, 21 f., 25, 27 f., 31, 41, 47, 102, 104
Lastenausgleich 23, 75, 96 f.
Leitsätze-Gesetz 11
Liberal Demokratische Partei (LDP/LDPD) 9, 116

(Die) Linke 134
Londoner Sechsmächtekonferenz 11, 76f.

„Magnettheorie" 77
Marshallplan 11, 75f.
Mecklenburg(-Vorpommern) 5, 59
Milliardenkredit 109
Ministerialbürokratie 87, 96, 100
Ministerpräsidenten 9, 11–14, 16, 20, 25f., 31, 44, 49, 73f., 77–79
- Konferenzen 11f., 74
Mitbestimmung 23, 39, 48, 97f.

Nationaldemokratische Partei Deutschlands (NPD) 31, 38, 135
Niedersachsen 3, 115f.
Nordatlantikpakt (NATO) 20, 28, 50f.
Nordrhein-Westfalen 3, 7, 10, 22, 25, 72, 74, 79, 90, 114f., 123
Notstandsgesetze 31, 34, 37f., 95
NS-Prozesse 30
NS-Vergangenheit 54f.

Oder-Neiße-Grenze 1, 18, 33
Ökologiebewegung 50, 105
Ölkrise 45, 47
Oldenburg 114
OMGUS-Handbuch 68
Opposition 7, 11, 23f., 26, 31, 33, 39, 43f., 47–49, 51, 83–87, 91, 94–96, 98, 111
„Oral History" 66
Ostpolitik 33, 40–45, 112, 116

Parlamentarischer Rat 8, 12–17, 21, 77–80, 103, 107, 123f., 128
Parlamentarische Staatssekretäre 127
Partei des demokratischen Sozialismus (PDS) 59, 61, 127, 133f.
Parteien
- finanzierung 27, 37, 54, 130
- forschung 65, 104–106, 110–112, 129–135
- gesetz 34, 37, 95, 130
- system 63, 129
Personalvertretungsgesetz 98, 100
Pflegeversicherung 61
Potsdamer Konferenz 1, 76
Presse- und Informationsamt 93

Rechtsextremismus 94, 116

Rechtsverordnungen 87, 89
Reichskonkordat 15
Reichstag 13, 18
Rentenreform 22, 40, 48f., 99
Republikaner (REP) 134
Rheinland-Pfalz 24, 44, 49, 73, 112f., 54f.
Rote Armee Fraktion (RAF) 49

Saarabkommen 22, 25
Saarland 2, 3, 18
Sachsen 5, 9, 59
Sachsen-Anhalt 5, 59
Schleswig-Holstein 3
Solidaritätszuschlag 60
Souveränität 12, 17, 20
Sowjetunion 1, 2, 5, 11, 40, 69
- Besatzungsmacht 5, 17, 69
- Besatzungszone (SBZ) 5, 6, 9f., 69, 99, 115
- Militäradministration (SMAD) 5, 9, 68f., 72
soziale Marktwirtschaft 8, 17, 58, 60
Sozialistische Einheitspartei Deutschlands (SED) 6, 9f., 17, 59, 111, 105, 131
Sozialistische Reichspartei (SRP) 21f., 116, 134
sozial-liberale Koalition 19, 33, 39f., 42, 44, 48, 51, 89, 91, 105, 126
Spiegel-Affäre 21, 27, 109
Splitterparteien 22
Stabilitätsgesetz 31, 35
„Studentenrevolution" 43

Terrorismus 49
Thüringen 5, 59
Trumandoktrin 11, 76

UdSSR 57
Unternehmerverbände 99f.
USA 1, 4, 69, 76, 103
- Besatzungsmacht 8, 15, 103, 122
- Besatzungspolitik 69f., 80
- Besatzungszone 3, 10, 70, 73
- Militärregierung 3, 6, 68, 72, 75, 80f., 113

Vereinigtes Wirtschaftsgebiet 10
Verfassungsgerichtsbarkeit 4, 14, 78, 88f.
Vermittlungsausschuß 47, 67, 86

Verteidigungspolitik 17, 20, 22–24, 50f., 84, 90, 93, 98, 112, 116
Vertriebenenverbände 20, 100
Vier-Mächte-Abkommen 40
Volkskammer 5

Waffen-SS 55
Wahlforschung 101f., 104, 135
Wahlrecht 14, 16, 18, 22, 25, 27, 31, 59, 77f., 101–103,
Wählerverhalten 8f., 101f., 104
Währungsreform 11, 75f., 96
Weimarer Republik 2–6, 15, 17–19, 37, 66, 72, 78, 88, 91, 102, 105, 115, 123
– Verfassung 3, 4, 15, 37, 78
Westernisierung 120, 131
Westfälisches Institut für Regionalgeschichte 121
Westintegration 17, 20, 23, 98, 112
Westmächte 1–3, 6, 9, 11f., 69, 72, 75–77, 79f.
Westzonen 2, 5f., 9f., 12, 71f., 76f.
Widerstand 5, 99

Wiedervereinigung 2, 5, 19, 40, 56–60, 72, 76, 101, 117, 119f., 124, 128, 131
– Einigungsvertrag 59
– Treuhandanstalt 60
– Vereinigungskrise 60
– Wirtschafts- und Währungsunion 58
– „Zehn-Punkte-Programm" 58
Wirtschaftliche Aufbau-Vereinigung (WAV) 10, 21, 116f.
Wirtschaftsrat 8, 10f., 17, 21, 25, 74f., 80, 96, 107, 115
Wirtschaftswunder 11, 20, 22f., 28, 39, 76, 95f.
Wörner-Kießling-Affäre 54
Wohnungsbau 96f.
Württemberg-Baden 9, 115, 123
Württemberg-Hohenzollern 123

Zeitgeschichtsforschung 65f., 80, 89, 99, 105f., 113f., 117–121
Zentrum 7f., 10, 13–15, 103
Zonenbeirat 73f., 79

Enzyklopädie deutscher Geschichte
Themen und Autoren

Mittelalter

Agrarwirtschaft, Agrarverfassung und ländliche Gesellschaft im Mittelalter (Werner Rösener) 1992. EdG 13
Adel, Rittertum und Ministerialität im Mittelalter (Werner Hechberger) 2. Aufl. 2010. EdG 72
Die Stadt im Mittelalter (Frank Hirschmann) 2009. EdG 84
Die Armen im Mittelalter (Otto Gerhard Oexle)
Frauen- und Geschlechtergeschichte des Mittelalters (Hedwig Röckelein)
Die Juden im mittelalterlichen Reich (Michael Toch) 2. Aufl. 2003. EdG 44

Gesellschaft

Wirtschaftlicher Wandel und Wirtschaftspolitik im Mittelalter (Michael Rothmann)

Wirtschaft

Wissen als soziales System im Frühen und Hochmittelalter (Johannes Fried)
Die geistige Kultur im späteren Mittelalter (Johannes Helmrath)
Die ritterlich-höfische Kultur des Mittelalters (Werner Paravicini) 2. Aufl. 1999. EdG 32

Kultur, Alltag, Mentalitäten

Die mittelalterliche Kirche (Michael Borgolte) 2. Aufl. 2004. EdG 17
Mönchtum und religiöse Bewegungen im Mittelalter (Gert Melville)
Grundformen der Frömmigkeit im Mittelalter (Arnold Angenendt) 2. Aufl. 2004. EdG 68

Religion und Kirche

Die Germanen (Walter Pohl) 2. Aufl. 2004. EdG 57
Das römische Erbe und das Merowingerreich (Reinhold Kaiser) 3., überarb. u. erw. Aufl. 2004. EdG 26
Das Karolingerreich (Jörg W. Busch)
Die Entstehung des Deutschen Reiches (Joachim Ehlers) 3., um einen Nachtrag erw. Aufl. 2010. EdG 31
Königtum und Königsherrschaft im 10. und 11. Jahrhundert (Egon Boshof) 3., aktual. und um einen Nachtrag erw. Aufl. 2010. EdG 27
Der Investiturstreit (Wilfried Hartmann) 3., überarb. u. erw. Aufl. 2007. EdG 21
Könige und Fürsten, Kaiser und Papst im 12. Jahrhundert (Bernhard Schimmelpfennig) 2. Aufl. 2010. EdG 37
Deutschland und seine Nachbarn 1200–1500 (Dieter Berg) 1996. EdG 40
Die kirchliche Krise des Spätmittelalters (Heribert Müller)
König, Reich und Reichsreform im Spätmittelalter (Karl-Friedrich Krieger) 2., durchges. Aufl. 2005. EdG 14
Fürstliche Herrschaft und Territorien im späten Mittelalter (Ernst Schubert) 2. Aufl. 2006. EdG 35

Politik, Staat, Verfassung

Frühe Neuzeit

Bevölkerungsgeschichte und historische Demographie 1500–1800 (Christian Pfister) 2. Aufl. 2007. EdG 28

Gesellschaft

Umweltgeschichte der Frühen Neuzeit (Reinhold Reith)
Bauern zwischen Bauernkrieg und Dreißigjährigem Krieg (André Holenstein) 1996. EdG 38
Bauern 1648–1806 (Werner Troßbach) 1992. EdG 19
Adel in der Frühen Neuzeit (Rudolf Endres) 1993. EdG 18
Der Fürstenhof in der Frühen Neuzeit (Rainer A. Müller) 2. Aufl. 2004. EdG 33
Die Stadt in der Frühen Neuzeit (Heinz Schilling) 2. Aufl. 2004. EdG 24
Armut, Unterschichten, Randgruppen in der Frühen Neuzeit (Wolfgang von Hippel) 1995. EdG 34
Unruhen in der ständischen Gesellschaft 1300–1800 (Peter Blickle) 2., erw. Aufl. 2010. EdG 1
Frauen- und Geschlechtergeschichte 1500–1800 (N. N.)
Die deutschen Juden vom 16. bis zum Ende des 18. Jahrhunderts (J. Friedrich Battenberg) 2001. EdG 60

Wirtschaft **Die deutsche Wirtschaft im 16. Jahrhundert (Franz Mathis) 1992. EdG 11**
Die Entwicklung der Wirtschaft im Zeitalter des Merkantilismus 1620–1800 (Rainer Gömmel) 1998. EdG 46
Landwirtschaft in der Frühen Neuzeit (Walter Achilles) 1991. EdG 10
Gewerbe in der Frühen Neuzeit (Wilfried Reininghaus) 1990. EdG 3
Kommunikation, Handel, Geld und Banken in der Frühen Neuzeit (Michael North) 2000. EdG 59

Kultur, Alltag, Renaissance und Humanismus (Ulrich Muhlack)
Mentalitäten **Medien in der Frühen Neuzeit (Andreas Würgler) 2009. EdG 85**
Bildung und Wissenschaft vom 15. bis zum 17. Jahrhundert (Notker Hammerstein) 2003. EdG 64
Bildung und Wissenschaft in der Frühen Neuzeit 1650–1800 (Anton Schindling) 2. Aufl. 1999. EdG 30
Die Aufklärung (Winfried Müller) 2002. EdG 61
Lebenswelt und Kultur des Bürgertums in der Frühen Neuzeit (Bernd Roeck) 1991. EdG 9
Lebenswelt und Kultur der unterständischen Schichten in der Frühen Neuzeit (Robert von Friedeburg) 2002. EdG 62

Religion und **Die Reformation. Voraussetzungen und Durchsetzung (Olaf Mörke) 2005.**
Kirche **EdG 74**
Konfessionalisierung im 16. Jahrhundert (Heinrich Richard Schmidt) 1992. EdG 12
Kirche, Staat und Gesellschaft im 17. und 18. Jahrhundert (Michael Maurer) 1999. EdG 51
Religiöse Bewegungen in der Frühen Neuzeit (Hans-Jürgen Goertz) 1993. EdG 20

Politik, Staat, **Das Reich in der Frühen Neuzeit (Helmut Neuhaus) 2. Aufl. 2003. EdG 42**
Verfassung Landesherrschaft, Territorien und Staat in der Frühen Neuzeit (Joachim Bahlcke)
Die Landständische Verfassung (Kersten Krüger) 2003. EdG 67
Vom aufgeklärten Reformstaat zum bürokratischen Staatsabsolutismus (Walter Demel) 2., um einen Nachtrag erw. Aufl. 2010. EdG 23
Militärgeschichte des späten Mittelalters und der Frühen Neuzeit (Bernhard R. Kroener)

Das Reich im Kampf um die Hegemonie in Europa 1521–1648 (Alfred Kohler) Staatensystem,
2., um einen Nachtrag erw. Aufl. 2010. EdG 6 internationale
Altes Reich und europäische Staatenwelt 1648–1806 (Heinz Duchhardt) Beziehungen
1990. EdG 4

19. und 20. Jahrhundert

Bevölkerungsgeschichte und Historische Demographie 1800–2000 (Josef Gesellschaft
Ehmer) 2004. EdG 71
Migration im 19. und 20. Jahrhundert (Jochen Oltmer) 2010. EdG 86
Umweltgeschichte im 19. und 20. Jahrhundert (Frank Uekötter) 2007.
EdG 81
Adel im 19. und 20. Jahrhundert (Heinz Reif) 1999. EdG 55
Geschichte der Familie im 19. und 20. Jahrhundert (Andreas Gestrich)
2. Aufl. 2010. EdG 50
Urbanisierung im 19. und 20. Jahrhundert (Klaus Tenfelde)
**Von der ständischen zur bürgerlichen Gesellschaft (Lothar Gall)
1993. EdG 25**
Die Angestellten seit dem 19. Jahrhundert (Günter Schulz) 2000. EdG 54
**Die Arbeiterschaft im 19. und 20. Jahrhundert (Gerhard Schildt)
1996. EdG 36**
Frauen- und Geschlechtergeschichte im 19. und 20. Jahrhundert (N. N.)
**Die Juden in Deutschland 1780–1918 (Shulamit Volkov) 2. Aufl. 2000.
EdG 16
Die deutschen Juden 1914–1945 (Moshe Zimmermann) 1997.
EdG 43**

Die Industrielle Revolution in Deutschland (Hans-Werner Hahn) Wirtschaft
**2., durchges. Aufl. 2005. EdG 49
Die deutsche Wirtschaft im 20. Jahrhundert (Wilfried Feldenkirchen)
1998. EdG 47**
Agrarwirtschaft und ländliche Gesellschaft im 19. Jahrhundert (N.N.)
**Agrarwirtschaft und ländliche Gesellschaft im 20. Jahrhundert (Ulrich Kluge)
2005. EdG 73
Gewerbe und Industrie im 19. und 20. Jahrhundert (Toni Pierenkemper)
2., um einen Nachtrag erw. Auflage 2007. EdG 29**
Handel und Verkehr im 19. Jahrhundert (Karl Heinrich Kaufhold)
**Handel und Verkehr im 20. Jahrhundert (Christopher Kopper) 2002.
EdG 63
Banken und Versicherungen im 19. und 20. Jahrhundert (Eckhard Wandel)
1998. EdG 45
Technik und Wirtschaft im 19. und 20. Jahrhundert (Christian Kleinschmidt)
2007. EdG 79**
Unternehmensgeschichte im 19. und 20. Jahrhundert (Werner Plumpe)
**Staat und Wirtschaft im 19. Jahrhundert (Rudolf Boch) 2004. EdG 70
Staat und Wirtschaft im 20. Jahrhundert (Gerold Ambrosius) 1990.
EdG 7**

Kultur, Bildung und Wissenschaft im 19. Jahrhundert (Hans-Christof Kraus) Kultur, Alltag und
2008. EdG 82 Mentalitäten
**Kultur, Bildung und Wissenschaft im 20. Jahrhundert (Frank-Lothar Kroll)
2003. EdG 65**

Themen und Autoren

Lebenswelt und Kultur des Bürgertums im 19. und 20. Jahrhundert (Andreas Schulz) 2005. EdG 75
Lebenswelt und Kultur der unterbürgerlichen Schichten im 19. und 20. Jahrhundert (Wolfgang Kaschuba) 1990. EdG 5

Religion und Kirche
Kirche, Politik und Gesellschaft im 19. Jahrhundert (Gerhard Besier) 1998. EdG 48
Kirche, Politik und Gesellschaft im 20. Jahrhundert (Gerhard Besier) 2000. EdG 56

Politik, Staat, Verfassung
Der Deutsche Bund 1815–1866 (Jürgen Müller) 2006. EdG 78
Verfassungsstaat und Nationsbildung 1815–1871 (Elisabeth Fehrenbach) 2., um einen Nachtrag erw. Aufl. 2007. EdG 22
Politik im deutschen Kaiserreich (Hans-Peter Ullmann) 2., durchges. Aufl. 2005. EdG 52
Die Weimarer Republik. Politik und Gesellschaft (Andreas Wirsching) 2000. EdG 58
Nationalsozialistische Herrschaft (Ulrich von Hehl) 2. Aufl. 2001. EdG 39
Die Bundesrepublik Deutschland. Verfassung, Parlament und Parteien (Adolf M. Birke) 2. Aufl., ergänzt und aktualisiert von Udo Wengst 2010). EdG 41
Militär, Staat und Gesellschaft im 19. Jahrhundert (Ralf Pröve) 2006. EdG 77
Militär, Staat und Gesellschaft im 20. Jahrhundert (Bernhard R. Kroener) 2010. EdG 87
Die Sozialgeschichte der Bundesrepublik Deutschland bis 1989/90 (Axel Schildt) 2007. EdG 80
Die Sozialgeschichte der DDR (Arnd Bauerkämper) 2005. EdG 76
Die Innenpolitik der DDR (Günther Heydemann) 2003. EdG 66

Staatensystem, internationale Beziehungen
Die deutsche Frage und das europäische Staatensystem 1815–1871 (Anselm Doering-Manteuffel) 3., um einen Nachtrag erw. Aufl. 2010. EdG 15
Deutsche Außenpolitik 1871–1918 (Klaus Hildebrand) 2. Aufl. 1994. EdG 2
Die Außenpolitik der Weimarer Republik (Gottfried Niedhart) 2., aktualisierte Aufl. 2006. EdG 53
Die Außenpolitik des Dritten Reiches (Marie-Luise Recker) 1990. EdG 8
Die Außenpolitik der Bundesrepublik Deutschland 1949 bis 1990 (Ulrich Lappenküper) 2008. EdG 83
Die Außenpolitik der DDR (Joachim Scholtyseck) 2003. EDG 69

Hervorgehobene Titel sind bereits erschienen.

Stand: (April 2010)

www.ingramcontent.com/pod-product-compliance
Lightning Source LLC
Chambersburg PA
CBHW020410230426
43664CB00009B/1251